DESAPOSENTAÇÃO

A todos os meus tios, pela presença carinhosa em minha vida, mas em particular ao Tio Gusto, pela amizade e apoio marcantes em minha trajetória profissional.

Nota do Autor à 6ª Edição

A excelente acolhida que esta obra continua a receber dos profissionais e estudiosos do Direito Previdenciário, com nova edição esgotada, motivou-nos a produzir mais uma atualização deste trabalho, enfrentando as novas questões sobre o tema da desaposentação que apareceram no correr dos últimos dois anos.

O destaque desta edição reside no detido exame do julgamento do instituto da desaposentação pelo Supremo Tribunal Federal, no bojo do RE n. 661.256. O julgamento ainda não está concluído, mas as premissas lançadas no voto do Ministro Relator (Luís Roberto Barroso) são muito importantes e, a nosso ver, coincidentes com a tese defendida nesta obra. Assim, apresentamos a análise de seus argumentos e dos argumentos contidos nos votos dos Ministros que divergiram de seu entendimento.

Analisamos também o REsp n. 1.515.929/RS, proferido pelo STJ, em que se abre relevante precedente a respeito da *despensão*.

Outro fator relevante e que causa impacto na desaposentação é o advento da Lei n. 13.183/15, que positivou a denominada *fórmula 85/95*, a qual permite a desaposentação em outras bases, ainda mais favoráveis ao segurado.

Também não se pode ignorar o impacto do novo CPC (Lei n. 13.105/15) na questão, tanto do ponto de vista da elaboração das peças processuais, como do ponto de vista da gestão dos recursos repetitivos (modo pelo qual foi julgado o tema no STJ e no STF).

Nesta 6ª edição também analisamos as possibilidades da desaposentação nos regimes próprios de previdência dos servidores, em que a aposentadoria compulsória foi recentemente ampliada para 75 anos, conforme a Emenda Constitucional n. 88/15 e a Lei Complementar n. 152/15.

Por esses fatores, atualizamos os modelos de petições processuais contidos no final desta obra (Prática Processual Previdenciária), os quais foram reelaborados a partir das regras do novo CPC e da jurisprudência dos Tribunais Superiores, STJ e STF (esta Corte ainda sem julgamento definitivo), que vêm admitindo a desaposentação e dispensando a restituição do valor relativo à primeira aposentadoria.

À luz das anunciadas reformas previdenciárias que são prometidas para este ano, o interesse pelo instituto da desaposentação é renovado, pois continua sendo um dos caminhos mais relevantes para a manutenção de uma aposentadoria digna.

Boa leitura.

São Paulo, maio de 2016.

Sumário

LISTA DE SIGLAS 11

INTRODUÇÃO 13

1. ASPECTOS CONSTITUCIONAIS DA *DESAPOSENTAÇÃO* 17
    1.1. Previdência social e direitos fundamentais 17
    1.2. Aspectos constitucionais relevantes da seguridade social 22
    1.3. Aspectos constitucionais propriamente previdenciários 23
    1.4. Aspectos constitucionais gerais da previdência social do servidor público 27

2. DAS APOSENTADORIAS 29
    2.1. Das aposentadorias no RGPS 29
        2.1.1. Cálculo do valor dos benefícios 29
        2.1.2. Cálculo da aposentadoria na fórmula 85/95 (Lei n. 13.183/15) 30
    2.2. Dos benefícios em espécie 31
        2.2.1 Aposentadoria por tempo de contribuição 31
        2.2.2. Aposentadoria por idade 31
        2.2.3. Aposentadoria por invalidez 32
        2.2.4. Aposentadoria especial 32
    2.3. Das aposentadorias no regime próprio dos servidores públicos 33
        2.3.1. Aposentadoria por invalidez 33
        2.3.2. Aposentadoria compulsória 33
        2.3.3. Aposentadoria por tempo de contribuição 33

3. DA DESAPOSENTAÇÃO 35
    3.1. Origem 35
    3.2. Conceito 36
    3.3. Situação do segurado que retorna ao trabalho após a aposentadoria 38
    3.4. Posição jurisprudencial 40
        3.4.1. Supremo Tribunal Federal 40
        3.4.2. Superior Tribunal de Justiça 42
        3.4.3. Turma Nacional de Uniformização dos Juizados Especiais Federais 44
        3.4.4. Tribunais Regionais Federais 45
    3.5. A despensão 48
    3.6. Reaposentação 49

4. ANÁLISE CRÍTICA DO INSTITUTO DA DESAPOSENTAÇÃO 51
    4.1. A questão do *ato jurídico perfeito* 51
    4.2. A restituição dos valores recebidos a título de primeira aposentadoria 56
    4.3. Ausência de previsão legal 60
    4.4. A ideia de aposentadoria como mero direito patrimonial 62
    4.5. A fundamentação da desaposentação no direito ao trabalho 63
    4.6. A analogia ao instituto da reversão 64
    4.7. Dificuldades administrativas do INSS 65

5. PROCESSO JUDICIAL PREVIDENCIÁRIO 67
    5.1. Das ações judiciais cabíveis 67
    5.2. Legitimidade processual 68
    5.3. Condição da ação (lide presumida) 68
    5.4. Competência 71
    5.5. Tutela provisória (antiga tutela antecipada) 74
    5.6. Prescrição e decadência 76
    5.7. Improcedência liminar do pedido (antigo art. 285-A do CPC/73) 78
    5.8. Matéria probatória (provas) 80
    5.9. Justiça gratuita 80
    5.10. Valor da causa 81

6. DA NECESSIDADE DE ALTERAÇÃO LEGISLATIVA E PREVISÃO EXPRESSA DO INSTITUTO DA DESAPOSENTAÇÃO 83
    6.1. Projetos de Lei acerca do tema e sugestão de alteração da Lei n. 8.213/1991 formulada pelo autor 84
        Projeto de Lei n. 7.154/2002 84
        Mensagem n. 16, de 11 de janeiro de 2008 85
        Projeto de Lei n. 6.831/2002 — arquivado 86
        Projeto de Lei n. 1.606/2003 — arquivado 87
        Projeto de Lei n. 6.153/2005 — apensado ao PL n. 1.606/2003 88
        Projeto de Lei n. 6.237/2005 — apensado ao PL n. 6.831/2002 89
        Projeto de Lei do Senado n. 91/2010 90
            Parecer da Comissão de Assuntos Sociais, de 2013 91
            Emenda n. 1 — CAS (substitutivo) 92
            Emenda n. 2 — PLEN (redação) 92
            Lei n. 13.183/15 (parte vetada) 93
        Nossa sugestão de alteração da Lei n. 8.213/1991 94

CONCLUSÕES 95

PRÁTICA PROCESSUAL PREVIDENCIÁRIA 97
    I. Petição inicial de desaposentação 97
    II. Agravo de instrumento (indeferimento da tutela de evidência) 101
    III. Recurso de apelação (sentença que julga improcedente o pedido de desaposentação) 106
    IV. Recurso especial 110
    V. Recurso extraordinário 114

ANEXO 119
    Íntegra do voto do Relator, Ministro Luís Barroso, no RE n. 661.256 (que trata da desaposentação) 119

REFERÊNCIAS BIBLIOGRÁFICAS 135

Lista de Siglas

ADC	—	Ação Direta de Constitucionalidade
CF	—	Constituição Federal de 1988
CLT	—	Consolidação das Leis do Trabalho
CNIS	—	Cadastro Nacional de Informações Sociais
CPC/73	—	Código de Processo Civil de 1973
CPC/15	—	Novo Código de Processo Civil (Lei n. 13.103/15)
CTPS	—	Carteira de Trabalho e Previdência Social
DER	—	Data de Entrada do Requerimento
DIB	—	Data de Início de Benefício
EC	—	Emenda Constitucional
INSS	—	Instituto Nacional do Seguro Social
JEF's	—	Juizados Especiais Federais Cíveis
Lei de Benefícios	—	Lei n. 8.213/1991
Lei de Custeio	—	Lei n. 8.212/1991
LOPS	—	Lei Orgânica da Previdência Social
RGPS	—	Regime Geral de Previdência Social
MPF	—	Ministério Público Federal
MS	—	Mandado de Segurança
PBC	—	Período Básico de Cálculo
RMI	—	Renda Mensal Inicial
TCU	—	Tribunal de Contas da União
TNU	—	Turma Nacional de Uniformização dos Juizados Especiais Federais
TRF1	—	Tribunal Regional Federal da 1ª Região
TRF2	—	Tribunal Regional Federal da 2ª Região
TRF3	—	Tribunal Regional Federal da 3ª Região
TRF4	—	Tribunal Regional Federal da 4ª Região
TRF5	—	Tribunal Regional Federal da 5ª Região
STF	—	Supremo Tribunal Federal
STJ	—	Superior Tribunal de Justiça

Introdução

Diversos aspectos, além do fato de que atualmente se trata do tema mais evidente no Direito Previdenciário, nos motivam a trilhar a difícil senda da discussão a respeito da desaposentação.

Em primeiro lugar, a mesma motivação de sempre, já conhecida daqueles que porventura tenham tido contato com outras de nossas obras: a paixão pelo Direito Previdenciário (e ainda mais pelo Processo Judicial Previdenciário). A velha ideia de colaborar com a construção desse importante segmento do Direito Social.

Em segundo lugar, o reconhecimento de que muitas atitudes tomadas pelos segurados são caracterizadas por completo desconhecimento a respeito dos seus direitos e deveres previdenciários.

Em que pese, conforme consagrado na Teoria Geral do Direito, existir uma premissa de que não se pode escusar-se de cumprir as obrigações e imposições legais alegando desconhecimento do direito, certo é que, principalmente na esfera do Direito Social, o desconhecimento a respeito das normas jurídicas possui efeitos devastadores.

Especialmente na seara previdenciária, o desconhecimento mais abrangente a respeito das condições para aposentadoria, do valor dos benefícios previdenciários e o alcance e modo de evitar o fator previdenciário, assim como as exigências contributivas para aquele que volta ao trabalho após se aposentar afetam drasticamente o *planejamento* e a *conduta previdenciária* dos segurados e beneficiários.

Certamente entra nessa conta, com igual ou superior peso, a constante insegurança dos segurados a respeito da validade e da estabilidade das normas jurídicas previdenciárias, em constante alteração em nosso País, muitas vezes por meio de Emendas Constitucionais e, sempre, com a tendência restritiva. Expostos todos esses argumentos, não se pode aceitar o tipo de alegação de que a desaposentação é uma espécie de revisão para aqueles que se aposentaram "precocemente" e ainda se encontram dotados de capacidade de trabalho.

A desaposentação surge, justamente, como uma forma de resposta oblíqua ou indireta à quebra de fidúcia previdenciária (e a correlata derrocada dos direitos adquiridos sociais) derivada das sucessivas reformas previdenciárias ocorridas recentemente[1]. A desaposentação (e também a despensão) torna-se, portanto, e indiretamente, um mecanismo de revisão do valor de benefícios previdenciários, uma tentativa de recomposição do valor real dos benefícios, importante princípio constitucional severamente maculado pelas constantes reformas previdenciárias.

Disso decorre outro fator de nosso interesse no tema da desaposentação. Este, assim como tudo que se refere aos direitos fundamentais sociais em nosso País, pode ser considerado dentro da longa tradição brasileira que vê

---

(1) "Assim, em matéria de direito previdenciário, há um pacto de confiança entre o poder público e a população que, se quebrado por contingências meramente circunstanciais (como eventuais desculpas de sistemas deficitários, decorrentes em especial de incúria na gestão, ou mesmo provenientes de uma suposta insuficiência de recursos), pode gerar verdadeira ruptura na sustentação de um sistema público de previdência. Não há como pretender a agregação voluntária de pessoas a um sistema de previdência que, constantemente, ludibria os seus segurados, sob a escusa de que, não havendo sido adquirido determinado direito, nada ou pouco lhe é devido. Este raciocínio causa ruptura no pacto de fidúcia que é fundamento para qualquer sistema previdenciário." (CORREIA e CORREIA, 2010. p. 103-104).

o exercício dos direitos, pelo povo, como um privilégio ou mero favor, obtido não como algo decorrente da plena cidadania, mas a partir de práticas clientelistas (NUNES LEAL, 1986).

Por fim, o reconhecimento, a nosso ver, de alguns equívocos conceituais a respeito do tema. Sem querer desmerecer as vozes que já se manifestaram quanto à desaposentação, identificamos alguns problemas de enquadramento dessa questão.

Particularmente, a visão da desaposentação exclusivamente restrita à discussão sobre a possibilidade de renúncia a ato administrativo, a partir do que se costuma debater as limitações da revisão de ato administrativo já consolidado pelo ato jurídico perfeito. Encampado esse discurso, que equipara a desaposentação à mera revisão de ato administrativo, ter-se-ia problemas, inclusive, quanto à competência jurisdicional para sua apreciação, com impossibilidade de delegação para a Justiça Estadual, conforme será apreciado oportunamente.

Sem querer adiantar nossa posição, vemos a desaposentação como forma típica de *ação previdenciária*, cujo objeto é um benefício previdenciário ou quiçá sua revisão, a ser tratada no conjunto dos princípios que informam o Processo Judicial Previdenciário, sendo inoportuno, para não dizer inviável, seu enquadramento como mera discussão a respeito de ato administrativo.

A desaposentação deve ser compreendida à luz do conceito que já tratamos, em outro lugar, de *substitutividade da atuação do Poder Judiciário* (SERAU JR., 2010). À medida que a administração previdenciária (INSS) negligencia essa forma de revisão de cálculo de aposentadoria, cumpre ao Poder Judiciário, como em tantas outras ocasiões, exercer seu papel constitucional e dar melhor interpretação para os institutos previdenciários, notadamente constitucionais e, a partir dos princípios informadores do Processo Judicial Previdenciário, a tarefa de concretizar os direitos fundamentais sociais.

Mais do que uma falta exclusiva da administração previdenciária, quando analisamos o instituto da *desaposentação* devemos ter em consideração que se trata de uma típica situação de *mora do Direito*[2], conforme expressão utilizada pelo jurista argentino ROBERTO DROMI (1994, p. 41-42): na ausência de previsão e regulamentação legal específicas, doutrina e jurisprudência incumbiram-se da "criação" desse instituto.

No mesmo sentido, indicaremos a fragilidade da tese que não admite a desaposentação por inexistir previsão legal expressa. Também merecerá atenção a exigência, por vezes imposta em alguns julgados e aventada pelo INSS, de restituição dos valores recebidos como primeira aposentadoria, assim como outros pontos que ficam para o curso do ensaio. Ao longo do trabalho buscaremos demonstrar as inconsistências dessa limitada visão.

Deve-se assinalar, desde já, que a desaposentação é um conceito previdenciário naturalmente difícil de ser desenvolvido e estruturado em termos gerais (conceituação geral), pois se aplica, como poucas outras hipóteses, ao RGPS e também ao regime próprio dos servidores públicos, regimes distintos e, muitas vezes, distanciados entre si. Isso enseja, como não poderia ser diverso, dificuldade na unificação da interpretação e do desenvolvimento do conceito da desaposentação.

Ademais, é tema que permite e impõe o estudo (nesse único instituto), da maior parte dos fundamentais temas previdenciários (quiçá dos temas de direitos fundamentais sociais): possibilidade de controle judicial de políticas e serviços públicos; ativismo judicial; regime contributivo da Previdência Social; questões orçamentárias e a existência de déficit previdenciário; objetivo de proteção e princípios constitucionais da Seguridade e da Previdência sociais; princípio da vedação do retrocesso social; contagem recíproca do tempo de contribuição e de serviço; compensação financeira entre diferentes regimes; critérios para concessão da aposentadoria nos diversos regimes e cálculo do valor do benefício. Certamente outros tópicos poderiam ser incluídos nesta lista.

---

(2)   Eis a explicação de ROBERTO DROMI (1994, p. 41-42) a esse fenômeno de *mora do Direito*, a qual traduzimos livremente:
"Entendemos que o Direito deve ir ao encontro dos objetivos da comunidade política e refletir as grandes mudanças sociais através de respostas às demandas da sociedade. Mas em certas ocasiões as novas circunstâncias não trazem de imediato um novo direito. Pelo contrário, se produz uma *mora*, uma lentidão no Direito.
Às vezes demanda tempo que a lei receba um instituto, de modo que a jurisprudência deve exercer uma influência renovadora, dando lugar a figuras jurídicas novas e mais progressistas, de acordo às transformações e à mutabilidade da realidade.
As novas circunstâncias trazem nova jurisprudência, não porque os juízes se arroguem sub-reptícia e abusivamente a faculdade de adaptar as leis aos casos concretos, senão porque toda lei se propõe uma finalidade que quiçá agora não se logre tal como se alcançava antes. Também ocorre que, ante as crescentes e urgentes demandas sociais, o Congresso nem sempre responde com a celeridade e eficácia desejadas, em virtude de sua própria estrutura e funcionamento. Mantiveram-se quase invariáveis os procedimentos legislativos frente a uma realidade que exige uma qualificada produção legal."

A fim de cumprirmos essa missão e bem analisar o instituto da desaposentação, elaboramos o seguinte panorama: um primeiro capítulo, no qual indicamos as principais normas constitucionais que dão suporte à desaposentação, tanto normas gerais, ligadas à Teoria Geral dos Direitos Fundamentais, assim como outras mais específicas, ligadas à Seguridade Social e, particularmente, à Previdência Social.

O Capítulo 2 dedica-se ao exame das aposentadorias em ambos os regimes previdenciários (RGPS e regime próprio dos servidores públicos), principalmente os requisitos necessários à concessão. Sem esse estudo, entendemos não ser possível bem compreender a desaposentação.

O Capítulo 3 volta-se ao estudo da desaposentação propriamente dita: sua construção doutrinária e jurisprudencial, a despeito da omissão legal; as principais posições jurisprudenciais e doutrinárias, assim como o tema correlato da *despensão*. No Capítulo 4, fazemos uma análise crítica de tudo quanto exposto.

Elaboramos, ademais, um capítulo especialmente dedicado ao Processo Judicial Previdenciário (Capítulo 5), indicando os principais aspectos processuais relativos à desaposentação, inclusive quanto aos temas de prescrição e decadência, principalmente porque esta só é obtida judicialmente, diante da negligência da Administração em relação a este direito fundamental previdenciário.

No mesmo sentido, também trazemos ao leitor os principais Projetos de Lei que buscaram introduzir expressamente a desaposentação no ordenamento jurídico brasileiro, material que julgamos pertinente para o exame mais aprofundado do tema.

Após nossas conclusões, nos arriscamos a indicar aos profissionais que buscarem em juízo a desaposentação alguns modelos das mais importantes peças processuais, no intuito de contribuir com subsídios técnico-jurídicos para a efetivação desse instituto previdenciário. A partir desta 6ª edição os modelos já se encontram atualizados a partir do novo CPC (Lei n. 13.105/15).

A plena sagração da *desaposentação*, seja na esfera administrativa (preferencialmente), seja na esfera judicial, atende aos desígnios de concretização dos direitos sociais, já mencionada. Esperamos que este livro cumpra seu papel, propiciando elementos de valor àqueles que encamparam essa missão.

1

Aspectos Constitucionais da *Desaposentação*

Neste capítulo iremos explorar apenas os principais aspectos constitucionais vinculados à desaposentação. Não iremos examinar todos os princípios e regras constitucionais concernentes à Seguridade Social e ao Direito Previdenciário (seja quanto ao RGPS, seja quanto ao regime próprio dos servidores públicos), por extensa que é a matéria e, mesmo, desnecessária tal incursão para o estudo específico da *desaposentação*.

1.1. PREVIDÊNCIA SOCIAL E DIREITOS FUNDAMENTAIS

Antes de se examinar aspectos mais concretos do ordenamento constitucional que entendemos relacionados com a *desaposentação*, cumpre examinar alguns elementos da Teoria Geral dos Direitos Fundamentais e suas implicações em matéria de Previdência Social.[3]

Inicialmente, reconhecemos que a Previdência Social (assim como a Seguridade Social, num espectro mais abrangente), e todos os institutos que lhe são próprios e pertinentes, são direitos fundamentais (SERAU JR., 2009). Diante desta premissa, todos os valores e compreensões derivados da Teoria Geral dos Direitos Fundamentais aplicam-se às questões previdenciárias. Veremos alguns aspectos mais relevantes.

Em primeiro lugar, deve-se assentar aquilo que consideramos ser o *núcleo essencial* deste segmento dos direitos fundamentais (a Previdência Social): a ideia de *proteção social* ou *resposta às demandas/contingências sociais* (SERAU JR., 2009).

Em segundo lugar, deve-se adentrar na discussão a respeito de duas questões essenciais em matéria de desaposentação: a possibilidade de *renúncia* a direito fundamental e a vedação à restrição, mediante lei ou ato administrativo, de direito fundamental (ou seja, aqueles previstos em sede constitucional).[4]

---

(3) Para aprofundamento do tema, ver o nosso *Seguridade Social como direito fundamental material* (SERAU JR., 2011).

(4) Alguns precedentes judiciais apontam a inconstitucionalidade do art. 181-B do Decreto n. 3.048/1999, onde se fundamenta o INSS para a negativa da desaposentação, ditando que irrenunciáveis as aposentadorias, posto que apenas a própria CF (eventualmente a lei) poderia limitar o exercício de um direito fundamental:

"Previdenciário. Desaposentação para recebimento de nova aposentadoria. Possibilidade. Ausência de norma impeditiva. Necessidade de devolução do montante recebido na vigência do benefício anterior. (...)

No que concerne à impossibilidade de *renúncia à aposentadoria*, deve-se colocar essa discussão em bons termos. Normalmente esse argumento vem atrelado àquele que diz respeito à natureza alimentar dos benefícios previdenciários, de sorte que, aparentemente, seriam irrenunciáveis os direitos previdenciários, particularmente as aposentadorias.

Porém, adotada a tese da natureza alimentar das aposentadorias, desde que bem compreendida, chega-se à conclusão de possibilidade da *desaposentação*. É que aqueles que buscam a *desaposentação* não pretendem ver-se desamparados de toda e qualquer prestação previdenciária, apenas ambicionam novo cálculo de sua RMI; nos moldes atuais, isso se opera por meio da renúncia apenas à primeira aposentadoria, seguida de imediato da concessão de nova aposentação. Sobre isso, levamos em consideração as palavras de WLADIMIR NOVAES MARTINEZ (2010, p. 49):

"De regra os benefícios destinam-se à subsistência da pessoa humana (e não à sobrevivência, papel da assistência social), que enfrenta dificuldades para obter os meios habituais fora da atividade profissional e, na maioria dos casos, mas não em todos, a prestação previdenciária, por conta de sua exclusividade e nível pecuniário, assume caráter nitidamente alimentar (CF, art. 100, conforme a EC n. 30/2000).

Razão que já levou alguns estudiosos a se porem contra a desaposentação, esquecendo-se de que o objetivo do interessado na abdicação é exatamente melhorar as condições de vida; estudiosos que ainda não apreenderam o significado da alimentariedade previdenciária.

Curiosamente, alguns deles julgam ser impossível a desaposentação porque ofenderia essa alimentariedade. Ora, diante da não suspensão dos pagamentos das mensalidades enquanto perdurar o processo de desaposentação, e possivelmente estar o pretendente usufruindo outros meios de subsistência, o que ele deseja é melhorar os referidos meios, com alimentariedade otimizada. Esta ideia, *per se*, poderia ser lembrada no que diz respeito à restituição, mas não à possibilidade de realização do instituto técnico."[5]

Vale anotar que em muitas circunstâncias a legislação permite renúncias a situações jurídico-previdenciárias fundamentais.

Tem-se a possibilidade de renúncia aos valores excedentes a 60 salários mínimos, nos termos da legislação que trata dos Juizados Especiais Federais, valores esses que nada mais são do que a expressão pecuniária de um direito fundamental por excelência (as aposentadorias).

---

3. O art. 181-B do Dec. n. 3.048/1999, acrescentado pelo Decreto n. 3.265/1999, que previu a irrenunciabilidade e a irreversibilidade das aposentadorias por idade, tempo de contribuição/serviço e especial, como norma regulamentadora que é, acabou por extrapolar os limites a que está sujeita, porquanto somente a lei pode criar, modificar ou restringir direitos (inciso II do art. 5º da CRFB)."
(TRF da 4ª Região, Apelação Cível n. 0001719-75.2009.404.7009/PR, Relator Celso Kipper, Sexta Turma, j. 26.05.2010, de 02.06.2010)
"Previdenciário. Apelação em mandado de segurança. Pedido de desaposentação.
— O artigo 5º, inciso II, da Constituição Federal, garantia fundamental do cidadão, resolve a questão da lide. Somente a lei poderia vedar a renúncia a benefício previdenciário. O segurado aposentou-se em 04.03.1985 e, tanto o Decreto n. 89.312/84 como a Lei n. 8.213/1991 não contém proibição de renúncia. Afastada, em consequência, a invocação do artigo 58, § 2º, do Decreto n. 2.172/1997.
— Os direitos sociais e o sistema previdenciário brasileiro, com sede constitucional, existem em razão de seus destinatários. Os limites de sua disponibilidade são balizados pela sua própria natureza. Trata-se de proteção patrimonial ao trabalhador. Quando se cuida de interesse material, em regra, cabe ao titular do direito correspondente sopesar as vantagens ou desvantagens. Assim, quanto aos direitos com substrato patrimonial, constitui exceção sua irrenunciabilidade, que sempre é prevista expressamente pelo legislador. (...)"
(TRF da 3ª Região, Apelação em Mandado de Segurança no 1999.61.05.000776-0/SP, Relator Desembargador Federal Andre Nabarrete, Quinta Turma, j. 26.02.2002, *DJU* 03.09.2002, p. 348)

(5) Veja-se, também, este outro posicionamento doutrinário: "Em se tratando da aposentadoria de direito fundamental social, há que se tratar a renúncia com a devida cautela. Somente quando esta claramente implicar uma situação mais favorável ao segurado, deve ser permitida. É claro, no entanto, que esta situação mais vantajosa, decorrente da renúncia, deve ficar demonstrada de forma clara e inconteste. Não seria de se admitir que, gozando de direito fundamental social, o autor viesse, diante de hipótese mais favorável incorporada ao seu patrimônio jurídico, a ser prejudicado com a manutenção de determinado ato anterior apenas porque supostamente realizado em conformidade com a legislação aplicável à época em que postulou o direito.
Não haveria, ainda, como se acreditar que o ato jurídico perfeito constitua valor absoluto, que não possa ser, enquanto decorrente do princípio constitucional da segurança jurídica, cotejado com outros princípios e sopesado à luz da fundamentalidade do direito social. Aliás, no caso em apreço, dimensionada à luz da dignidade da pessoa humana, a segurança jurídica somente estaria preservada com a possibilidade da renúncia." (CORREIA e CORREIA, 2010, p. 304-305)
Igual a opinião de CASTRO e LAZZARI (2010, p. 605): "Entendemos que a renúncia é perfeitamente cabível, pois ninguém é obrigado a permanecer aposentado contra seu interesse. E, neste caso, a renúncia tem por objetivo a obtenção futura de benefício mais vantajoso, pois o beneficiário abre mão dos proventos que vinha recebendo, mas não do tempo de contribuição que teve averbado."

De outra parte, não se pode olvidar que o novo CPC, especialmente no art. 334, dá primazia às soluções de conflitos obtidas mediante a conciliação, o que não escapa à matéria previdenciária.

Assim, não cabe falar de inviabilidade da renúncia a benefício previdenciário, posto que amplamente abrangida pelo ordenamento jurídico.

O segundo aspecto a ser considerado vem a ser a vedação da restrição de direito fundamental por meio de norma infraconstitucional ou a partir de mero ato administrativo, tópico que apresenta profundo interesse no que concerne à desaposentação.

A estrutura normativa dos direitos fundamentais muitas vezes demanda a intervenção do legislador infraconstitucional. Não se pretende dizer que os direitos fundamentais (especialmente os direitos sociais) *dependem*, para serem exigíveis, de obrigatória mediação legal. Entretanto, muitas vezes a intervenção do legislador é importante para sua definição *in concreto*, em situações mais precisas e mais bem delimitadas.

A configuração constitucional ideal aponta para a necessidade de previsão expressa na Constituição unicamente dos princípios, dos valores e dos procedimentos disponíveis e permitidos ao Estado. A definição, em concreto, das modalidades de serviços e políticas públicas ficaria destinada ao legislador ordinário, que as definiria mediante o processo democrático-eleitoral e sua atividade normativa ordinária (MAUÉS, 2005, p. 170-171).

Entretanto, qualquer que seja o arranjo constitucional adotado, com maior ou menor abertura ao legislador ordinário, certo é que deve ser respeitada a perspectiva *material* da Constituição, a qual prevê tarefas para o Estado, não apenas limitações, e dentre estas a garantia de satisfação e atendimento a necessidades básicas das pessoas.

Nesse sentido, os direitos fundamentais estabelecem, ao mesmo tempo, uma *vinculação positiva*, dado que impõem ao legislador a tarefa de promoção dos direitos fundamentais, às vezes carecedores de desenvolvimento e regulação infraconstitucional; e uma *vinculação negativa* ao legislador, pois operam como uma barreira à liberdade legislativa de configuração do ordenamento jurídico (DÍEZ-PICASO, 2005, p. 99; QUEIROZ, 2006, p. 78-80).

Em relação a essa *vinculação negativa*, um direito fundamental pode sofrer algum grau de *restrição*, que implica diminuição das faculdades que, *a priori*, estariam compreendidas no direito fundamental ou adequação a *limites*, que dizem respeito ao seu exercício, sua prática (MIRANDA, 2000, p. 329).

O limite, porém, pode traduzir-se qualificadamente em *condicionamentos*, sendo estes, por exemplo, requisitos de natureza cautelar de que dependam o exercício de algum direito, tal como a prescrição de prazos, a imposição de participação prévia ou a necessidade de registros (como o de reconhecimento de personalidade jurídica de associação), bem como a posse de documentos. O condicionamento, porém, não reduz o âmbito do direito fundamental, apenas implica, determinadas vezes, a disciplina ou a limitação da margem de liberdade do seu exercício, outras vezes, a simples imposição de ônus (MIRANDA, 2000, p. 329-330).

Poderá o condicionamento, entretanto, ampliar ou melhorar o conteúdo dos direitos fundamentais, para obter o máximo de sua eficácia e a sua mais plena implantação no corpo social (caracterizando-se o que a doutrina chama de *conteúdo suplementar* ou *adicional* dos direitos fundamentais), característica que decorre da *força expansiva dos direitos fundamentais* (DÍEZ-PICASO, 2005, p. 100).

Todo modo, na restrição ou no limite ao direito fundamental, o legislador infraconstitucional não pode atentar contra o conteúdo nuclear do direito fundamental, seu "núcleo essencial" (ALEXY, 2007, p. 257; DÍEZ-PICASO, 2005, p. 74; QUEIROZ, 2006, p. 121).

Além da preservação do *núcleo essencial* dos direitos fundamentais, cabe acrescentar que seu desenvolvimento infraconstitucional é merecedor de *reserva de lei*, quer dizer, qualquer alteração em seu conteúdo (restrição ou limite) somente pode advir de lei em sentido estrito, nunca através de atos administrativos de hierarquia inferior à lei (DÍEZ-PICASO, 2005, p. 101-102).

O argumento normativo mais comumente aventado em contrariedade à tese da desaposentação reside na previsão constante do art. 181-B do Decreto n. 3.048/1999:

> "Art. 181-B. As aposentadorias por idade, tempo de contribuição e especial concedidas pela previdência social, na forma deste Regulamento, são irreversíveis e irrenunciáveis *(acrescentado pelo Decreto n. 3.265/1999).*

Parágrafo único. O segurado pode desistir do seu pedido de aposentadoria desde que manifeste esta intenção e requeira o arquivamento definitivo do pedido antes da ocorrência do primeiro de um dos seguintes atos: (Redação dada pelo Decreto n. 6.208, de 2007)

I — recebimento do primeiro pagamento do benefício; ou *(Incluído pelo Decreto n. 6.208, de 2007)*

II — saque do respectivo Fundo de Garantia do Tempo de Serviço ou do Programa de Integração Social. *(Incluído pelo Decreto n. 6.208, de 2007)."*

A admissão ou inadmissão da desaposentação passa por uma aprofundada discussão a respeito de diversos preceitos constitucionais e legais relativos à própria concepção do sistema previdenciário.

Nesses termos, admitir-se que singela norma regulamentar (art. 181-B do Decreto n. 3.048/1999), possa, direta e simplesmente, fulminar essa pretensão, é erro grave, muito custoso para a efetividade dos direitos fundamentais sociais e, de modo geral, de duvidosa constitucionalidade. De fato, se a própria Lei de Benefícios deixou de tratar do tema, não contendo previsão expressa de proibição de renúncia à aposentadoria, não poderia o Decreto n. 3.048/1999, mera norma regulamentar, fazê-lo. Esse argumento já encontrou repercussão na doutrina:

> "Não há qualquer possibilidade de que conceito construído a partir da Constituição Federal, relacionado à própria fundamentalidade do direito, seja obstado por ato administrativo — como se pretendeu no art. 181-B do Decreto n. 3.048/1999. Se nem mesmo lei poderia impedir a renúncia da aposentadoria para obtenção de situação mais favorável — e não há qualquer disposição legal neste sentido —, mais nítida ainda a limitação de Decreto em fazê-lo." (CORREIA e CORREIA, 2010, p. 306)[6]

De outra parte, não se pode desconsiderar que o conteúdo dos direitos fundamentais previdenciários e sua necessidade de efetivação deve prevalecer sobre qualquer forma de arranjo administrativo que seja proposta.

Nesse passo, lembramos da teoria de SAVARIS (2016, p. 114) a respeito do *princípio do acertamento da relação jurídica de proteção social*. Em suas próprias palavras:

> "De acordo com o princípio do acertamento da relação jurídica de proteção social, na tarefa de solução do problema concreto que lhe é apresentado, a função jurisdicional deve decidir sobre a existência do direito de proteção previdenciária reivindicado e, se for o caso, concedê-lo nos estritos termos a que o beneficiário faz jus.
>
> (...)
>
> A função jurisdicional dos direitos fundamentais de proteção social não deve olhar com proeminência para o ato do Poder Público que se contrapõe ao direito pleiteado pelo particular ou para o modo como restou formalizada a tutela administrativa. Antes, por uma questão de respeito aos direitos fundamentais, a jurisdição de proteção social deve devotar-se ao acertamento da relação jurídica, o que implica investigar o que realmente importa: se o direito social pretendido existe e qual sua real extensão. Na perspectiva do *acertamento*, desde que prestada a tutela administrativa, abre-se espaço para a atuação jurisdicional de definição da relação jurídica de proteção social."

Embora a lição do mestre curitibano diga expressamente apenas sobre o controle judicial de atos administrativos, indicando que não se resume ao mero controle de legalidade, devendo prevalecer a relação jurídica real de Direito Previdenciário, seu raciocínio pode ser estendido e utilizado sem ressalvas também onde não exista o questionamento judicial dos atos praticados pela Administração Pública.

Nesse sentido, pode-se dizer, alargando o conteúdo do *princípio do acertamento* deduzido da obra de Savaris, que os direitos fundamentais previdenciários prevalecem sobre o formato administrativo que lhes seja dado.

---

(6) No mesmo sentido o magistério de CASTRO e LAZZARI (2010, p. 605): "A Constituição não veda a desaposentação; pelo contrário, garante a contagem recíproca de tempo de contribuição na administração pública e na atividade privada, rural e urbana (art. 201, § 9º). A Legislação Básica da Previdência é omissa quanto ao assunto, vedando apenas a contagem concomitante do tempo de contribuição e a utilização de tempo já aproveitado em outro regime. Somente o Decreto n. 3.48/1999, com redação dada pelo Decreto n. 3.265/1999, estabelece que os benefícios concedidos pela Previdência Social são irreversíveis e irrenunciáveis."

Em outras palavras: a desaposentação, como forma de efetivação de direitos fundamentais previdenciários dos segurados (assegurando melhoria do valor da aposentadoria, em atendimento a diversos princípios constitucionais), não pode ser impedida sob o argumento de que o ato administrativo de concessão da aposentadoria é intocável ou irrenunciável.

Por outro lado, há aqueles que aduzem que a desaposentação pode ser fundamentada a partir do princípio da moralidade, que informa toda a atuação da Administração Pública, incluindo o INSS. É o caso de FÁBIO ZAMBITTE IBRAHIM (2010, p. 79):

"(...) carece de sentido a Administração Pública manter a condição de aposentado do segurado ou servidor contra a sua vontade. Da mesma forma, a exigência de contribuição do aposentado que volta à atividade, mas sem praticamente nenhuma contraprestação, ainda que seja explicada pelo sistema de custeio (repartição simples), também causa estranheza ao senso comum popular. O certo seria possibilitar ao segurado novo benefício mais vantajoso."

Com esse argumento, afasta-se o entendimento daqueles que inviabilizam a desaposentação a partir do prisma da moralidade, conforme aponta MARTINEZ (2010, p. 122-123), tal como se fosse "esperteza" do segurado:

"Alegação pertinente à relação jurídica de previdência social, eminentemente patrimonial e amoral, consiste em atribuir-se ao requerente da desaposentação o estar querendo melhorar; às vezes, algum intérprete desavisado fala que ele quer levar vantagem (*sic*). Melhorias não se confundem com privilégios: ou estão previstas no ordenamento ou são irregularidades e devem ser rejeitadas.

Pretender progredir socialmente, otimizar os meios de subsistência, desfrutar de mais direitos sociais (sem olvidar o interesse público e o direito de terceiros), não só é o natural escopo de todos os cidadãos, que assim não dependem do Estado, como é procedimento absolutamente válido num regime capitalista como o vigente. Se a desaposentação visasse a outra finalidade, ela não seria acolhida, pois seu fim é melhorar a situação das pessoas. Claro, o que não lhe cabe é servir de instrumento para prejudicar terceiros.

(...)

Para que se possa aquilatar este aspecto, é necessário aprofundar-se no que respeita à moral no Direito Previdenciário. Trata-se de direito material, substantivo, patrimonial, de quem preencheu legitimamente os pressupostos legais, sem qualquer consideração pelo caráter do titular da relação. Aspectos éticos devem ser levados em conta nas relações materiais do beneficiário com o órgão gestor; ele não pode mentir, fraudar, simular, falsificar ou praticar qualquer infração administrativa ou penal.

(...)

Ora, ausência de lei autorizativa não torna ilícita a desaposentação; para que isso sucedesse, era preciso que contraditasse alguma norma positiva, o que não acontece. Imoralidade não há, nem mesmo simples esperteza; se há o direito, ele é lícito e moral. Buscar melhor padrão de vida é princípio existencial, político, religioso, legal e moral."

Também se pode indicar que a desaposentação encontra fundamento no princípio constitucional da finalidade, contido no art. 37 da CF, e destinado à atuação da Administração Pública:

"Por força dele a Administração subjuga-se ao dever de alvejar sempre a finalidade normativa, adscrevendo-se a ela. (...) Em rigor, o princípio da finalidade não é uma decorrência do princípio da legalidade. É mais que isto: é uma inerência dele; está nele contido, pois corresponde à aplicação da lei tal qual é; ou seja, na conformidade de sua razão de ser, do objetivo em vista do qual foi editada. Por isso se pode dizer que tomar uma lei como suporte para a prática de ato desconforme com sua finalidade não é aplicar a lei; é desvirtuá-la; é burlar a lei sob pretexto de cumpri-la." (BANDEIRA DE MELLO, 2005, p. 95)[7]

---

(7) Prossegue seu magistério aquele que tomamos por maior administrativista brasileiro da atualidade:
"Ora, a Administração Pública está, por lei, adstrita ao cumprimento de certas finalidades, sendo-lhe obrigatório objetivá-las para colimar interesse de outrem: o da coletividade. É em nome do interesse público — o do corpo social — que tem de agir, fazendo-o na conformidade da *intentio legis*. Portanto, exerce 'função', instituto — como visto — que se traduz na ideia de indeclinável atrelamento a um fim preestabelecido e que deve ser

A finalidade precípua da administração previdenciária, atualmente a cargo do INSS, é, inequivocamente, a boa gestão dos benefícios e serviços previdenciários, sempre em prol dos segurados e dependentes, em plena conformidade com os princípios constitucionais atinentes à matéria.[8]

Assim, entendendo-se que a *desaposentação* pode representar melhora no valor das aposentadorias concedidas e administradas pelo INSS (serviço público previdenciário), também o princípio da finalidade pode dar sustento à pretensão da *desaposentação*.

Outro aspecto que se deve ter em consideração é o fato de que a desaposentação não implica violação à *isonomia*, como muitas vezes se argumenta (pois um segurado já aposentado busca uma melhor aposentadoria e outro, aguarda mais tempo para se aposentar, fazendo-o uma só vez).

Nesses casos, não há, efetivamente, uma mesma e única situação. Trata-se de situações fáticas distintas (especialmente a existência de novas e originariamente não previstas contribuições previdenciárias, somadas a novo tempo de trabalho, maior faixa etária e menor expectativa de vida, apenas para indicar os critérios mais importantes do cálculo do *fator previdenciário*), a merecer tratamento jurídico diferenciado, como é da boa hermenêutica dos direitos fundamentais (isonomia, igualdade material, focalização e especialização dos direitos fundamentais e políticas públicas).[9]

Por derradeiro, a desaposentação também pode ser justificada a partir do direito fundamental ao trabalho (IBRAHIM, 2010, p. 75-76; MARTINEZ, 2010, p. 29). Não é possível obstar que o aposentado volte a trabalhar a fim de prover ou melhorar seu sustento e sua qualidade de vida (ainda que por meio de medidas econômicas indiretas, tais como a exigência de contribuição previdenciária destituída de qualquer contrapartida social).

1.2. ASPECTOS CONSTITUCIONAIS RELEVANTES DA SEGURIDADE SOCIAL

Inicialmente, antes de se examinar as disposições específicas da Previdência Social que comportam relação ao tema da desaposentação, cumpre verificar as normas gerais aplicáveis a toda a Seguridade Social (composta também da Saúde e da Assistência Social).

Em primeiro lugar cabe menção ao fato de que a Seguridade Social compreende uma das principais estruturas destinadas a assegurar, aos cidadãos, proteção social. Essa missão da Seguridade Social aparece de modo abrangente e genérico na ideia de que a Ordem Social fundamenta-se no primado do trabalho e tem como objetivos o bem-estar e a justiça sociais (art. 193 da CF).

Ademais, é o que se depreende do art. 194 da CF, em que se encontra disposto que "a seguridade social compreende um conjunto integrado de ações de iniciativa dos Poderes Públicos e da sociedade, destinadas a assegurar os direitos relativos à saúde, à previdência e à assistência social".

A missão protetiva fica mais nítida à medida que se observa as contingências sociais acobertadas pelos três pilares da Seguridade Social: a própria ideia de saúde; os eventos idade avançada, morte, desemprego involuntário e invalidez, dentre outros, na Previdência Social, e as situações de amparo social concernentes à Assistência Social.

Tendo a proteção social por finalidade, a Seguridade Social é norteada por alguns determinados princípios, os quais a doutrina localiza nos "objetivos" constitucionais constantes do art. 194 da CF. Examinaremos apenas os que se relacionam, a nosso ver, com o tema da desaposentação.

Inicialmente, temos o princípio da irredutibilidade do valor dos benefícios (art. 194, inciso IV, da CF). Uma das facetas deste primado é a manutenção do *valor real* dos benefícios, a preservação de seu *poder aquisitivo*.

---

atendido para o benefício de um terceiro. É situação oposta à da autonomia da vontade, típica do Direito Privado. (...) Onde há função, pelo contrário, não há autonomia da vontade, nem a liberdade em que se expressa, nem a autodeterminação da finalidade a ser buscada, nem a procura de interesses próprios, pessoais. Há adscrição a uma finalidade previamente estabelecida, e, no caso da função pública, há submissão da vontade ao escopo pré-traçado na Constituição ou na lei e há o dever de bem curar um interesse alheio, que, no caso é o interesse público." (BANDEIRA DE MELLO, 2005, p. 87)

(8) A finalidade previdenciária não é sequer legal, é constitucional: é objetivo dotado de previsão constitucional um amplo e efetivo programa previdenciário.

(9) Talvez encontremos o fundamento dessa crítica no tipo de pensamento, de natureza moralizante, que muitas vezes vê como "esperteza" a prática dos cidadãos que vão à justiça tentar exercer seus direitos fundamentais, particularmente aqueles vinculados aos direitos sociais, como são os direitos previdenciários, conforme indicamos na Introdução desta obra, uma parte infelizmente ainda presente do pensamento social brasileiro.

Ainda que esse aspecto do princípio em tela não tenha encontrado efetiva guarida pela jurisprudência de nossos Tribunais, certo é que este postulado pode dar respaldo constitucional à pretensão de desaposentação, no sentido de que o recálculo da aposentadoria, por meio da desaposentação, preservaria o valor efetivo do benefício do segurado.

Também há que se analisar o princípio da equidade na forma de participação no custeio (art. 194, inciso V, da CF), princípio que pode ser compreendido como uma espécie de manifestação, na esfera da Seguridade Social, do *princípio da capacidade contributiva* encontrado no Direito Tributário.

Em outras palavras: quem possui maior capacidade econômica deve contribuir mais para o custeio da Seguridade Social do que aqueles que menor capacidade econômica possuem; por sua vez, aqueles completamente destituídos de expressão econômico-contributiva não farão aportes para o custeio da Seguridade Social, apenas usufruindo dos benefícios e serviços previstos por aquela estrutura de proteção social.

Entretanto, o princípio da equidade na forma de participação do custeio também deve ser compreendido à luz do princípio da solidariedade social, inerente a qualquer sistema de Seguridade Social, particularmente em razão da solidariedade inter e intrageracional.

Além disso, possui outra vertente: pode significar também maior carga contributiva para empresas e maior aporte de recursos orçamentários da União, a fim de permitir menor contribuição para o trabalhador (LEITE e VELLOSO, 1989, p. 06).

Assim, a *equidade* exigida e franqueada para a participação no custeio da Seguridade Social demonstra não ser correto, tampouco socialmente justo, que o segurado permaneça contribuindo para a Previdência Social e não possa dela usufruir complementarmente (posto que vedada a cumulação de benefícios, ou usufruí-la apenas parcialmente, nos termos examinados no próximo capítulo).

Ainda em relação ao custeio, há que se ter em consideração que a Seguridade Social é financiada por toda a sociedade, direta ou indiretamente (art. 195, *caput*, da CF). Os tributos devidos à União Federal, sejam os tributos em geral, sejam as contribuições previdenciárias estabelecidas no art. 195 da CF, nos moldes da legislação orçamentária, passam a integrar o orçamento da Seguridade Social.

Particular atenção merecem as contribuições previdenciárias diretas, ou seja, aquelas que são diretamente destinadas à Previdência Social, sejam aquelas a cargo da empresa e, especialmente, aquelas devidas pelo trabalhador e demais segurados (art. 195, inciso II, da CF). A CF sinaliza uma regra-matriz de hipótese de incidência tributária muito precisa, indicando o trabalhador e os demais segurados da Previdência Social como contribuintes e pessoas vinculadas diretamente ao seu sistema de custeio.

A questão do custeio da Seguridade Social e suas possíveis vinculações com o tema da desaposentação ainda encontra pertinência com a chamada *regra da contrapartida*, prevista no art. 195, § 5º, da CF, que estabelece que "nenhum benefício ou serviço da seguridade social poderá ser criado, majorado ou estendido sem a correspondente fonte de custeio total".

A *regra da contrapartida* destina-se precipuamente ao legislador e, caso futuramente se cogite legislar sobre o tema da desaposentação, não haverá vício de inconstitucionalidade em relação à questão do custeio.

É que, como é de conhecimento geral, um dos pressupostos para a requisição da desaposentação é a permanência do vínculo contributivo, seja por efetivo desempenho laboral, seja por simples recolhimento de contribuição em qualquer modalidade de classe de segurado (tal como o segurado contribuinte individual). Existindo a continuidade do vínculo contributivo, a ser necessariamente mensurada, não haveria que se falar, num futuro e oportuno projeto de lei tratando da desaposentação, de ausência de recursos para sua implementação, pois novas e não previstas contribuições aportam ao sistema previdenciário.

1.3. ASPECTOS CONSTITUCIONAIS PROPRIAMENTE PREVIDENCIÁRIOS

Expostas as breves linhas a respeito das normas constitucionais gerais mais relevantes em termos de Seguridade Social para o tema da desaposentação, cumpre-nos fazer o mesmo em relação às principais normas constitucionais da Previdência Social porventura pertinentes a essa modalidade de revisão das aposentadorias.

Inicialmente, deve-se ter em mente que a CF tracejou três diferentes regimes previdenciários:

a) RGPS.

b) Regimes próprios dos servidores públicos.

c) Previdência Complementar ou Privada.

O RGPS será nosso objeto de estudo próprio neste tópico. Trata-se do regime previdenciário universal ao qual todos os cidadãos encontram-se vinculados (art. 201 da CF), salvo se o estiverem a qualquer outro regime previdenciário, a exemplo do regime próprio dos servidores públicos (art. 40 da CF, adiante examinado). A Previdência Complementar ou Privada, prevista no art. 202 da CF, destina-se àqueles que desejarem receber benefícios em patamar superior ao plano básico assegurado pelos outros dois planos previdenciários (RGPS e regime próprio dos servidores públicos).

Quanto ao RGPS, é importante examinar o disposto no art. 201, *caput*, da CF, no qual se encontra estabelecido que a Previdência Social será organizada sob a forma de regime geral e, sobretudo, "de caráter contributivo e de filiação obrigatória, observados critérios que preservem o equilíbrio financeiro e atuarial".

Os três elementos que constam do preceito referido relacionam-se diretamente com o tema da desaposentação: regime previdenciário eminentemente contributivo, filiação obrigatória; necessidade de equilíbrio financeiro e atuarial do RGPS.

Em primeiro lugar, vejamos o caráter contributivo da Previdência Social. Muitas vezes criticado, dado fazer uma opção clara e direta pela vinculação ao RGPS, precipuamente a partir da relação contributiva, não mais preferencialmente pela questão laboral, certo é que se trata do paradigma atualmente em vigor para a Previdência Social brasileira.[10]

Nesse sentido, vigorando um paradigma estritamente contributivo de vinculação à Previdência Social (configuração da qualidade de segurado), muitas vezes exigido com extrema veemência pelo INSS, há que ser igualmente valorizado/aproveitado também quando possa permitir uma melhoria da situação dos segurados ou de seus dependentes, no caso, o recálculo de aposentadorias, por meio do qual é conhecido como *desaposentação*: o aproveitamento de contribuições previdenciárias posteriores à aposentadoria para fins de melhoria no valor da RMI.[11]

Não pode prevalecer o argumento de alguns autores (como: ROCHA; BALTAZAR JR., 2011, p. 104-105) de que, diante do *princípio da solidariedade*, nem sempre as contribuições previdenciárias pressupõem alguma forma de contraprestação. Ou, como argutamente observou NOA GNATA (2014: 92), que o princípio da solidariedade seja "compreendido isolada e equivocadamente como uma exigência imposta ao cidadão de que contribua a fundo perdido — sem correspondência sinalagmática entre contribuição e benefício".

Assim não sendo, e tendo em vista a natureza tributária das contribuições previdenciárias, estar-se-ia diante de modalidade de *confisco tributário*, vedado conforme disposição do art. 150, inciso IV, da CF (ao que se deve somar o princípio da equidade na forma de participação no custeio da Seguridade Social, acima examinado)[12].

---

(10) A primeira Reforma Previdenciária, trazida pela Emenda Constitucional n. 20/1998 alterou o paradigma central do sistema previdenciário brasileiro, substituindo o tempo de serviço pelo tempo de contribuição efetiva (KRAVCHYCHYN *et alli*, 2010, p. 39). A estruturação da Previdência Social abandonou o tradicional parâmetro laboral (ou ligado essencialmente ao trabalho), e adota um parâmetro estrutural meramente/eminentemente contributivo. A alteração, todavia, não fica imune a críticas, as quais são bastante bem sintetizadas na seguinte lição de JOSÉ RICARDO CAETANO COSTA (2010, p. 75-76):
"Não se tem dúvida de que, sob o ponto de vista técnico, foi um grande avanço essa alteração, uma vez que somente poderá ser considerado como tempo de trabalho os períodos de contribuição efetiva, terminando, portanto, com os chamados tempo fictícios.
A questão analisada pela ótica dos segurados que buscam os seus direitos, desloca-se do aspecto técnico para o social: relações de trabalho extremamente incipientes, precarizadas, não formalizadas, em que a anotação das carteiras de trabalho ainda não é uma realidade concreta; vínculos empregatícios escamoteados sob os mais variados mantos, a exemplo das parcerias falsas, das sociedades irregulares, das cooperativas ilegais etc. O que vale dizer, amiúde, que os segurados terão enorme dificuldade de ter esses tempos computados para os fins previdenciários, caso não haja os aportes respectivos para os cofres do Instituto Nacional do Seguro Social."
A despeito dessa questão, para o caso daqueles segurados que efetivamente tenham contribuído para o RGPS, após se aposentarem, tal tempo de contribuição não pode ser desconsiderado, tendo em vista o caráter eminentemente contributivo do sistema previdenciário.

(11) Nas palavras de FÁBIO ZAMBITTE IBRAHIM (2010, p. 60): "A contributividade dos sistemas previdenciários, regra fundamental do sistema, ao mesmo tempo em que gera um ônus financeiro aos segurados, também produz um bônus, materializado na possibilidade de aplicar tais recursos em hipóteses diversas, nem todas mapeadas pela legislação previdenciária. Não há como a Administração Pública ignorar esta prerrogativa ao segurado, que pode muito bem se desfazer de um benefício atual visando à transferência de seu tempo de contribuição para um novo benefício."

(12) Por tudo isso, destacadamente a falta de reciprocidade entre recolhimento de contribuições e algum grau de retorno qualitativo em termos de benefício previdenciário a doutrina entende altamente controversa a exigência de contribuições previdenciárias daquele que, já aposentado, volta a trabalhar (CASTRO e LAZZARI, 2010, p. 223).

Isto porque esta situação equivaleria à incidência do princípio da solidariedade e a exigência de contribuições apenas e de modo mais incisivo em relação aos segurados (pessoas físicas), que fazem parte do sistema previdenciário, sobretudo na qualidade de *beneficiários/objeto da proteção previdenciária*.

Por esses argumentos, verifica-se que, do ponto de vista do estrito positivismo jurídico, o viés contributivo que atualmente caracteriza nossa Previdência Social pode vislumbrar incompatibilidade do art. 18, § 2º, da Lei de Benefícios, com o art. 201, da Constituição Federal: o dispositivo constitucional menciona o caráter contributivo da Previdência Social; o dispositivo de lei, por sua vez, indica que nenhum benefício advirá ao aposentado que permaneceu ou retornou ao trabalho, "em decorrência do exercício dessa atividade", ignorando por completo o aspecto contributivo da relação de trabalho, isto é, a compulsoriedade no recolhimento de contribuições previdenciárias.

Também pode ser considerada essa situação como uma forma de incidência do princípio da solidariedade social, no seu aspecto que impõe o dever de contribuir, tão somente sobre a pessoa física (segurado já aposentado), parte da relação jurídico-previdenciária que deveria merecer, precipuamente, a proteção social, não os maiores ônus contributivos.

O segundo tópico de relevância para a questão da desaposentação, igualmente constante do art. 201 da CF, refere-se à *filiação obrigatória* do RGPS.

Por filiação obrigatória tem-se a ideia de que aqueles que se encontrem nas situações laborais e/ou contributivas em que a legislação os caracterize como segurados, particularmente na figura do segurado obrigatório (empregado) ou segurado contribuinte individual (aquele que espontaneamente recolhe as contribuições à Previdência Social), serão considerados, para todos os fins, pessoas com vínculo jurídico com a Previdência Social. Veja-se, a respeito, o magistério de KRAVCHYCHYN *e outros* (2010, p. 52-53)[13]:

> "Por serem as atividades que caracterizam a política de segurança social exercidas em caráter exclusivo pelo Estado — permitida a atuação da iniciativa privada apenas em caráter complementar — e, por ser necessário que a sociedade participe do financiamento da Seguridade Social, a Constituição Federal prevê a possibilidade de que o Poder Público, por meio de suas entidades estatais, institua contribuições sociais (art. 149), ou seja, na ordem jurídica interna vigente, ter-se o regime de solidariedade social garantido pela cobrança compulsória de contribuições sociais, exigidas de indivíduos segurados e também de não segurados do regime previdenciário, bem como de pessoas jurídicas. Assim é que ninguém pode escusar-se de recolher contribuição social, caso a lei estabeleça como fato gerador alguma situação em que incorra. (...)
>
> Sendo o sistema previdenciário pautado pela universalidade de atendimento, nenhuma pessoa que exerça trabalho remunerado pode ficar isenta de contribuir com parcela de seus ganhos, seja este trabalhador vinculado à iniciativa privada ou ao serviço público."

Tal vínculo jurídico *compulsório*, como foi dito, vale para todos os fins. Tanto para fins contributivos, quer dizer, o segurado já aposentado que torne a trabalhar tem o dever de recolher contribuições previdenciárias, como para fins de benefícios: possui direito a alguns benefícios, nos termos da lei. Embora a legislação de regência, hoje, vede algumas formas de cumulação de benefício,[14] tema examinado adiante[15], defendemos que se pode ir mais além, e

---

(13) No mesmo sentido o texto de FÁBIO ZAMBITTE IBRAHIM (2010, p. 8-9): "Essa obrigatoriedade de filiação ao sistema estatal de previdência é norma de ordem pública, sendo defeso ao segurado alegar que não deseja ingressar no sistema por já custear regime privado de previdência. A compulsoriedade tem várias justificativas, em especial, a conhecida miopia individual, isto é, a pouca importância dos mais jovens com o futuro, e a solidariedade previdenciária, garantidora do pagamento de benefícios mesmo àqueles com cotização insuficiente.

A compulsoriedade previdenciária insere-se na ideia da socialização das adversidades, distribuindo-se os riscos por igual (...). Sendo a solidariedade preceito nuclear do sistema protetivo, resta plenamente justificada a vinculação obrigatória à Previdência Social.

Principalmente em razão dessa coercitividade, sua natureza jurídica não é contratual, pois é excluída por completo a vontade do segurado sendo este filiado compulsoriamente. Não há qualquer pacto de vontades no seguro social, salvo pela figura do segurado facultativo.

Em verdade, a natureza da Previdência social é *institucional* ou *estatutária*, já que o Estado, por meio de lei, utiliza seu poder de império e cria a figura da vinculação automática ao sistema previdenciário, independente da vontade do beneficiário."

(14) Nesse sentido, a Súmula n. 507 do STJ: "A acumulação de auxílio-acidente com aposentadoria pressupõe que a lesão incapacitante e a aposentadoria sejam anteriores a 11.11.1997, observado o critério do art. 23 da Lei n. 8.213/1991 para definição do momento da lesão nos casos de doença profissional ou do trabalho".

(15) Ideia semelhante é defendida por MARTINEZ (2010, p. 48): "Com o surgimento da filiação obrigatória, característica histórica fundamental da implantação da previdência social, cujo subproduto foi e é a compulsoriedade da contribuição por parte da pessoa jurídica (empresa) e física

as contribuições previdenciárias posteriores à aposentadoria podem render efetivo proveito/melhora no cálculo do benefício previdenciário.

Por derradeiro, tratemos da necessidade de preservação do equilíbrio financeiro e atuarial do RGPS. Essa necessidade, muitas vezes tão arduamente guerreada pelo INSS, utilizada como fundamento de defesa em inúmeras ações previdenciárias que lhe movem segurados e dependentes, deve valer por inteiro: se pode ser exigida como forma de negativa de benefícios, deve valer, igualmente, como garantia de melhoria de benefício para aqueles que continuaram vertendo contribuições previdenciárias para o sistema previdenciário.

O princípio do equilíbrio financeiro e atuarial encontra-se mais ligado, assim como a regra da contrapartida, já debatida, a futuros projetos de lei tratando da desaposentação, assegurando constitucionalidade à *lege ferenda*.

No plano atual, e a partir das regras jurídicas vigentes, a desaposentação é plenamente justificável do ponto de vista atuarial, pois, se o segurado já goza de benefício, jubilado dentro das normas vigentes, estas também atuarialmente definidas, presume-se que o sistema previdenciário somente fará, em relação a este beneficiário, desembolsos, não mais recebendo qualquer cotização, esta já ocorrida em períodos pretéritos (IBRAHIM, 2010, p. 59):

> "Todavia, caso o beneficiário continue a trabalhar e contribuir, esta nova cotização gerará excedente atualmente imprevisto, que certamente poderia ser utilizado para a obtenção de novo benefício, abrindo-se mão do anterior de modo a utilizar-se do tempo de contribuição passado. Daí vem o espírito da desaposentação, que é renúncia de benefício anterior em prol de outro melhor.
>
> Da mesma forma, caso o segurado deseje ingressar em novo regime de previdência, também não há impedimento atuarial para o mesmo, pois o RGPS irá deixar de efetuar os pagamentos ao segurado, vertendo os recursos acumulados ao regime próprio, mediante compensação financeira. Aqui também inexiste prejuízo ao RGPS, pois ainda que o segurado tenha recebido algumas parcelas do benefício, tal fato não terá impacto prejudicial, porque o montante acumulado será utilizado em período temporal menor, já que a expectativa de vida, obviamente, reduz-se com o tempo." (IBRAHIM, 2010, p. 59-60)

Em relação às regras concretas para concessão de aposentadoria, o art. 201, § 7º, da CF, estabelece a possibilidade de aposentadoria no RGPS, nos termos definidos em lei, após 35 anos de contribuição para o homem, aos 65 de idade; e 30 anos de contribuição e 60 anos de idade para a mulher, observados os critérios diferenciados para segurados especiais e professores.

Também deve ser destacada a permissão de contagem recíproca de tempo de contribuição na administração pública e na atividade privada, rural ou urbana, mediante compensação financeira dos diversos regimes previdenciários, conforme disposto no art. 201, § 9º, da CF.

A ampla possibilidade de contagem recíproca de tempo de contribuição assegurada constitucionalmente é outro argumento a corroborar a possibilidade jurídica da desaposentação, principalmente quando se trata de desistência de aposentadoria no RGPS para nova aposentadoria no setor público, ou vice-versa[16].

Permitindo a CF o aproveitamento de tempo de contribuição entre os diversos regimes previdenciários, mediante a necessária compensação financeira, não pode a legislação infraconstitucional, muito menos singela regulamentação administrativa, restringi-lo.

A pretensão de vedação à desaposentação contida no art. 181-B do Decreto n. 3.048/1999 esbarra também nesse ponto, pois a norma constitucional não pode ser interpretada separadamente de sua finalidade, qual seja, a de permitir o *trânsito* entre os diversos regimes previdenciários, com aproveitamento de vínculo contributivo e compensação financeira.

Esse *trânsito* entre os diversos regimes previdenciários, como o denominamos, pode ocorrer sem problemas tanto antes da aposentadoria como posteriormente, a partir da desaposentação.

(trabalhador), no bojo da relação jurídica securitária, ao mesmo tempo constitui-se num direito subjetivo do segurado de ter de volta a reserva técnica das contribuições pessoais e da sociedade, como frutos inerentes às aplicações ou sem eles, atualmente concebida e submetida à norma pública, na forma das prestações, como concebidas em algum momento pela lei ordinária."

(16) Ao adotarmos esse fundamento como garantidor da desaposentação, compartilhamos da opinião de WLADIMIR NOVAES MARTINEZ (2010, p. 34).

Também se deve falar da regra contida no § 11 do art. 201 da CF, consubstanciada na regra de que "os ganhos habituais do empregado, a qualquer título, serão incorporados ao salário para efeito de contribuição previdenciária e consequente repercussão em benefícios, nos casos e na forma da lei".

O preceito constitucional indicado possui duplo aspecto. O primeiro, e mais claro, é a inclusão de quaisquer ganhos habituais do segurado empregado na regra-matriz de hipótese de incidência tributária relativa à contribuição previdenciária devida pelo segurado.

Nesse sentido, e sem maiores surpresas, quaisquer ganhos do aposentado que volte a trabalhar, cogitando futura desaposentação, são sujeitos à incidência de contribuições previdenciárias.

O outro aspecto desse preceito constitucional, geralmente pouco explorado, é no sentido de que, tudo o quanto possa ser exigido a título de contribuição previdenciária do segurado, incidente sobre sua folha de pagamento, apresenta necessária repercussão no valor dos benefícios previdenciários porventura concedidos.

É nesse sentido que a regra do art. 201, § 11, da CF, apresenta valia no tema da desaposentação. De acordo com o expresso mandamento constitucional, tudo aquilo que se refere à contribuição previdenciária do segurado deve repercutir, obrigatoriamente, no cálculo do valor dos benefícios previdenciários.

Essa repercussão no valor dos benefícios, por seu turno, pode ocorrer na primeira aposentadoria ou, sem qualquer problema, na segunda aposentadoria, fruto de desaposentação.

1.4. ASPECTOS CONSTITUCIONAIS GERAIS DA PREVIDÊNCIA SOCIAL DO SERVIDOR PÚBLICO

O art. 40 da CF assegura aos servidores públicos titulares de cargos efetivos da União, dos Estados, do Distrito Federal e dos Municípios, incluídas suas autarquias e fundações, regime de previdência diferenciado do RGPS, conforme já exposto acima.

Esses regimes diferenciados, cujos traços principais veremos adiante, aplicam-se exclusivamente aos servidores públicos titulares de cargos efetivos, daquelas pessoas públicas acima mencionadas, sendo que se compreendem tais servidores como aqueles que tenham ingressado na Administração Pública por concurso público, nos termos do art. 37, inciso II, da CF, e estejam submetidos não a regime jurídico previsto na CLT, mas a regras estatutárias.

Os regimes próprios dos servidores públicos, tal como o RGPS, são de caráter contributivo e solidário, e devem atender ao princípio do equilíbrio financeiro e atuarial (art. 40 da CF). Em relação a este ponto, aplicam-se todos os comentários tecidos acima em relação ao RGPS, especialmente quanto ao caráter contributivo. As contribuições são devidas pelo respectivo ente público, pelos servidores ativos e inativos, assim como pelos pensionistas.

Os proventos de aposentadoria e pensão, ressalvadas as hipóteses previstas nas regras de transição das Emendas Constitucionais ns. 20/1998, 41/2003 e 47/2003, não serão mais correspondentes à integralidade dos vencimentos do servidor na ativa.

Os valores de aposentadoria do servidor público serão calculados por meio do quanto disposto no art. 40, §§ 3º e 17, da CF (disposição constante do art. 40, § 1º, da CF). Neste sentido, serão calculados a partir das remunerações utilizadas como base para as contribuições do servidor ao regime próprio, assim como ao RGPS; outrossim, todos os valores de remuneração considerados para tal cálculo serão devidamente atualizados, ambos os requisitos de acordo com o estabelecido em lei regulamentadora (atualmente Lei n. 10.887/2004).

Por outro lado, os proventos de aposentadoria, por ocasião de sua concessão, não poderão exceder a remuneração do respectivo servidor, no cargo efetivo em que se deu a aposentadoria (art. 40, § 2º, da CF).

Ainda em relação ao valor da aposentadoria do servidor público, tem-se que aos proventos de aposentadoria também se aplica o teto de remuneração previsto no art. 37, inciso XI, da CF (art. 40, § 11, da CF).

É assegurada contagem recíproca em relação às diversas esferas da Administração, pois o art. 40, § 9º, da CF, indica que o "tempo de contribuição federal, estadual ou municipal será contado para efeito de aposentadoria". Entretanto, impõe-se a salvaguarda de que "a lei não poderá estabelecer qualquer forma de contagem de tempo de contribuição fictício" (art. 40, § 10, da CF). Portanto, em relação à contagem recíproca de contribuição na Administração Pública, valem todos os comentários efetuados quanto a isso, no âmbito do RGPS, para fins de desaposentação.

Por derradeiro, deve ser considerada a regra do art. 40, § 12, em que fica consignado que, além das regras pertinentes ao regime previdenciário do servidor público, este deverá observar, no que couber, os requisitos e critérios do RGPS.

Das Aposentadorias

O presente capítulo destina-se a dar um breve panorama dos requisitos gerais para obtenção dos benefícios previdenciários, destacadamente as aposentadorias, objeto de melhoria a partir da desaposentação.

O escopo deste tópico é ilustrar as principais modalidades de aposentadorias, seja no RGPS, seja no regime próprio dos servidores públicos, e as condições em que podem ser obtidas. Não serão abordadas com profundidade as polêmicas doutrinárias e jurisprudenciais, por fugir ao objeto deste trabalho. A partir deste quadro poderemos, no capítulo seguinte, discutir com maior propriedade as questões da desaposentação.

2.1. DAS APOSENTADORIAS NO RGPS

A seguir, uma breve incursão sobre as modalidades de aposentadoria no RGPS, seus critérios de concessão e modo de cálculo do valor da RMI. Como já dissemos anteriormente, a proposta deste tópico não é a de aprofundar a discussão sobre as aposentadorias em vigor no RGPS, mas apenas permitir uma breve visualização dos seus critérios de concessão e de cômputo de valor de benefício, de modo a facilitar a discussão relativa à própria desaposentação.

2.1.1. Cálculo do valor dos benefícios

Inicialmente, vejamos as regras gerais de cálculo do valor dos benefícios previdenciários.

A metodologia de cálculo do valor dos benefícios previdenciários encontra-se regida pelos arts. 28 a 32 da Lei de Benefícios. Antes da EC n. 20/1998, o *período básico de cálculo* (PBC) considerava os últimos 36 meses de contribuição do segurado. Após a referida Reforma Constitucional da Previdência, o conceito de PBC foi retirado do texto constitucional e atribuído à legislação ordinária, no caso, a própria Lei de Benefícios, com alteração dada pela Lei n. 9.876/1999, que trouxe também o fator previdenciário.

Foi alterado especialmente o art. 29 da Lei de Benefícios, e o PBC passou a ser considerado como todo o período contributivo do segurado, porque determina sejam considerados todos os salários de contribuição. Aqueles que ingressaram no RGPS antes da vigência da Lei n. 9.876/1999 terão como PBC o período contributivo considerado a partir do mês de competência de julho de 1994 (data de implantação do Plano Real e da estabilização da moeda nacional).

Todos os salários de contribuição devem ser corrigidos monetariamente, nos termos da CF, atualmente pelo índice do INPC (art. 29-B da Lei de Benefícios).

Também é relevante mencionar que a Lei n. 9.876/1999 implementou também, para o cálculo do valor dos benefícios, um índice variável conhecido como *fator previdenciário*, um redutor do valor dos benefícios calculado em virtude do tempo de contribuição, idade do segurado e expectativa média de sobrevida do segurado. Aplica-se apenas às aposentadorias por tempo de contribuição (de modo obrigatório) ou por idade (opcionalmente).

Para os benefícios de aposentadoria por idade, aposentadoria por tempo de contribuição, aposentadoria por invalidez e aposentadoria especial, o salário de benefício corresponde à média aritmética simples dos maiores salários de contribuição correspondentes a 80% de todo o período contributivo, sendo que somente para as duas primeiras modalidades de aposentadoria acima indicadas aplica-se o fator previdenciário (sendo que no caso da aposentadoria por idade o fator previdenciário é opcional).

Apurado o salário de benefício, atinge-se posteriormente a RMI — Renda Mensal Inicial, após a aplicação de um coeficiente variável conforme o tipo de benefício pretendido (art. 33 da Lei de Benefícios).

2.1.2. Cálculo da aposentadoria na fórmula 85/95 (Lei n. 13.183/15)

A Lei n. 13.183/2015, que é fruto da conversão da Medida Provisória n. 676/2015, consagra a denominada *fórmula 85/95*, que permite a exclusão do fator previdenciário do cálculo do valor das aposentadorias quando a pessoa atingir tal pontuação com a somatória de idade e tempo de contribuição, sendo 85 pontos para a mulher e 95 para o homem.

Essa regra era uma pretensão antiga de aposentados e sua aprovação pelo Parlamento parece socialmente justa: aqueles que começaram a trabalhar cedo poderão contabilizar esse tempo extenso de contribuição e suprimir os efeitos de redução de valor da aposentadoria proporcionados pelo fator previdenciário.

Entretanto, o mecanismo trazido pela Lei n. 13.183/15 introduziu a ideia de *progressividade* (a partir de 31.12.2018 a somatória será acrescida de um ponto, até chegar aos 90/100 no ao de 2026) e a exigência de tempo mínimo de contribuição previdenciária (30 anos para a mulher e 35 para o homem), o que frustra em parte o intuito original da fórmula.

Para professores que comprovem exclusivamente tempo de efetivo exercício de magistério na educação infantil e no ensino fundamental e médio, o tempo de contribuição mínima será de 25 anos para a professora e de 30 para o professor. Em ambos os casos serão somados 5 pontos à soma da idade com o tempo de contribuição (critério semelhante ao que hoje ocorre no cálculo do fator previdenciário para os professores e professoras).

A fórmula 85/95 trazida pela Lei n. 13.183/2015 é dotada de maior grau de correção técnica do que aquela prevista de modo mais singelo pela MP n. 676/2015: introduz-se a regra de que também as frações de meses completos serão computadas para a finalidade de obtenção dos 85 ou 95 pontos. Assim, por exemplo, caso uma mulher detiver 30 anos e 6 meses de tempo de contribuição e sua idade for, ao menos, de 54 anos e 6 meses, entende-se que já terá completado os 85 pontos tratados pela nova legislação.

Assegura-se também o *direito adquirido* aos segurados que, tendo preenchido os 85 ou 95 pontos, deixem de exercer a opção pela exclusão do fator previdenciário, vindo a fazê-la em data futura.

A introdução da fórmula 85/95 no ordenamento jurídico brasileiro dá novo impulso à busca pela desaposentação. Nos primeiros anos de vigência dessa modalidade de cálculo do valor da aposentadoria, antes de ser aplicada a progressividade da pontuação, o modo de cálculo é bastante vantajoso aos segurados, sobretudo aqueles que começaram a trabalhar cedo e contam com bastante tempo de contribuição, permitindo efeito positivo no cálculo do benefício previdenciário ao assegurar a exclusão do fator previdenciário.

Outrossim, entendemos que eventuais ações judiciais que tenham por finalidade a desaposentação ajuizada buscando novo benefício previdenciário calculado por meio da fórmula 85/95 não deverão ficar sobrestadas ou suspensas, em virtude do julgamento do RE 661.256, visto que há notória distinção (*distinguishing*) entre o *leading case* que se encontra em julgamento perante o STF e essa nova tese que vem ganhando espaço no foro.

2.2. DOS BENEFÍCIOS EM ESPÉCIE

2.2.1. Aposentadoria por tempo de contribuição

A aposentadoria por tempo de contribuição é aquela devida aos segurados que completarem 35 anos de contribuição, se homem, e 30 anos, se mulher.

Aqueles que se aposentaram, ou preencheram os requisitos para concessão da aposentadoria por idade antes da promulgação da EC n. 20/1998 possuem direito adquirido a aposentadoria conforme as regras então vigentes. Os segurados que ingressaram no RGPS após a vigência da EC n. 20/1998 estão sujeitos às regras atuais, também conhecidas por *regras permanentes*. Em oposição, aqueles que já haviam ingressado no RGPS antes da EC n. 20/1998, mas não haviam preenchido totalmente os requisitos para aposentadoria, submetem-se às chamadas *regras de transição*.

Dentre as *regras de transição* destaca-se a possibilidade da aposentadoria proporcional por tempo de serviço (destinada àqueles que já haviam ingressado no RGPS antes da EC n. 20/1998), cuja RMI corresponde a 70% do valor da aposentadoria integral, acrescido de 5% ao ano de contribuição que supere 30 anos (homem) ou 25 anos (mulher), até o limite de 100%.

As regras de transição ainda previam a existência de requisitos cumulativos para concessão da aposentadoria por tempo de contribuição: 35 anos de contribuição para homem, assim como 53 anos de idade, 30 anos de contribuição para a mulher, somados a 48 anos de idade mínima; em ambos os casos um período adicional de contribuição conhecido como "pedágio". Entretanto, a jurisprudência e o INSS afastaram a exigência da idade mínima para aqueles que estão no regime de transição, pois esta não é exigida para aqueles que estão submetidos às regras permanentes de aposentadoria.

As *regras permanentes* preveem a carência exigida para esse benefício de 180 meses, além da contagem de tempo de contribuição.

Em todos os casos, o cálculo da RMI corresponde a 70% do salário de benefício, apurado aos 25 anos de contribuição para a mulher e aos 30 anos para o homem, a cujo resultado se acresce 6% a cada novo ano completo de atividade, até o limite de 100% do salário de benefício. É obrigatória a aplicação do fator previdenciário, (art. 53 da Lei de Benefícios), a qual só é afastada no caso de preenchimento dos requisitos contidos na *fórmula 85/95*.

2.2.2. Aposentadoria por idade

A aposentadoria por idade é o benefício devido ao segurado quando, cumprida a carência exigida, atingir certa idade: 65 anos para o homem, e 60 para a mulher, idade que é reduzida em cinco anos para os trabalhadores rurais (observadas as particularidades do art. 11, § 9º, da Lei de Benefícios, após a redação da Lei n. 11.718/2008).

A qualidade de segurado é exigida, mas a Lei n. 10.666/2003, em seu art. 3º, § 1º, consagrou entendimento da jurisprudência de que a perda da qualidade de segurado não será considerada para a concessão desta aposentadoria quando o segurado contar, no mínimo, com o tempo de contribuição correspondente ao exigido para efeito de carência na data de requerimento do benefício. Em outras palavras: os requisitos de idade mínima e tempo de carência não precisam ser simultâneos; tais critérios foram desvinculados por obra da Lei n. 10.666/2003, na esteira do que já entendia a jurisprudência.

Aqueles que se aposentaram ou preencheram os requisitos para concessão da aposentadoria por idade antes da promulgação da EC n. 20/1998 possuem direito adquirido a aposentadoria conforme aquelas regras então vigentes. Os segurados que ingressaram no RGPS após a vigência da EC n. 20/1998 estão sujeitos às regras atuais, também conhecidas por *regras permanentes*. Em oposição, aqueles que já haviam ingressado no RGPS antes da EC n. 20/1998, mas não haviam preenchido totalmente os requisitos para aposentadoria, submetem-se às chamadas regras de transição.

As *regras permanentes* preveem a carência exigida para esse benefício de 180 meses. O segurado especial (trabalhador rural) não precisa comprovar o pagamento das contribuições, mas o efetivo desempenho de trabalho rural, nos termos e prazos da lei.

As *regras de transição* adotam o mesmo tempo de idade para requisição do benefício, assim como a possibilidade de redução de cinco anos para o trabalhador rural. O tempo de carência exigido, porém, obedece à tabela do art. 142 da Lei de Benefícios, e é progressivo a contar de 1991 até 2011. Em relação ao trabalhador rural, vigora a mesma tabela de tempo de carência, sendo que não deve ser demonstrado o recolhimento de contribuições, mas o efetivo desempenho de atividade rural, pelo período equivalente, ainda que de forma descontínua.

Em todos os casos, o cálculo da RMI corresponde a 70% do salário de benefício, a cujo resultado se acresce 1% deste a cada grupo de 12 contribuições, até o máximo de 30%, vez que não se pode ultrapassar o limite de 100% do salário de benefício (art. 50 da Lei de Benefícios). A aplicação do fator previdenciário é facultativa (art. 7º da Lei n. 9.876/1999). Para o segurado especial (rural), caso a aposentadoria seja concedida na forma do art. 39 da Lei de Benefícios, terá o valor de um salário mínimo.

2.2.3. Aposentadoria por invalidez

A aposentadoria por invalidez é o benefício devido, nos termos do art. 42 da Lei de Benefícios, ao segurado que, cumprida carência, quando exigida, estando ou não em gozo do auxílio-doença, for considerado incapaz e insuscetível de reabilitação para o exercício de atividade que lhe garanta a subsistência, e ser-lhe-á paga enquanto perdurar esta condição.

A contingência característica deste benefício é, pois, a incapacidade laboral total e permanente, que impossibilite o segurado de exercer qualquer atividade laborativa que lhe garanta a subsistência.

A carência exigida é de 12 contribuições mensais (art. 25, I, da Lei de Benefícios), sendo dispensada nas hipóteses do art. 26, II, da Lei de Benefícios (acidente do trabalho de qualquer natureza ou doença profissional ou do trabalho ou doença grave estipulada na lista do MPS).

O coeficiente de cálculo da RMI é de 100% do salário de benefício, mesmo que a invalidez seja decorrente de acidente do trabalho (art. 44 da Lei de Benefícios). Ademais, se o segurado necessitar de assistência permanente de outra pessoa, será acrescido à RMI coeficiente de 25% (art. 45 da Lei de Benefícios), ainda que supere o limite máximo do salário de contribuição.

A doutrina e a jurisprudência normalmente não aceitam a desaposentação no caso da aposentadoria por invalidez, visto que a possibilidade de retorno ao trabalho faz cessar o benefício, nos termos da lei.

Comungamos deste entendimento. Porém, no caso de prevalecer o paradigma eminentemente contributivo para a justificativa da desaposentação, com o correlato entendimento de que a entrada de novas contribuições previdenciárias, mesmo a título de recolhimento espontâneo, permite a majoração do primeiro benefício, pode-se cogitar da inexistência dessa restrição, no caso de recolhimento espontâneo de contribuições previdenciárias (hipótese inusual, mas ao menos possível em termos de raciocínio).

2.2.4. Aposentadoria especial

A aposentadoria especial, no atual regime constitucional, admite critérios e requisitos diferenciados para sua concessão em relação às aposentadorias "ordinárias" tanto para os casos de atividades exercidas sob condições especiais que prejudiquem a integridade física como quando se tratar de segurados portadores de deficiência, nos termos de lei complementar (art. 201, § 1º, da CF).

Assim, a aposentadoria especial é definida pelos arts. 57 e 58 da Lei de Benefícios, em que se estabelecem prazos diferenciados de aposentadoria aos segurados que tiverem trabalhado sujeitos a condições especiais que prejudiquem a saúde ou a integridade física, durante 15, 20 ou 25 anos, conforme o caso e mediante algumas condições estipuladas na norma citada (prova das condições e do tempo de trabalho, assim como os critérios de conversão do tempo de serviço especial, matérias que não aprofundaremos aqui, por fugir ao objeto deste livro).

O benefício em questão exige a carência de 180 contribuições mensais, tendo como RMI 100% do valor do salário de benefício, sem aplicação do fator previdenciário.

Para os portadores de deficiência, sua aposentadoria especial é regida pela Lei Complementar n. 142/2013. A Portaria Interministerial 1, de 27.01.2014, aprovou o instrumento destinado à avaliação do segurado da Previdência Social e à identificação dos graus de deficiência, bem como definiu o impedimento de longo prazo, para os efeitos do Decreto n. 3.048/1999.

O segurado que obtém aposentadoria especial e que retorne à atividade ou operação em que esteja exposto aos agentes nocivos definidos em lei terá seu benefício cancelado (arts. 46 e 58 da Lei de Benefícios). A jurisprudência, entretanto, vêm afastando essa proibição, o que permite cogitar da desaposentação também nessa hipótese (segurado aposentado especial que retorno ao trabalho em atividade especial).

Também entendemos possível a desaposentação no caso de segurado que obteve a aposentadoria especial e volte a trabalhar em atividade que não seja "especial", em que pese se tratar de hipótese rara.

2.3. DAS APOSENTADORIAS NO REGIME PRÓPRIO DOS SERVIDORES PÚBLICOS

Neste tópico abordaremos as modalidades e os requisitos para aposentadoria no regime próprio dos servidores públicos. Não será abordado o regime de transição, por extenso que é e, sobretudo, alheio à discussão que nos convém, embora também naquelas hipóteses será possível pensar-se na desaposentação.

No caso do RPPS, a desaposentação típica é limitada, visto que o retorno ao trabalho após a aposentadoria ocorre em hipóteses restritas, dentro do alcance do instituto da *reversão*, adiante analisado: somente no caso de cessação da invalidez ou no interesse da Administração é que será admitido o retorno ao trabalho do servidor aposentado.

A desaposentação em relação ao RPPS parece ser mais relevante quando o servidor busca a desaposentação com alteração de regime previdenciário: desaposenta-se no RGPS e averba tempo de contribuição para o RPPS.

2.3.1. Aposentadoria por invalidez

A primeira modalidade de aposentadoria constante do regime próprio dos servidores públicos é a aposentadoria por invalidez (art. 40, § 1º, inciso I, da CF).

A aposentadoria por invalidez será com proventos integrais unicamente na hipótese de acidente de trabalho, moléstia profissional ou doença grave, contagiosa ou incurável, nos termos definidos em lei.

Sobre a matéria foi editada a EC n. 70, de 30.03.2012, que acrescenta o art. 6º-A à EC n. 41, de 2003, com o seguinte teor:

> "O servidor da União, dos Estados, do Distrito Federal e dos Municípios, incluídas suas autarquias e fundações, que tenha ingressado no serviço público até a data de publicação desta Emenda Constitucional e que tenha se aposentado ou venha a se aposentar por invalidez permanente, com fundamento no inciso I do § 1º do art. 40 da Constituição Federal, tem direito a proventos de aposentadoria calculados com base na remuneração do cargo efetivo em que se der a aposentadoria, na forma da lei, não sendo aplicáveis as disposições constantes dos §§ 3º, 8º e 17 do art. 40 da Constituição Federal.
>
> Parágrafo único. Aplica-se ao valor dos proventos de aposentadorias concedidas com base no *caput* o disposto no art. 7º desta Emenda Constitucional, observando-se igual critério de revisão às pensões derivadas dos proventos desses servidores."

O seu art. 2º dispõe ainda que "a União, os Estados, o Distrito Federal e os Municípios, assim como as respectivas autarquias e fundações, procederão, no prazo de 180 (cento e oitenta) dias da entrada em vigor desta Emenda Constitucional, à revisão das aposentadorias, e das pensões delas decorrentes, concedidas a partir de 1º de janeiro de 2004, com base na redação dada ao § 1º do art. 40 da Constituição Federal pela Emenda Constitucional n. 20, de 15 de dezembro de 1998, com efeitos financeiros a partir da data de promulgação desta Emenda Constitucional".

Não se tratando dessas estritas hipóteses, a aposentadoria por invalidez ensejará proventos apenas proporcionais ao tempo de contribuição.

2.3.2. Aposentadoria compulsória

No regime próprio dos servidores públicos, tem-se também a aposentadoria compulsória aos 75 anos de idade, com proventos proporcionais ao tempo de contribuição (art. 40, § 1º, inciso II, da CF, conforme a redação dada pela Emenda Constitucional n. 88/15 e Lei Complementar n. 152/15).

2.3.3. Aposentadoria por tempo de contribuição

Por derradeiro, o regime próprio dos servidores públicos prevê a aposentadoria voluntária por tempo de contribuição, com proventos calculados conforme o tempo de contribuição (art. 40, § 1º, inciso III, da CF).

A obtenção dessa modalidade de aposentadoria requer, em geral, cumprimento de tempo mínimo de dez anos de tempo efetivo de serviço público e cinco anos no cargo efetivo em que se dará a aposentadoria. Além desse requisito geral, exige-se, ainda:

a) 60 anos de idade e 35 anos de contribuição, se homem; e 55 anos de idade e 30 de contribuição, se mulher;

b) 65 anos de idade, se homem; e 60 de idade, se mulher, com proventos proporcionais ao tempo de contribuição.

Os requisitos de idade e de tempo de contribuição aqui examinados serão reduzidos em cinco anos para o professor que comprove, exclusivamente, tempo de efetivo exercício das funções de magistério na educação infantil e no ensino fundamental e médio (art. 40, § 5º, da CF).

O cálculo dos proventos de aposentadoria dos servidores titulares de cargo efetivo de qualquer dos Poderes da União, dos Estados, do Distrito Federal e dos Municípios, incluídas suas autarquias e fundações, bem como a forma de reajuste anual do benefício, ressalvadas as hipóteses de integralidade e paridade de vencimentos, ocorre nos termos da Lei n. 10.887/2004, cujos principais elementos elencamos adiante:

"Art. 1º No cálculo dos proventos de aposentadoria dos servidores titulares de cargo efetivo de qualquer dos Poderes da União, dos Estados, do Distrito Federal e dos Municípios, incluídas suas autarquias e fundações, previsto no § 3º do art. 40 da Constituição Federal e no art. 2º da Emenda Constitucional n. 41, de 19 de dezembro de 2003, será considerada a média aritmética simples das maiores remunerações, utilizadas como base para as contribuições do servidor aos regimes de previdência a que esteve vinculado, correspondentes a 80% (oitenta por cento) de todo o período contributivo desde a competência julho de 1994 ou desde a do início da contribuição, se posterior àquela competência.

§ 1º As remunerações consideradas no cálculo do valor inicial dos proventos terão os seus valores atualizados mês a mês de acordo com a variação integral do índice fixado para a atualização dos salários de contribuição considerados no cálculo dos benefícios do regime geral de previdência social.

§ 2º A base de cálculo dos proventos será a remuneração do servidor no cargo efetivo nas competências a partir de julho de 1994 em que não tenha havido contribuição para regime próprio.

§ 3º Os valores das remunerações a serem utilizadas no cálculo de que trata este artigo serão comprovados mediante documento fornecido pelos órgãos e entidades gestoras dos regimes de previdência aos quais o servidor esteve vinculado ou por outro documento público, na forma do regulamento.

§ 4º Para os fins deste artigo, as remunerações consideradas no cálculo da aposentadoria, atualizadas na forma do § 1º deste artigo, não poderão ser:

I — inferiores ao valor do salário mínimo;

II — superiores ao limite máximo do salário de contribuição, quanto aos meses em que o servidor esteve vinculado ao regime geral de previdência social.

§ 5º Os proventos, calculados de acordo com o *caput* deste artigo, por ocasião de sua concessão, não poderão ser inferiores ao valor do salário mínimo nem exceder a remuneração do respectivo servidor no cargo efetivo em que se deu a aposentadoria.

(...)

Art. 15. Os proventos de aposentadoria e as pensões de que tratam os arts. 1º e 2º desta Lei serão reajustados, a partir de janeiro de 2008, na mesma data e índice em que se der o reajuste dos benefícios do regime geral de previdência social, ressalvados os beneficiados pela garantia de paridade de revisão de proventos de aposentadoria e pensões de acordo com a legislação vigente (Redação dada pela Lei n. 11.784, de 2008)".

Principalmente nesta hipótese de aposentadoria do setor público, entendemos possível a *desaposentação*, isto é: a renúncia à primeira aposentadoria, no RGPS ou no serviço público, para o fim de aproveitar-se o respectivo tempo de contribuição, compensando-se financeiramente o regime originário, conforme definido na legislação específica.

Sobre a matéria, cita-se, por fim, a Lei n. 12.618/2012, que institui o regime de previdência complementar para os servidores públicos federais titulares de cargo efetivo, inclusive os membros dos órgãos que menciona; fixa o limite máximo para a concessão de aposentadorias e pensões pelo regime de previdência de que trata o art. 40 da Constituição Federal; autoriza a criação de 3 (três) entidades fechadas de previdência complementar.

Da Desaposentação

No presente capítulo, após as considerações preliminares feitas nos capítulos precedentes, enfrentaremos os principais temas relativos à desaposentação. Nesse sentido, iremos examinar sua origem e construção pretoriana, sua posição normativa, as principais posições doutrinárias a respeito, a questão da desaposentação no serviço público e o tema correlato da *despensão*.

3.1. ORIGEM

Falar da origem e da evolução da desaposentação exige cautela, pois o instituto, como é consabido, ainda não possui expressa previsão normativa, sendo apenas mera construção pretoriana e doutrinária, uma verdadeira *mora do Direito* (DROMI, 1994, p. 47), como afirmamos antes.

Entretanto, WLADIMIR NOVAES MARTINEZ (2010, p. 21-22) dá-nos notícia de momentos passados da legislação previdenciária em que existia previsão relativa ao instituto da desaposentação. Menciona que o art. 12 da Lei n. 5.890/1973, que alterou a LOPS, dispunha sobre a suspensão da aposentadoria por tempo de serviço daquele segurado que voltasse a trabalhar, situação em que o segurado receberia apenas 50% da renda mensal. Cessada a atividade, o benefício seria restaurado com um acréscimo de 5% ao ano até um máximo de dez anos, sendo vedada, indiscriminadamente, e a partir desse teto decenal, a volta ao trabalho.

O professor WLADIMIR NOVAES MARTINEZ (2010, p. 21) ainda se refere a outro exemplo. Menciona a aposentadoria do juiz classista (cuja função era exercida temporariamente), prevista pela Lei n. 6.903/1981 e extinta com a Lei n. 9.528/1997, na qual se podia visualizar algo semelhante à desaposentação:

"Art. 9º Ao inativo do Tesouro Nacional ou da Previdência Social que estiver no exercício do cargo de Juiz Temporário e fizer jus à aposentadoria nos termos desta Lei, é lícito optar pelo benefício que mais lhe convier, cancelando-se aquele excluído pela opção."

Podemos encontrar uma forma de "opção" por benefício mais vantajoso na redação atual do art. 122 da Lei de Benefícios:

"Art. 122. Se mais vantajoso, fica assegurado o direito à aposentadoria, nas condições legalmente previstas na data do cumprimento de todos os requisitos necessários à obtenção do benefício, ao segurado que, tendo completado 35 (trinta e cinco) anos de serviço, se homem, ou trinta anos, se mulher, optou por permanecer em atividade."

Tirante esse arremedo de previsão normativa, certamente foi o ínclito previdenciarista acima aludido quem criou o conceito e o neologismo da *desaposentação*, ainda que seja uma ideia que outros porventura tenham compartilhado. Isso se deu em seu artigo "Renúncia e irreversibilidade dos benefícios previdenciários", publicado nos idos de 1987.

Desde meados dos anos 1990, pelo menos, o tema da desaposentação tem sido objeto de inúmeros artigos e congressos científicos, de onde tomou corpo nas discussões jurisprudenciais e, hoje, é raro o manual que não o debata, havendo, ademais, inúmeras dissertações de mestrado e teses de doutoramento que o abordam (MARTINEZ, 2010, p. 22-24).

O estopim para essa verdadeira "explosão" do interesse a respeito da desaposentação pode ser (além do próprio baixo valor dos benefícios previdenciários), a extinção do direito ao pecúlio e ao abono de permanência, no contexto das reformas previdenciárias neoliberais, em meados dos anos 1990 (LADENTHIM, 2009, p. 11; SÁ, 2009, p. 110). A corrida pela *desaposentação* encaixa-se, assim, numa tentativa de compensação pela extinção desses dois citados direitos previdenciários; como já indicamos na Introdução, uma forma oblíqua de revisão de benefício previdenciário.

A edição da Lei n. 13.183/15, que consagrou a *fórmula 85/95*, dá novo impulso a esse tipo de demanda previdenciária, visto que trouxe a lume nova modalidade de cálculo de aposentadoria, mais vantajoso, visto que permite afastar a utilização do índice do fator previdenciário.

3.2. CONCEITO

O instituto da desaposentação não apresenta disciplina jurídica expressa e específica (BERNARDO, FRACALOSSI, 2010, p. 501), devendo ser compreendido à luz das disposições legais do sistema previdenciário como um todo. É, ademais, um conceito "construído" pela doutrina e pela jurisprudência (LADENTHIM, 2009, p. 09).

Cumpre apresentar o conceito da desaposentação para prosseguir na discussão de seus diversos desdobramentos. Inicialmente, identifiquemos as três possíveis vertentes em que pode se manifestar a desaposentação:

a) Renúncia, pura e simples, ao benefício previdenciário já implementado.

b) Renúncia a uma aposentadoria quando existir concomitância entre aposentadorias concedidas administrativamente e judicialmente.

c) Renúncia a uma aposentadoria, já implementada, para aproveitamento do respectivo tempo de contribuição/serviço, inclusive tempo de serviço/contribuição posterior, na perspectiva de obtenção de nova e melhor aposentadoria[17].

Um primeiro sentido de desaposentação pode ser compreendido como a simples *renúncia* ao benefício previdenciário. É evidente que não examinaremos mais aprofundadamente essa possibilidade[18].

A segunda forma em que se identifica a desaposentação consiste na renúncia de um benefício previdenciário quando existir concomitância entre aposentadoria concedida administrativamente e outra concedida judicialmente. Entende-se que, nesse contexto, a renúncia de uma das aposentadorias, atrelada à opção pela outra, economicamente mais vantajosa (seja a administrativa ou a judicial, não há diferença), configura desaposentação[19].

---

(17) A doutrina chega a cogitar outras hipóteses que denomina de "desaposentação", às quais não atribuímos tal significado: a) aposentadoria por invalidez que cessa pelo retorno da condição de trabalhar; b) aposentadoria por invalidez que é transformada voluntariamente na aposentadoria por idade (MARTINEZ, 2010, p. 70). A nosso ver, são situações ordinárias já previstas na legislação previdenciária, com finalidades e forma totalmente diferentes do que ocorre com a desaposentação.

(18) No caso do regime próprio dos servidores públicos, esta hipótese, inclusive, seria de difícil operacionalização. É que, como se verá adiante, a desaposentação no serviço público apresenta inúmeras ressalvas. A primeira delas é que a renúncia, pura e simples, ao benefício previdenciário, não permite, de imediato, o retorno ao trabalho. Este somente ocorre nas restritas hipóteses da *reversão*, adiante examinada, ou por meio de novo concurso público.

(19) "Processual Civil. Previdenciário. Embargos à execução. Aposentadoria por tempo de serviço. Concessão de dois benefícios, um na via administrativa e outro na judicial. Desaposentação. Possibilidade. Benefício de maior valor. Faculdade do segurado. Ato jurídico perfeito. Valores devidos. Art. 604 do Código de Processo Civil. Agravo retido conhecido e improvido. Apelação do embargado conhecida e parcialmente provida. (...)

— Na ação de conhecimento, o INSS foi condenado a conceder ao autor o benefício de aposentadoria por tempo de serviço, com DIB fixada em 23/11/1992, data do protocolo administrativo. Porém, no decorrer da ação, o autor fez novo requerimento administrativo, tendo obtido êxito na concessão do mesmo tipo de benefício, n. 1.075.872.682, com DIB em 06.10.1997. Ocorre que o benefício concedido na via administrativa é mais favorável ao autor (R$ 351,33), em relação ao judicial (R$ 251,25) porque o valor da renda mensal é superior.

A terceira possibilidade de compreensão da desaposentação, consoante a maior parte da doutrina e da jurisprudência, é a renúncia a uma modalidade de aposentadoria, já implementada, para aproveitamento do respectivo tempo de contribuição/serviço, inclusive tempo de serviço/contribuição posterior, na perspectiva de obtenção de nova e melhor aposentadoria[20].

A desaposentação pode ser obtida tanto em regime previdenciário diverso como no mesmo regime previdenciário em que já tenha ocorrido a primeva aposentadoria. Além disso, apresenta duas modalidades ou grupos, seja no RGPS, seja no regime próprio dos servidores públicos, sendo que, neste último, deverá obedecer às particularidades do Direito Administrativo (contratação por concurso público, restrições à reversão, inúmeras regras de transição etc.):

a) Transformação de aposentadoria proporcional, já concedida, em aposentadoria integral;

b) Permanência na mesma modalidade de aposentadoria (proporcional ou integral, embora a primeira hipótese seja mais difícil de se verificar), com simples recálculo do valor do benefício.

O primeiro item a ser observado para a realização da desaposentação, embora pareça de certo modo óbvio, consiste na existência de uma aposentadoria instituída e plenamente em vigor[21].

Prosseguindo no exame analítico dos requisitos da desaposentação, o próximo aspecto a ser observado consiste na necessidade do ato de renúncia à primeira aposentadoria (obviamente sequenciado da nova aposentação). A renúncia, ademais, deve ser praticada por sujeito de direito plenamente capaz e no exercício de seus direitos (MARTINEZ, 2010, p. 43-44)[22].

Além disso, e por suas próprias características, a renúncia necessária à desaposentação deve ser expressa (nunca implícita ou tácita, tampouco obrigatória), preferencialmente formal e escrita, ainda mais pelo fato de que atualmente só é obtida na via judicial. Contudo, quando esse instituto for incorporado à legislação previdenciária e começar a ser praticado pelo INSS, a mesma exigência deverá ocorrer na via administrativa (renúncia expressa e preferencialmente escrita), diante da natureza do instituto.

Além do aproveitamento do tempo de contribuição posterior à primeira aposentadoria, com recálculo ou transformação desta em benefício mais vantajoso, devem ser observados outros requisitos, especialmente, quando necessário, diferenças em relação a idade e carência, assim como eventuais regras de transição (no RGPS e no regime próprio dos servidores públicos).

Assinale-se que se aplica a lei vigente no momento da concessão do segundo benefício previdenciário (segunda aposentadoria), quando da desaposentação. Vigora, aqui, o princípio *tempus regit actum*, conforme consagrado amplamente pela jurisprudência previdenciária (IBRAHIM, 2010, p. 41-43).

— Possibilidade de o autor requerer a desaposentação, ou seja, a desistência em relação ao benefício concedido judicialmente, porque lhe é desfavorável. Prevalência, no caso, do ato jurídico perfeito referente ao benefício concedido administrativamente, sobre a coisa julgada (art. 5º, XXXVI, da Constituição Federal). (...)
— Apelação do embargado conhecida e parcialmente provida.
(TRF da 3ª, Apelação Cível n. 2002.61.20.004565-7/SP, Relator Juiz Convocado Rodrigo Zacharias, Sétima Turma, j. 03.09.2007, DJU 04.10.2007, p. 400).

(20) Nesse sentido, por exemplo, além de outros autores mais amiudemente citados nesta obra, a lição de JOSÉ RICARDO CAETANO COSTA (2011, p. 133-139), assim como SANTOS e SOUZA (2011, p. 85/1990).

(21) "Para atribuir validade à proposta de desfazer a concessão, além da motivação, logicamente, é preciso que o titular esteja aposentado, só gozando dessa capacidade jurídica o legalmente autorizado a obter e a usufruir o benefício; claro, legítima, legal e regularmente concedida a prestação. Noutras palavras, de quem fez e faz jus ao benefício, não sendo relevante se derivado do direito simples ou do direito adquirido, mas, à evidência, não se cogitando da pretensão, da expectativa de direito ou de direito perecido. Sem nenhuma confusão com as outras modalidades de desfazimento da relação jurídica de benefício (suspensão, cancelamento, cessação, anulação, opção, conversão, transformação, substituição etc.).
A desaposentação pressupõe a existência de um direito previdenciário eficaz, protegido pelo ato jurídico perfeito ou coisa julgada, deferimento aperfeiçoado de certa prestação, de regra uma aposentadoria. Entretanto, tecnicamente a expressão também diz respeito a outros benefícios." (MARTINEZ, 2010, p. 57)

(22) Nesse sentido segue o teor do julgamento proferido pelo STJ no REsp 1.515.929/RS, a respeito da despensão, em que se consagrou o entendimento de que a desaposentação é ato personalíssimo de renúncia do benefício previdenciário, a ser praticado apenas pelo segurado aposentado, titular do direito, não se admitindo renúncia *post mortem*, por meio de pleito formulado pelos dependentes do *de cujus* como despensão. Divergimos desse posicionamento, sendo que este assunto será melhor debatido no tópico próprio referente à despensão.

Doutrina e jurisprudência normalmente excluem da possibilidade de desaposentação o beneficiário da aposentadoria por invalidez[23], sob o fundamento de que tal aposentado não pode tornar ao trabalho, sob pena de cassação desse específico benefício (IBRAHIM, 2010, p. 92).

Porém, a nosso ver, a doutrina e a jurisprudência ainda não tratam do tema adequadamente. Considerando que o núcleo do sistema previdenciário, após a EC n. 20/1998, é o regime contributivo (a qualidade de segurado não se dá mais pela condição de trabalhador, mas pelo recolhimento de contribuições previdenciárias, mudança de paradigma já acentuada anteriormente), nada obstaria, a nosso ver, a desaposentação ocorrer em virtude de novas contribuições previdenciárias espontaneamente recolhidas, a despeito de o aposentado por invalidez não tornar a trabalhar (o que faria cessar o primeiro benefício).

Embora um tanto rara, ou difícil de concretizar, essa hipótese não é destituída de fundamentos jurídicos, especialmente em virtude da natureza essencialmente contributiva que atualmente impera em nossa Previdência Social.

WLADIMIR NOVAES MARTINEZ (2010, p. 148-151) defende a hipótese de a desaposentação alcançar inclusive os benefícios previdenciários do trabalhador rural, sendo apenas o caso, havendo migração para regime próprio de previdência social, de se realizar indenização ao RGPS.

Talvez só se possa excluir totalmente da possibilidade de desaposentação aqueles que o pretendam perante os regimes próprios dos servidores públicos (desaposentando-se no RGPS) e já tenham superado a data limite para a aposentadoria compulsória (75 anos, com as modificações introduzidas pela Emenda Constitucional n. 88/15 e Lei Complementar n. 152/15, conforme já vimos).

3.3. SITUAÇÃO DO SEGURADO QUE RETORNA AO TRABALHO APÓS A APOSENTADORIA

Atualmente, essa questão se encontra (mal) tratada pelo disposto no art. 181-B do Decreto n. 3.048/1999 — que regulamenta as Leis de Custeio e de Benefício da Previdência Social[24].

Para o RGPS deve ser considerada, correlatamente, a seguinte disposição constante do art. 18, § 2º, da Lei de Benefícios:

"§ 2º O aposentado pelo Regime Geral de Previdência Social — RGPS que permanecer em atividade sujeita a este Regime, ou a ele retornar, não fará jus a prestação alguma da Previdência Social em decorrência do exercício dessa atividade, exceto ao salário-família e à reabilitação profissional, quando empregado (Redação dada pela Lei n. 9.528/1997)."[25]

O escopo desse preceito era, inicialmente, vedar a dupla aposentadoria daquele que, aposentado, tornasse a trabalhar. Não faz parte do espírito da norma a vedação a eventual melhoria do benefício previdenciário único (MARTINEZ, 2010, p. 35; LADENTHIM, 2009, p. 16), com contagem de tempo de contribuição posterior.

Ainda no bojo do art. 18 da Lei de Benefícios, cumpre comentar a extinção de dois benefícios previdenciários, o pecúlio e o abono de permanência, hipóteses que tornavam mais justa a condição do aposentado que voltava ou permanecia no mercado de trabalho.

O pecúlio era uma prestação única paga pelo INSS e correspondente à devolução daquilo que tivesse sido pago pelo segurado a título de contribuição previdenciária nas hipóteses previstas pelo art. 81 da Lei de Benefícios, dentre as

---

(23) O professor WLADIMIR NOVAES MARTINEZ (2010, p. 57) chega a admiti-la, embora acredite seja possibilidade de difícil verificação prática.

(24) "Art. 181-B. As aposentadorias por idade, tempo de contribuição e especial concedidas pela previdência social, na forma deste Regulamento, são irreversíveis e irrenunciáveis (acrescentado pelo Decreto n. 3.265/1999).
Parágrafo único. O segurado pode desistir do seu pedido de aposentadoria desde que manifeste essa intenção e requeira o arquivamento definitivo do pedido antes do recebimento do primeiro pagamento do benefício, ou de sacar o respectivo Fundo de Garantia por Tempo de Serviço ou Programa de Integração Social, ou até trinta dias da data do processamento do benefício, prevalecendo o que ocorrer primeiro (acrescentado pelo Decreto n. 4.729/2003)."

(25) O STF já reconheceu a constitucionalidade da contribuição previdenciária exigida daquele que, já aposentado, torna a trabalhar:
"Contribuição previdenciária: aposentado que retorna à atividade: CF, art. 201, § 4º; L. 8.212/1991, art. 12: aplicação à espécie, *mutatis mutandis*, da decisão plenária da ADIn 3.105, red. p/ acórdão Peluso, DJ 18.2.05. A contribuição previdenciária do aposentado que retorna à atividade está amparada no princípio da universalidade do custeio da Previdência Social (CF, art. 195); o art. 201, § 4º, da Constituição Federal 'remete à lei os casos em que a contribuição repercute nos benefícios'."
(STF, Recurso Extraordinário n. 437.640/RS, Rel. Min. Sepúlveda Pertence, j. 05.09.2006, Primeira Turma, DJ 02.03.2007, p. 38)

quais a de nosso interesse, a situação do segurado aposentado por idade ou tempo de serviço pelo RGPS que voltasse a exercer atividade abrangida pelo mesmo, quando dela se tivesse afastado.

O abono de permanência em serviço, sucintamente, era o benefício devido ao segurado que, tendo satisfeito as condições de carência e de tempo de serviço exigidas para obtenção da aposentadoria por tempo de serviço integral (30 anos para a mulher e 35 para o homem), optasse por não se aposentar, permanecendo no mercado de trabalho.

Contudo, o abono de permanência em serviço, originalmente previsto no inciso I, alínea *i*, do art. 18, da Lei de Benefícios, foi extinto pela Lei n. 8.870/1994; o pecúlio, por sua vez, previsto na alínea *a* do inciso II do mesmo art. 18, foi excluído do rol de benefícios com o advento da Lei n. 9.032/1995.

Outro artigo que deve ser analisado é o art. 98 da Lei de Benefícios, que conta com a seguinte redação:

"Art. 98. Quando a soma dos tempos de serviço ultrapassar 30 (trinta) anos, se do sexo feminino, e 35 (trinta e cinco) anos, se do sexo masculino, o excesso não será considerado para qualquer efeito."

O artigo, ainda dotado da redação original de 1991, tempo em que vigorava a aposentadoria por tempo de serviço, deve ser atualizado e reinterpretado aos moldes constitucionais atuais, em que prevalece a aposentadoria por tempo de contribuição.

Se àquela altura fazia sentido não se aproveitar o tempo de serviço superior a 30 ou 35 anos, conforme o caso, pois se tratava do limite máximo para concessão de aposentadoria por tempo de serviço, calculada, ademais, com base apenas nos últimos 36 salários de contribuição, atualmente as aposentadorias demandam extenso tempo de contribuição, pois o sistema previdenciário é essencialmente contributivo. Assim, deixa de ter sentido não se aproveitar as contribuições excedentes aos 30 ou 35 anos de contribuição.

Um primeiro ponto de aproveitamento seria a utilização da contribuição excedente no cálculo do fator previdenciário (CORREIA, 2008, p. 410). Conforme DANIEL MACHADO DA ROCHA e JOSÉ BALTAZAR JR. (2011, p. 317), "a instituição do fator previdenciário buscou estimular os segurados a permanecerem um tempo maior em atividade, retardando as aposentadorias com o objetivo de atenuarem os efeitos redutores da incidência do coeficiente atuarial no cálculo das aposentadorias. Ademais, o tempo de contribuição é uma das variáveis consideradas na fórmula do fator previdenciário".

Contudo, pensamos que essa interpretação pode ser ampliada, chegando-se à intelecção de que as contribuições posteriores ao montante estritamente necessário à primeira aposentadoria sejam aproveitadas em novo benefício mais vantajoso economicamente (por meio do mecanismo da desaposentação).

Na área pública, relativamente ao regime próprio dos servidores públicos, diverso é o parâmetro normativo, pois deve ser tratado a partir do alcance do instituto da *reversão*, que se encontra prevista no art. 25 da Lei n. 8.112/1990 (Regime Jurídico Único dos Servidores Públicos Federais), adiante transcrito:

"Art. 25. Reversão é o retorno à atividade de servidor aposentado:

I — por invalidez, quando junta médica oficial declarar insubsistentes os motivos da aposentadoria; ou

II — no interesse da administração, desde que:

a) tenha solicitado a reversão;

b) a aposentadoria tenha sido voluntária;

c) estável quando na atividade;

d) a aposentadoria tenha ocorrido nos cinco anos anteriores à solicitação;

e) haja cargo vago.

§ 1º A reversão far-se-á no mesmo cargo ou no cargo resultante de sua transformação.

§ 2º O tempo em que o servidor estiver em exercício será considerado para concessão da aposentadoria.

§ 3º No caso do inciso I, encontrando-se provido o cargo, o servidor exercerá suas atribuições como excedente, até a ocorrência de vaga.

§ 4º O servidor que retornar à atividade por interesse da administração perceberá, em substituição aos proventos da aposentadoria, a remuneração do cargo que voltar a exercer, inclusive com as vantagens de natureza pessoal que percebia anteriormente à aposentadoria.

§ 5º O servidor de que trata o inciso II somente terá os proventos calculados com base nas regras atuais se permanecer pelo menos cinco anos no cargo.

§ 6º O Poder Executivo regulamentará o disposto neste artigo."

A *reversão* é, nos termos do art. 8º, inciso VI, da Lei n. 8.112/1990, uma forma diferenciada de *provimento* dos cargos públicos (MATTOS, 2010, p. 150-153), propiciando apenas indiretamente aumento de rendimentos para o aposentado. O instituto da *reversão*, no Direito Público, tem finalidade radicalmente diversa, cujo cerne é o retorno ao cargo público.

3.4. POSIÇÃO JURISPRUDENCIAL

Examinaremos os principais posicionamentos jurisprudenciais a respeito da desaposentação, a começar do STF[26].

3.4.1. Supremo Tribunal Federal

A Excelsa Corte ainda não se pronunciou definitivamente, a respeito do tema. Porém, afetou ao Plenário, no regime processual da repercussão geral, o Recurso Extraordinário n. 381.367[27], que ainda aguarda julgamento.

Mais recentemente, também afetou ao regime de repercussão geral o RE n. 661.256/SC (em 18.11.2011, no Plenário Virtual, decisão do Min. Ayres Britto)[28], processo que atualmente se encontra na relatoria do Min. Luís Roberto Barroso, responsável pelo início do julgamento.

Esse recurso extraordinário, diferentemente do caso anterior, trata especificamente da conversão de aposentadoria proporcional para aposentadoria integral no RGPS, com recálculo dos proventos a partir das novas contribuições previdenciárias recolhidas após a primeira jubilação. Interposto pelo INSS, alega violação ao princípio do equilíbrio atuarial e financeiro (arts. 195, *caput* e § 5º, c.c. 201, *caput*, ambos da Constituição Federal), assim como ofensa ao ato jurídico perfeito (art. 5º, inciso XXXVI, também do texto constitucional).

Em 09.10.2014 o STF iniciou o julgamento do RE 661.256/SC, na relatoria do Ministro Luis Roberto Barroso. O julgamento foi suspenso diante de pedido de vista da Min. Rosa Weber, ainda não apresentado ao Plenário[29]. Porém, é possível e relevante apresentar algumas observações a respeito do brilhante voto proferido pelo Relator, que segue na mesma orientação da tese defendida nesta obra.

Esses argumentos contidos no voto do Relator, em que pese não serem ainda definitivos, podem ser mencionados na argumentação de novas demandas que sejam ajuizadas na busca da desaposentação, face sua solidez argumentativa. Daqui em diante procuramos fazer uma breve síntese dessa construção teórica.

O Relator iniciou seu voto[30] indicando que o sistema previdenciário constitucional brasileiro se estrutura a partir do princípio da solidariedade e do caráter contributivo. Apresentou também o argumento de que **não há**

---

(26) Embora não se trate de posição propriamente jurisprudencial, vale fazer a menção de que os Tribunais de Contas Estaduais, assim como o TCU (a exemplo do contido no Acórdão n. 1.101/2010, 2ª Câmara, Rel. Conselheiro José Jorge, conforme Ata n. 8, de 23.3.2010 — Sessão Extraordinária, publicada em 26.3.2010), vêm admitindo a desaposentação, com migração do RGPS para o regime próprio dos servidores públicos, embora não tenha se pronunciado mais maduramente a respeito da necessidade de repetição de valores, embora aqui seja mais próprio falar-se de compensação financeira entre regimes (MARTINEZ, 2010, p. 26-27).

(27) O referido recurso extraordinário foi afetado ao Plenário em decisão de 4 de abril de 2008, pelo Ministro Relator Marco Aurélio, ainda aguardando julgamento. O despacho, na íntegra, possui o seguinte conteúdo:
"Despacho: Aposentadoria — Volta à atividade — Cessação final de vínculo — Proventos.
1. Faz-se em jogo o alcance do artigo 18, § 2º, da Lei n. 8.213/1991 presente o sistema previdenciário — artigo 201 da Carta Federal —, vindo o recurso com articulação sobre o conflito da norma ordinária com o texto constitucional. Visa a compelir o Instituto Nacional do Seguro Social a proceder ao novo cálculo dos proventos da aposentadoria, consideradas as contribuições do período referente ao retorno à atividade.
2. Afeto o julgamento ao Plenário.
3. Publiquem.
Brasília, 27 de março de 2008. Ministro Marco Aurélio. Relator."
O Relator, Exmo. Ministro MARCO AURÉLIO votou pela procedência do pedido, sendo imediatamente seguido por pedido de vista do Ministro DIAS TOFFOLI. O julgamento ainda não foi retomado.

(28) Iniciado o julgamento, foi retirado o processo de pauta, em 27.11.2012, em razão da aposentadoria do Ministro Relator, Ayres Britto, que foi substituído pelo Ministro Luís Roberto Barroso, que reiniciou o julgamento. Até a data de fechamento desta edição o julgamento ainda não havia sido concluído.

(29) O processo ainda não teve seu julgamento concluído até a data de fechamento desta edição, em 11.05.2016.

(30) A íntegra do voto proferido pelo Ministro Barroso no RE n. 661.256/SC, diante de sua relevância e magnitude, consta como Anexo ao final desta obra.

comutatividade estrita entre o recolhimento de contribuições e o recebimento de benefícios, pois não se adotou no Brasil regime de capitalização, mas de repartição. E indicou os parâmetros a partir dos quais entende que o legislador deve tratar de matéria previdenciária: a) o respeito ao **princípio da isonomia**; e b) a **impossibilidade de instituição de contribuição previdenciária** sem a devida **contrapartida em termos de benefício previdenciário**.

Utilizando esses dois parâmetros no tema da desaposentação, o Min. Barrroso destacou que o aposentado volta a trabalhar em **igualdade de regime jurídico contributivo com os demais trabalhadores** da iniciativa privada, voltando a recolher contribuições previdenciárias, mas **sem igualdade quanto aos benefícios** que perceberá (dada a extinção do pecúlio em 1995), pois a ele só serão devidos os benefícios do salário-maternidade e reabilitação profissional — tidos pelo Relator como inexistentes ou pouco aplicáveis à realidade do aposentado que volta a trabalhar.

Assim, concluiu o Relator que o art. 18, § 2º, da Lei de Benefícios, viola o sistema constitucional contributivo, pois impõe dever de recolhimento de contribuições sem a fixação dos correlatos benefícios previdenciários. De outra parte, o Min. Relator, em seu voto, ressaltou que **não há, no ordenamento jurídico brasileiro, vedação expressa à desaposentação**. Por todos esses fundamentos, declarou a **possibilidade inequívoca de ocorrer a desaposentação**.

Quanto à **questão da restituição dos proventos** de aposentadoria já recebidos, ponderou a **impossibilidade de haver vantagem (ofensa à isonomia)** entre aqueles que já receberam benefício previdenciário anterior e recorrem à desaposentação e aqueles que se aposentam pela primeira vez. Descartou, porém, a hipótese da **devolução integral do benefício recebido como primeira aposentadoria**, pois isso corresponderia a "dar com uma mão e retirar com a outra". Desconsiderou, também, eventual parcelamento de referida devolução, pois isso corresponderia à mesma situação draconiana de permitir a desaposentação e anulá-la pela via econômica. Por fim, também ressaltou que seria **inadequado que o STF fizesse uma mera exortação ao legislador** para que instituísse a desaposentação na legislação previdenciária brasileira.

Diante disso, o Ministro Barroso corajosamente optou por estruturar uma solução para o tema da desaposentação e a restituição dos proventos de primeira aposentadoria a partir dos próprios princípios constitucionais do sistema. **Propôs uma forma de cálculo do novo benefício utilizando os elementos que já constam do art. 29 da Lei de Benefícios, inseridos na estrutura do fator previdenciário: tempo de contribuição, idade, expectativa de vida, média aritmética das contribuições atualizadas.** Ressaltou, e entendemos que isso é muito relevante, a **necessidade de computar, nesse cálculo, todas as contribuições vertidas ao regime previdenciário, antes e depois da primeira aposentadoria**. Como uma solução intermediária, entendeu que na montagem do fator previdenciário para o novo benefício seria o caso de **considerar a idade e a expectativa de vida verificadas no momento da primeira aposentadoria**, o que geraria certo equilíbrio atuarial e isonomia entre aqueles que não buscaram a desaposentação.

Em termos de modulação dos efeitos de sua decisão, o Relator consignou em seu voto que tal decisão passaria a valer somente após 180 dias a contar de seu trânsito em julgado. A medida teria o condão de: a) propiciar tempo para o devido arranjo administrativo necessário para a efetivação da desaposentação nas próprias agências do INSS, especialmente para aferição operacional e relativa ao tempo de custeio; b) prestigiar, sobretudo, eventual atuação legislativa que viesse a suprir essa lacuna normativa durante esse semestre que se propõe como lapso para implantação efetiva desse direito previdenciário.

Por todos esses fundamentos, **o Relator deu parcial provimento ao recurso extraordinário do INSS**, preservando a possibilidade de desaposentação, mas alterando a forma de cálculo do novo benefício previdenciário, conforme metodologia que expusemos nos parágrafos anteriores.

O voto do Relator, Ministro Barroso, é louvável em vários aspectos: a) pelo simples fato de reconhecer a validade da desaposentação; b) pelo reconhecimento secundário do aspecto de que não há possibilidade de instituição de contribuição previdenciária desvinculada de qualquer benefício previdenciário ao segurado; c) por descartar a restituição dos valores já recebidos como primeira aposentadoria, ainda que sugira metodologia de cálculo diversa daquela que as pessoas que ajuizaram ações buscavam; d) ao exortar a Administração Pública e o legislador a que ocupem seu devido espaço, legislando e regulamentando a questão, sem a possibilidade de acarretarem prejuízo ao segurado.

A metodologia de cálculo proposta pelo Ministro Barroso é bastante razoável e certamente produzirá aumento dos proventos dos segurados que buscarem a desaposentação. Utilizando a idade e a expectativa de vida presentes no momento da primeira aposentadoria, mas adotando a contribuição total vertida pelos segurados, o resultado será positivo certamente, embora não tanto quanto se fosse recalculado o benefício tal como uma aposentadoria inédita, utilizando-se o total das contribuições, mas a idade e a expectativa de vida do momento presente — como os advogados formulam hoje esses pedidos. A solução intermediária é justa, sobretudo porque impede eventual devolução dos valores relativos à primeira aposentadoria.

Em 29.10.2014 o julgamento do RE n. 661.256/SC prosseguiu, com votos divergentes dos Ministros Dias Tóffoli e Teori Zavascki, que deram provimento integral ao recurso extraordinário interposto pelo INSS, vedando a possibilidade da desaposentação.

Em seu voto, o Min. Dias Tóffoli rejeitou a tese da inconstitucionalidade do art. 18, § 2º, da LB, e também a interpretação conforme à Constituição desse artigo empregada pelo voto do Relator. Argumentou com base no decidido na ADI 3.105/DF — que tratou da contribuição dos servidores inativos (reconhecendo sua natureza tributária), as quais são devidas em virtude do princípio da solidariedade. Além disso, pautou-se pela tese da irrenunciabilidade dos benefícios previdenciários e no argumento de que, se a Constituição Federal não proíbe a desaposentação, também não a prevê expressamente, remetendo o tema para a lei ordinária (as contingências sociais são selecionadas e definidas pelo legislador). Também sublinhou a necessidade de preservar a metodologia do fator previdenciário, a fim de evitar aposentadorias precoces.

Foi acompanhado na divergência pelo Min. Teori Zavascki, que destacou a natureza estatutária, não contratual, do RGPS, e daí a impossibilidade de alteração pelo juiz ou pelo contribuinte do conteúdo definido pelo legislador (insistindo também na tese do ato jurídico perfeito e da inexistência a direito adquirido a regime jurídico). O Min. Teori ainda argumentou que o RGPS não é regime de capitalização, mas de solidariedade.

O julgamento, como foi dito acima, ainda não se concluiu até a data de fechamento desta edição, aguardando a apresentação do voto-vista da Min. Rosa Weber e o prosseguimento do julgamento.

Vale ressaltar que em alguns poucos casos não submetidos pelo Excelso Pretório ao regime de repercussão geral a discussão relativa ao instituto da desaposentação foi compreendida como meramente infraconstitucional[31]. Esse não é, entretanto, o entendimento prevalecente na Corte Suprema, como já foi visto acima.

3.4.2. Superior Tribunal de Justiça

No âmbito do STJ as questões mais relevantes sobre desaposentação já se encontram pacificadas. A primeira a ser tratada diz respeito à própria possibilidade da desaposentação. O STJ também reconheceu a irrepetibilidade dos valores recebidos em virtude da primeira aposentadoria, particularmente em virtude da boa-fé dos beneficiários e da natureza estritamente alimentar dos benefícios previdenciários.

Em 8 de maio de 2013, a 1ª Seção do STJ julgou o Recurso Especial n. 1.334.488/SC, de Relatoria do Ministro Herman Benjamim, da 1ª Seção do Superior Tribunal de Justiça, na sistemática prevista no art. 543-C, do antigo Código de Processo Civil (recursos especiais repetitivos), confirmando a tese da desaposentação.

Na esteira de precedentes do próprio Tribunal, à exceção da ressalva de posicionamento pessoal do Relator, que destacou a importância da primazia do custeio para concessão de novos benefícios, consagrou-se também a tese da *irrepetibilidade* da primeira aposentadoria.

---

(31) "1. Trata-se de recurso extraordinário contra acórdão do Tribunal Regional Federal da 4ª Região e assim ementado:
'Previdenciário. Pedido de desaposentação para recebimento de nova aposentadoria. Ausência de norma impeditiva. Direito disponível. Devolução dos montantes recebidos em função do benefício anterior necessária. 1. É perfeitamente válida a renúncia à aposentadoria, visto que se trata de um direito patrimonial de caráter disponível, inexistindo qualquer lei que vede o ato praticado pelo titular do direito. A instituição previdenciária não pode se contrapor à renúncia para compelir o segurado a continuar aposentado, visto que carece de interesse. 2. Se o segurado pretende renunciar à aposentadoria por tempo de serviço para postular novo jubilamento, com contagem do tempo de serviço em que esteve exercendo atividade vinculada ao RGPS e concomitantemente à percepção dos proventos de aposentadoria, os valores recebidos da autarquia previdenciária a título de amparo deverão ser integralmente restituídos. 3. Provimento de conteúdo meramente declaratório.' (fl. 103). O recorrente alega, com base no art. 102, III, *a*, violação ao art. 201, § 4º, da Constituição Federal. 2. Inviável o recurso. (...) Ainda que assim não fosse, suposta violação ao texto constitucional configuraria, aqui, o que se chama mera ofensa reflexa, também dita indireta, à Constituição da República, porque eventual juízo sobre sua caracterização dependeria de reexame prévio do caso à luz das normas infraconstitucionais, em cuja incidência e interpretação, para o decidir, se apoiou o acórdão impugnado. (...) 3. Ante o exposto, nego seguimento ao recurso (arts. 21, § 1º, do RISTF, 38 da Lei n. 8.038, de 28.5.90, e 557 do CPC). Publique-se. Int. Brasília, 18 de dezembro de 2009. Ministro Cezar Peluso (Relator)."
(STF, RE n. 576.466/RS, Rel. Min. Cezar Peluso, j. 18.12.2009, DJe 12/02/2010) No mesmo sentido: (AI n. 730.289/DF, Rel. Min. Dias Toffoli, j. 05.11.2009, DJe 23.11.2009).

A fundamentação do acórdão segue na esteira de que as aposentadorias consistem em direitos patrimoniais e, portanto, disponíveis e renunciáveis.

Esta não é, porém, a melhor fundamentação que se pode encontrar. Conforme vimos defendendo, o melhor ponto de justificativa para a pretensão de desaposentação consiste no próprio caráter contributivo da Previdência Social, previsto no art. 201, *caput*, da Constituição Federal.

Uma vez que o sistema é essencialmente contributivo e baseado em equilíbrio financeiro e atuarial, a existência de novas contribuições previdenciárias deve repercutir positivamente para os segurados, em termos de melhoria do nível de benefícios.

O acórdão foi publicado no *DJE* de 14.05.2013 e ainda não há trânsito em julgado, pois se encontra suspenso, aguardando a definição da decisão do STF no recurso extraordinário 661.256, no qual se reconheceu a repercussão geral no tema da desaposentação[32].

Uma questão importante a ser sublinhada no julgamento do REsp n. 1.334.488/SC consiste na sua *força vinculante*, visto que proferido na sistemática dos recursos especiais repetitivos (SERAU JR., REIS, 2009). Até o julgamento definitivo do tema pelo STF este recurso especial repetitivo consiste no pronunciamento judicial de mais alta posição hierárquica sobre a desaposentação.

Em relação à **metodologia de cálculo do novo benefício** obtido a partir da desaposenetação, o STJ julgou, em 14.08.2013, os embargos declaratórios opostos pelo INSS contra o acórdão proferido no Recurso Especial Repetitivo n. 1.334.488, em que se reconheceu a tese da possibilidade da desaposentação. Eis, abaixo, os excertos fundamentais desse acórdão:

> "Processual civil e previdenciário. Embargos de declaração. Art. 535 do CPC. Desaposentação e reaposentação. Cômputo dos salários de contribuição para a nova aposentadoria. Esclarecimento necessário.
> (...)
> 2. Considerando a possibilidade de interpretação destoante do contexto do acórdão embargado e do próprio objeto do pedido de desaposentação, deve ficar expresso que a nova aposentadoria, a ser concedida a contar do ajuizamento da ação, há de computar os salários de contribuição subsequentes **à aposentadoria a que se renunciou.**
> (...)
> 4. Embargos de Declaração acolhidos em parte."

O julgado é singelo, mas importante na medida em que deixa expresso que a nova aposentadoria, a ser implementada a partir do ajuizamento da ação, deve computar os salários de contribuição subsequentes à aposentadoria a que se renunciou, e não os posteriores ao ato de renúncia, como pretendeu o INSS nesse recurso aclaratório.

A lógica do pedido de desaposentação, ressaltou o acórdão, é justamente computar os salários de contribuição posteriores ao jubilamento desfeito para a obtenção de nova e mais vantajosa aposentação.

O julgamento desses embargos declaratórios integra o acórdão anterior. Portanto, a metodologia de cálculo então assentada também é dotada de força vinculante, pois vem em decisão que declara acórdão proferido em recurso especial repetitivo.

Tratando-se de *desaposentação* no RGPS para fins de obtenção de aposentadoria perante o regime próprio dos servidores públicos, o STJ já pacificou entendimento de que caberá, tão somente, compensação financeira entre os regimes, de acordo com a legislação específica, não havendo de se falar em devolução de valores por parte do segurado[33].

---

(32) Essa era a situação processual até o fechamento desta edição.
(33) "Cuida-se de recurso especial com fundamento na alínea 'c' do permissivo constitucional, contra acórdão proferido pelo Tribunal Federal da 4ª Região assim ementado:
'Previdenciário. Pedido de desaposentação para recebimento de nova aposentadoria. Ausência de norma impeditiva. Direito disponível. devolução dos montantes recebidos em função do benefício anterior necessária. 1. É perfeitamente válida a renúncia à aposentadoria, visto que se trata de um direito patrimonial de caráter disponível, inexistindo qualquer lei que vede o ato praticado pelo titular do direito. (...) 3. Se o segurado pretende renunciar à aposentadoria por tempo de serviço para postular novo jubilamento, com a contagem do tempo de serviço em que esteve exercendo atividade vinculada ao RGPS e concomitantemente à percepção de proventos de aposentadoria, os valores recebidos da autarquia previdenciária a título de amparo deverão ser integralmente restituídos.' (fl. 145)

3.4.3. Turma Nacional de Uniformização dos Juizados Especiais Federais

Também se faz necessário conferir a posição adotada pela Turma Nacional de Uniformização dos Juizados Especiais Federais quanto à desaposentação, vez que se compõe como verdadeiro órgão de cúpula do microssistema processual dos Juizados Especiais Federais. Nesse sentido, veja-se o acórdão abaixo, proferido em sede de Incidente de Uniformização Nacional, representativo de sua jurisprudência:

"Pedido de uniformização nacional. Desaposentação. Efeitos *ex tunc*. Necessidade de devolução dos valores já recebidos. Decisão recorrida alinhada com a jurisprudência desta TNU. Improvimento.

1. Cabe Pedido de Uniformização quando demonstrado que o acórdão recorrido contraria jurisprudência dominante do Superior Tribunal de Justiça.

2. A Turma Nacional de Uniformização já firmou o entendimento de que é possível a desaposentação desde que haja a devolução dos proventos já recebidos. Precedentes: 2007.83.00.50.5010-3 e 2007.72.55.00.0054-0.

3. Pedido de Uniformização conhecido e não provido." (TNU, PEDILEF n. 200872580022693, Pedido de uniformização de interpretação de lei federal, Relator(a) Juiz Federal José Antônio Savaris, j. 08/02/2010, DJ 23.03.2010).

Para a TNU, a desaposentação é possível, mas é dependente da devolução dos valores percebidos a título de primeiro benefício. Ademais, ensejaria desequilíbrio financeiro-atuarial para os cofres do INSS, assim como possível locupletamento ilícito dos segurados[34].

Aponta o recorrente divergência jurisprudencial com julgados desta Corte, sustentando que a renúncia à aposentadoria, para fins de aproveitamento do tempo de contribuição e concessão de novo benefício, seja no mesmo regime ou em regime diverso, não importa em devolução dos valores percebidos. A irresignação merece acolhimento. (...)

Trata-se de ação ordinária objetivando o reconhecimento judicial do direito à renúncia de aposentadoria e expedição de certidão de tempo de serviço para fins da obtenção de futuro benefício no regime estatutário, sem a restituição dos proventos recebidos. Nesse contexto, é firme a compreensão desta Corte de que a aposentadoria, direito patrimonial disponível, pode ser objeto de renúncia, revelando-se possível, nesses casos, a contagem do respectivo tempo de serviço para a obtenção de nova aposentadoria, ainda que por outro regime de previdência. (...) No entanto, a questão está em saber se o segurado que renuncia ao seu direito de aposentadoria pelo Regime Geral da Previdência Social fica obrigado a ressarcir os proventos por ele recebidos. Tal o contexto, havendo a renúncia da aposentadoria, não incide a vedação legal do inciso III do art. 96 da Lei n. 8.213/1991, segundo o qual 'não será contado por um sistema o tempo de serviço utilizado para concessão de aposentadoria pelo outro', uma vez que o benefício anterior deixará de existir no mundo jurídico, liberando o tempo de serviço ou de contribuição para ser contado em novo benefício.

Não obstante ainda haja divergência na doutrina sobre o tema, o Superior Tribunal de Justiça já decidiu que o ato de renunciar ao benefício tem efeitos *ex nunc* e não envolve a obrigação de devolução das parcelas recebidas, pois, enquanto aposentado, o segurado fez jus aos proventos. (...)

No primeiro exame, parece que a renúncia à aposentadoria no regime geral para a expedição de certidão de tempo de contribuição (ou de tempo de serviço) visando à obtenção de idêntico benefício em regime diverso, sem a aludida restituição, levaria a um injustificado prejuízo para o regime de origem. No entanto, após uma detida análise da Lei de Compensação, n. 9.796/1999, especialmente do artigo 4º e seus parágrafos, tenho outra compreensão. (...)

Assim, a base de cálculo da compensação, segundo o § 3º do art. 4º da Lei n. 9.796/1999, será o valor do benefício pago pelo regime instituidor ou a renda mensal do benefício segundo as regras da Previdência Social, o que for menor.

Pela leitura do § 4º, apurado o valor-base, a compensação equivalerá à multiplicação desse valor pelo percentual do tempo de contribuição ao regime geral utilizado no tempo de serviço total do servidor público, que dará origem à nova aposentadoria.

Nesse ponto, pode-se inferir que esse percentual de tempo de serviço emprestado para complementar o tempo de serviço no novo regime não ultrapassará a cem por cento, exatamente por se tratar de contagem recíproca, que utilizará o cômputo dos períodos das atividades exercidas em ambos os regimes suficientes para a jubilação pretendida.

Como visto, são *ex nunc* os efeitos da renúncia quando o segurado dispõe da inativação no regime geral para ver computado o seu tempo de serviço em regime diverso, segundo precedentes desta Corte, decorrendo daí que cessará a obrigação de manutenção do benefício pela autarquia.

Ora, se antes da renúncia o INSS era responsável pela manutenção do benefício de aposentadoria, cujo valor à época do ajuizamento da demanda era R$ 716,72 (fl. 16) após, a sua responsabilidade limitar-se-á à compensação com base no percentual obtido do tempo de serviço no RGPS utilizado na contagem recíproca, por certo, em valor inferior, inexistindo qualquer prejuízo para a autarquia.

Ante o exposto, a teor do art. 557, § 1º, do Código de Processo Civil, dou provimento ao recurso especial. Publique-se. Brasília, 30 de novembro de 2009. Relator Ministro Haroldo Rodrigues (Desembargador convocado do TJ/CE)." (STJ, REsp n. 1.139.105, Rel. Min. Haroldo Rodrigues, Desembargador convocado do TJ/CE, DJ 07.12.2009).

(34) O inteiro teor do seguinte julgado da TNU é esclarecedor quanto aos argumentos utilizados por este órgão julgador:
(...) a desvinculação voluntária operada por via da desaposentação envolve a renúncia da aposentadoria pelo beneficiário, mas não do direito ao aproveitamento do tempo de serviço e correspectivos salários de contribuição para fins de obtenção de outro(s) benefício(s) previdenciário(s). De sorte que, por abranger a concessão de novo(s) benefício(s) do Regime Geral da Previdência Social — RGPS ou de regime próprio (em contagem recíproca), a desaposentação pressupõe o desfazimento do ato de concessão, operando efeitos *ex tunc*, isto é, desde a concessão da aposentadoria que se pretende desfazer, e, por isso, dependendo da restituição de todos os proventos já recebidos, a fim de que seja recomposto o *status quo ante* para ambas as partes (beneficiário e INSS). (...) E isto é uma decorrência lógico-sistemática seja aplicação combinada de dispositivos da Constituição Federal: o art. 5º, inc. XXXVI (quanto ao ato jurídico perfeito), o art. 194, parágrafo único, inc. IV (relativamente à equidade na forma de participação no custeio) e o *caput* e § 5º do art. 195 (que diz respeito ao equilíbrio atuarial entre benefícios e custeio). Ora, embora como, já referido,

Esses argumentos constituem o cerne da tomada de posição da TNU, e contradizem o quanto pacificado pelo STJ, conforme vimos.

Recentemente, o STJ admitiu incidente de uniformização em relação à decisão nesse sentido proferida pela TNU (Pet. 9.231/2012)[35], suspendendo o andamento de todos os processos que tratem de desaposentação no âmbito dos Juizados Especiais Federais, em todo o território nacional, diante da divergência interpretativa entre os posicionamentos adotados na TNU em relação àquele consolidado no STJ. O feito ainda se encontra pendente de julgamento.

A despeito desse panorama, mesmo consideradas as decisões paradigmáticas da própria TNU e do STJ, não são raras as decisões de Juizados Especiais Federais que simplesmente negam a possibilidade de concessão da desaposentação.

3.4.4. Tribunais Regionais Federais

Os Tribunais Regionais Federais encontram-se divididos quanto à possibilidade de concessão da desaposentação, assim como ao modo como é efetivada (com ou sem devolução dos valores obtidos na primeira aposentadoria).

No âmbito do TRF da 3ª Região, o posicionamento adotado podia ser identificado no seguinte julgado:

"Previdenciário. Processo civil. Embargos de declaração. Desaposentação. Renúncia ao benefício de aposentadoria proporcional por tempo de serviço objetivando a concessão de aposentadoria integral. Restituição das prestações previdenciárias recebidas. Pagamento integral das prestações derivadas do benefício de aposentadoria por tempo de serviço proporcional, condicionante da concessão da aposentadoria integral.

I — É pacífico o entendimento esposado por nossos Tribunais no sentido de que o direito ao benefício de aposentadoria possui nítida natureza patrimonial e, por conseguinte, pode ser objeto de renúncia. Portanto, admitindo-se o direito de renúncia à aposentadoria concedida ao autor em 13.01.1993, as contribuições vertidas posteriormente poderiam ser aproveitadas no cálculo do novo benefício de aposentadoria por tempo de contribuição.

II — Os proventos de aposentadoria percebidos deveriam ser restituídos à Previdência Social de forma imediata, posto que tal providência é necessária para se igualar à situação do segurado que decidiu continuar a trabalhar sem se aposentar, com vista a obter um melhor coeficiente de aposentadoria. Na verdade, na hipótese vertente, é inaplicável o disposto no art. 115, II, da Lei n. 8.213/1991, dado que não está se tratando de pagamento de benefício além do devido, mesmo porque o benefício de aposentadoria por tempo de serviço proporcional foi concedido de acordo com os ditames da lei, mas sim de retorno ao *status quo*, no sentido de colocar o ora autor na mesma condição do segurado que não pleiteou a aposentadoria, visto que, do contrário, estar-se-ia autorizando importante vantagem financeira sem respaldo na lei.

III — Embargos de declaração opostos pela parte autora rejeitados." (TRF da 3ª Região, Apelação cível n. 2009.61.83.006333-3/SP, Relator Desembargador Federal Sergio Nascimento, Décima Turma, j. 25.05.2010, DJF3 CJ1 02.06.2010, p. 1.495)[36]

---

a imutabilidade do ato jurídico perfeito (art. 5º, XXXVI, CF/88) consubstancie uma garantia do administrado contra o Estado, e não o inverso, o seu desfazimento não pode acarretar prejuízo ao Estado, como aquele acarretado caso fosse admitida a desaposentação sem devolução dos valores já recebidos. Isto por ser evidente o prejuízo ao sistema de custeio do RGPS a causar inegável desequilíbrio atuarial, pois aquele que se aposenta proporcionalmente com determinados proventos e continua trabalhando ou volta ao trabalho deixa de ser um simples contribuinte para se tornar um recebedor-contribuinte, recebendo benefício e recolhendo contribuição previdenciária apenas sobre a sua remuneração. Diferentemente, se não tivesse se aposentado proporcionalmente, mas aguardado o implemento dos requisitos para a aposentadoria integral, seria um simples contribuinte até então, e não um recebedor. (...) Nesse contexto, é inegável a vantagem patrimonial que seria obtida na primeira situação pelo segurado que se aposentadoria integralmente após se desaposentar sem devolver os proventos proporcionais já recebidos ( ) E na segunda situação o segurado não teria esta vantagem. Assim, é inegável o desequilíbrio atuarial que seria causado caso fosse admitida a desaposentação sem a devolução dos proventos já recebidos em virtude da primeira aposentadoria, proporcional. (...) Além disso, admitir a desaposentação sem a devolução dos proventos já recebidos em virtude da primeira aposentadoria (proporcional) significaria tornar letra morta o direito a aposentadoria proporcional previsto na Lei n. 8.213/1991 até o advento da EC n. 20/1998, pois significaria admitir que a concessão de aposentadoria proporcional somente produziria efeitos a favor do segurado [que, na prática, deixaria de ser um simples contribuinte (passando a ser um recebedor)], não estabilizando a relação de benefício-custeio em face do RGPS, incorrendo em violação direta ao princípio da equidade na forma de participação do custeio (art. 195, parágrafo único, inc. V, da Constituição Federal), mesmo porque o segurado que esperou para se aposentar integralmente teria sido prejudicado em relação àquele que se aposentou proporcionalmente e depois se desaposentou sem devolução para se aposentar integralmente (...). Ante o exposto, voto por negar provimento ao pedido de uniformização. Brasília, 03 e 04 de agosto de 2009. Jacqueline Michels Bilhalva Juíza Federal Turma Nacional de Uniformização."

(TNU, PEDILEF n. 2007.83.00.505010-3, Pedido de uniformização de interpretação de lei federal, Rel. Juíza Federal Jacqueline Michels Bilhalva, j. 04.08.2009, DJ 29.09.2009)

(35) PET n. 9231/DF, de 15.06.2012, Rel. Min. Napoleão Nunes Maia Filho, 1ª Seção. A decisão é de 21.06.2012. Após o devido processamento do incidente, o feito retornou ao Gabinete do Exmo. Sr. Ministro em 10.09.2012, aguardando julgamento até a data de fechamento desta edição.

(36) Veja-se que o precedente citado ainda acrescenta um elemento adicional, consubstanciado na necessidade de devolução imediata destes valores, diante do argumento de que não se trata de pagamento de benefício além do devido, mas hipótese diversa não contemplada no art. 115 da Lei de Benefícios.

Atualmente, porém, algumas Turmas vêm admitindo a desaposentação independentemente de restituição dos primeiros proventos, como exemplifica o seguinte aresto:

"Previdenciário. Desaposentação. Julgamento na forma do artigo 285-A do CPC. Matéria exclusivamente de direito. Possibilidade. Renúncia à aposentadoria. Cabimento. Desnecessidade de restituição dos proventos. Implantação do novo benefício. Decisão definitiva. Termo inicial. Citação. Cálculo da RMI do benefício. Honorários advocatícios. Correção monetária e juros de mora.

(...)

4. Pendente de decisão definitiva pelo Pretório Excelso, curvo-me, por prudência, ao entendimento de meus pares na 10ª E. Turma deste Tribunal, com vistas a prestigiar a respeitável orientação emanada do STJ, e adiro, com a ressalva já formulada, ao seu posicionamento, diante da hodierna homenagem rendida à força da jurisprudência na resolução dos conflitos trazidos ao Poder Judiciário, aguardando o final julgamento em nossa Suprema Corte de Justiça.

5. Assim, o segurado pode renunciar a aposentadoria com o propósito de obter benefício mais vantajoso, com a utilização de todo o seu tempo de contribuição, sendo certo, ainda, que esta Turma firmou posicionamento no sentido de que o direito à desaposentação não fica condicionado à restituição aos cofres públicos do numerário despendido pela Administração Pública com o pagamento do benefício renunciado.

(...)

12. Preliminar rejeitada. Apelação da parte autora provida.

(TRF 3ª Região, Décima Turma, AC 0013337-29.2011.4.03.6183, Relatora Desembargadora Federal Lucia Ursaia, julgado em 04.12.2012, e-DJF3 Judicial 1 data: 12.12.2012)

No TRF da 4ª Região, a situação é semelhante. Inicialmente, a possibilidade de desaposentação era condicionada à devolução dos valores tidos por primeira aposentadoria, conforme demonstra o seguinte julgado:

"Constitucional e previdenciário. Renúncia a aposentadoria (desaposentação) para recebimento de nova aposentadoria. Devolução de valores. Coisa julgada. Compensação/desconto.

1. A obtenção de aposentadoria mais benéfica mediante renúncia a outra em vigor (possível por se tratar de direito patrimonial disponível) pressupõe devolução prévia e integral dos valores já percebidos em razão do benefício em manutenção, sob pena de afronta ao Sistema da Seguridade (Princípio da Solidariedade, CF/88, art. 195) e correspondente regime legal a que se submete (Lei n. 8.213/1991, art. 18, § 2º).

2. Questão relativa à obrigação de devolução sobre a qual incide, ademais, coisa julgada."

(TRF da 4ª Região, Apelação cível n. 2009.70.03.000836-5/PR, j. 26.05.2010, Sexta Turma, de 02.06.2010, Relator João Batista Pinto Silveira)

Recentemente, porém, aquele Sodalício alterou seu posicionamento, no julgamento dos Embargos Infringentes, deixando de exigir a restituição da primeira jubilação como condicionante da desaposentação:

"Previdenciário. Decadência. Desaposentação. Renúncia ao benefício para recebimento de nova aposentadoria. Possibilidade. Direito disponível. Art.181-B do Decreto n. 3.048/1999. Norma regulamentadora que obstaculiza o direito à desaposentação. Art. 18, § 2º, da Lei n. 8.213/1991. Efeitos *ex nunc* da renúncia. Desnecessidade de devolução dos valores percebidos a título do benefício anterior. Ausência de enriquecimento sem causa. Viabilidade atuarial. Efetividade substantiva da tutela jurisdicional. (...) 5. O reconhecimento do direito à desaposentação mediante restituição dos valores percebidos a título do benefício pretérito mostra-se de difícil ou impraticável efetivação, esvaziando assim a própria tutela judicial conferida ao cidadão. 6. A tutela jurisdicional deve comportar a efetividade substantiva para que os resultados aferidos judicialmente tenham correspondência na aplicação concreta da vida, em especial quando versam sobre direitos sociais fundamentais e inerentes à seguridade social. 7. A efetivação do direito à renúncia impõe afastar eventual alegação de enriquecimento sem causa do segurado, uma vez que a percepção do benefício decorreu da implementação dos requisitos legais, incluídos nestes as devidas contribuições previdenciárias e atendimento do período de carência. De outra parte, o retorno à atividade laborativa ensejou novas contribuições à Previdência Social e, mesmo que não remetam ao direito de outro benefício de aposentadoria, pelo princípio da solidariedade, este também deve valer na busca de um melhor amparo previdenciário. (...) 9. A renúncia ao benefício anterior tem efeitos *ex nunc*, não implicando na obrigação de devolver as parcelas recebidas porque fez jus como segurado. Assim, o segurado poderá contabilizar o tempo computado na concessão do benefício pretérito com o período das contribuições vertidas até o pedido de desaposentação. 10. Os valores da aposentadoria a que o segurado renunciou, recebidos após o termo inicial da nova aposentadoria, deverão ser com eles compensados em liquidação de sentença. 11. Diante da possibilidade de proceder-se à nova aposentação, independentemente do ressarcimento das parcelas já auferidas pelo benefício a ser renunciado, o termo *a quo* do novo benefício de ser a data do prévio requerimento administrativo ou, na ausência deste, a data do ajuizamento da ação." (TRF da 4ª Região, AC 5022240-12.2011.404.7000, Quinta Turma, Relator p/ Acórdão Rogerio Favreto, D.E. 03.10.2011)

Ademais, o TRF da 4ª Região, em Arguição de Inconstitucionalidade no bojo de Apelação Cível (Processo n. 2009.72.00.009007-2) declarou a *inconstitucionalidade do art. 18, § 2º, da Lei de Benefícios*.

O posicionamento predominante no TRF da 5ª Região[37] segue pela possibilidade da desaposentação, condicionada, porém, à restituição integral dos proventos da aposentadoria desconstituída.

Apenas o TRF da 1ª Região[38] e o TRF da 2ª Região sempre acataram a tese da possibilidade da desaposentação independentemente da restituição dos valores recebidos como primeira aposentadoria, seguindo os precedentes do STJ. Veja-se, a título de exemplo, o seguinte precedente do TRF da 2ª Região:

"Previdenciário. Desaposentação. Possibilidade de renúncia ao benefício. Ausência de vedação legal. Direito de natureza patrimonial e, portanto, disponível. Inexistência de obrigatoriedade de devolução das parcelas recebidas. Verba de caráter alimentar. Precedentes do Superior Tribunal de Justiça. Recurso do INSS desprovido.

I — A inexistência de dispositivo legal que proíba a renúncia ao benefício previdenciário legalmente concedido deve ser considerada como possibilidade para a revogação do benefício a pedido do segurado.

II — A desaposentação atende de maneira adequada aos interesses do cidadão. A interpretação da legislação previdenciária impõe seja adotado o entendimento mais favorável ao beneficiário, desde que isso não implique contrariedade à lei ou despesa atuarialmente imprevista, situações não provocadas pelo instituto em questão.

III — Da mesma forma, o fenômeno não viola o ato jurídico perfeito ou o direito adquirido, preceitos constitucionais que visam à proteção individual e não devem ser utilizados de forma a representar desvantagem para o indivíduo ou para a sociedade. A desaposentação, portanto, não pode ser negada com fundamento no bem-estar do segurado, pois não se está buscando o desfazimento puro e simples de um benefício previdenciário, mas a obtenção de uma nova prestação, mais vantajosa porque superior.

IV — Quanto à natureza do direito em tela, a jurisprudência do Superior Tribunal de Justiça é assente no sentido de que a aposentadoria é direito personalíssimo, o que não significa que seja direito indisponível do segurado. A par de ser direito personalíssimo, tem natureza eminentemente de direito disponível, subjetivo e patrimonial, decorrente da relação jurídica mantida entre segurado e Previdência Social, logo, passível de renúncia, independentemente de aceitação da outra parte envolvida, revelando-se possível, também, a contagem de tempo para a obtenção de nova aposentadoria, no mesmo regime ou em outro regime previdenciário. Precedentes.

---

(37) "Previdenciário. Tempo de serviço posterior à aposentadoria. Utilização para revisão do benefício. Impossibilidade. Desaposentação, necessidade de devolução de valores recebidos a título de proventos. Apelação provida.
1. O apelado é beneficiário de aposentadoria proporcional, desde 09 de junho de 1998, contando à época com 32 anos, 08 meses e 08 dias de contribuição.
2. Alega que após a aposentadoria continuou com vínculo empregatício, somando 5 anos e 12 dias de contribuição após a sua aposentadoria. Pede a conjugação do tempo de serviço anterior e posterior ao benefício objetivando a majoração da sua aposentadoria.
3. Para utilização do tempo de serviço e respectivas contribuições levadas a efeito após a aposentadoria originária, impõe-se a desaposentação do segurado em relação a esta, e a devolução de todos os valores percebidos, sob pena de manifesto prejuízo ao sistema previdenciário e demais segurados (equilíbrio atuarial), para, só então, ser concedido novo benefício com a totalidade do tempo de contribuição (anterior e posterior ao ato de aposentação original).
4. Uma vez concedida a aposentadoria por tempo de serviço com proventos proporcionais, ainda que o segurado volte a contribuir para o sistema previdenciário, não poderá utilizar as referidas contribuições para complementar o tempo que restaria para obtenção de uma nova aposentadoria com proventos integrais. O art. 11, parágrafo 3º, da Lei n. 8.213/1991, inclusive, estabelece que as novas contribuições efetuadas pelo aposentado do RGPS que retornar à atividade serão destinadas ao custeio da seguridade social. 5. Não há como ser acolhida a pretensão inicial de revisão de aposentadoria com o acréscimo do tempo de contribuição a ela posterior.
6. Remessa oficial e apelação do INSS provida para julgar improcedente o pedido autoral."
(TRF da 5ª Região, Apelação/Reexame Necessário n. 0010940-96.2008.4.05.8300, Primeira Turma, Relator Desembargador Federal Rogério Fialho Moreira, j. 22.04.2010, DJe 30.04.2010, p. 113)

(38) Neste Tribunal Regional, onde a maior parte das decisões já são proferidas inclusive pela via permitida pelo art. 557 do CPC (decisão monocrática), segue-se igualmente o STJ, admitindo-se a desaposentação, desvinculada da necessidade de repetição da primeira aposentadoria. Valha de exemplo o seguinte precedente: TRF da 1ª Região, Agravo de Instrumento n. 2009.01.00.028458-6/DF, Relator Juíza Federal Convocada Anamaria Reys Resende; j. 21.05.2009.

V — O Superior Tribunal de Justiça já decidiu que o ato de renunciar ao benefício não envolve a obrigação de devolução de parcelas, pois, enquanto perdurou a aposentadoria, o segurado fez jus aos proventos, sendo a verba alimentar indiscutivelmente devida. Precedentes.

VI — Agravo interno desprovido." (TRF da 2ª Região, Apelação/reexame necessário n. 2008.51.01.804342-0/RJ, Primeira Turma Especializada, Relator Juiz Federal Convocado Aluisio Goncalves de Castro Mendes, j. 25.11.2009, DJU 15.01.2010, p. 100/101).

Em resumo, pode-se assinalar que o STF ainda não apreciou definitivamente a desaposentação, embora o voto do Relator do caso, em sede de repercussão geral, esteja a indicar sua possibilidade; o STJ a admite, dispensando a devolução dos valores recebidos por primeira aposentadoria, o que ocorre em alguns dos Tribunais Regionais Federais. Na TNU, entretanto, é exigida referida restituição, em que pese existir muitas decisões de Juizados Especiais Federais e Turmas Recursais em que esse direito simplesmente não é reconhecido.

Essa divergência entre os diversos Tribunais Regionais Federais permite enquadrar o tema da desaposentação na previsão constante do art. 105, inciso III, alínea *c*, da CF, abrindo a possibilidade de interposição de recurso especial em relação à desaposentação, acessando-se a jurisdição excepcional do STJ.

3.5. A DESPENSÃO

A *despensão* é espécie diferenciada de revisão de proventos de pensão, a partir de desaposentação possível, mas não praticada em vida pelo próprio segurado. Aproxima-se muito, portanto, da discussão a respeito da desaposentação.

Para seu exame iremos nos valer mais amiúde das observações do professor MARCUS ORIONE GONÇALVES CORREIA (2009, p. 911), autor de importante estudo sobre o tema, para quem, todavia, a *despensão* (assim como a desaposentação) não é modalidade de revisão previdenciária:

> "A despensão, por sua vez, poderia, em princípio, fazer parecer que a questão refere-se a uma desaposentação por ato de terceiro. Expliquemos: quando o titular da desaposentação não pode fazê-lo (por impossibilidade fática — ex: sua morte), seria possível que terceiro procedesse à desaposentação, em especial, quando, daí, lhe advier situação mais favorável. Por exemplo, a pensionista poderia promover à desaposentação de segurado falecido, que continuou a trabalhar, mas não se desaposentou antes do seu falecimento, para obter uma alteração no seu valor de pensão."

Em outras palavras, agora em parceria com ÉRICA PAULA BARCHA CORREIA (CORREIA e CORREIA, 2010, p. 320), defende MARCUS ORIONE que "assim como a desaposentação não é uma espécie de revisão, a despensão também não o é. Ambas necessitam que haja a extinção do ato administrativo. E, portanto, são casos de desfazimento do ato administrativo e não de sua revisão, com todas as consequências práticas daí decorrentes."

Vale dizer que a *despensão* pode ser buscada em todos os regimes previdenciários (RGPS ou regime próprio dos servidores públicos), nos mesmos moldes e consoante as mesmas possibilidades em que cabível a *desaposentação* (CORREIA e CORREIA, 2010, p. 320).

Um dos problemas que se identifica para a obtenção da *despensão* reside na necessidade de manifestação de vontade[39] daquele que deveria renunciar a um determinado benefício previdenciário, em prol de melhor aposentadoria, consoante reconhecido pela maior parte da doutrina:

> "O desfazimento do benefício reclama expressão pública, ou seja, a exteriorização de vontade, legalmente assemelhada à do pedido de prestação, desejosa a pessoa de voltar ao *status quo ante*. Um direito personalíssimo de refazer a situação jurídica anterior à aposentadoria. *A priori*, com a preocupação sediada na razão do seu ato." (MARTINEZ, 2010, p. 31)

Ademais, não se pode esquecer que a relação jurídico-previdenciária é, por excelência, *intuitu personae*, referindo-se a uma pessoa individualizada e plenamente identificada, não se podendo transmitir a outrem (MARTINEZ, 2010, p. 50).

---

(39) Manifestação de vontade, ademais, que pressupõe partes capazes e no pleno exercício de seus direitos (MARTINEZ, 2010, p. 43-44).

Essa dificuldade conceitual seria facilmente superada caso adotada a compreensão da desaposentação e da despensão como espécies continuadas de transformação de benefício previdenciário, tal como analisaremos com profundidade no próximo capítulo.

Não se apresenta como problema à *despensão* o fato de não mais existir uma aposentadoria em vigência, tal como indicado anteriormente (tópico 3.2 — Conceito). É que não haverá aposentadoria a ser transformada, mas, neste caso, esta ter-se-á convertido numa *pensão*, aplicando-se a este benefício póstumo a transformação possível com a desaposentação (a qual não foi realizada em vida do aposentado, conforme já se afirmou).

Para nós, diferentemente do que vem comumente adotado pela doutrina, a *desaposentação* e a *despensão* são espécies de *revisão de benefícios previdenciários*, num sentido mais abrangente da expressão. Devem ser enquadradas, assim, no objeto de estudo do Processo Judicial Previdenciário, aplicando-se-lhes todos os princípios deste segmento do Direito Previdenciário (SERAU JR., 2010).

A doutrina vem exigindo que exista prova de que a despensão seja, efetivamente, mais vantajosa do que o benefício de pensão em vigor (CORREIA e CORREIA, 2010, p. 320). Pensamos, porém, que esse requisito não configura o próprio instituto previdenciário em exame, sendo pertinente, apenas, à sua discussão judicial (matéria de prova, eminentemente pericial contábil).

O STJ, no REsp 1.515.929/RS[40], impôs profunda limitação ao conceito da despensão. Embora não se trate de um recurso especial julgado na sistemática dos recursos repetitivos, deu-se bastante publicidade ao julgado, o que suscita preocupação.

Nesse julgado, o STJ definiu que a desaposentação é ato personalíssimo de renúncia do benefício previdenciário, a ser praticado apenas pelo segurado aposentado, titular do direito, não se admitindo renúncia *post mortem*, por pleito formulado pelos dependentes do *de cujus* como despensão.

É certo que com esse raciocínio o STJ permaneceu fiel a seus precedentes e à premissa lançada quando do julgamento do tema da desaposentação (RESP repetitivo 1.334.488/SC), em que indicou que as aposentadorias se tratam de direitos patrimoniais e, portanto, disponíveis, permitindo a desaposentação. Contudo, a solução dada pelo STJ à despensão, *data maxima venia*, não é a mais adequada.

De acordo com a premissa defendida neste livro, a decisão do STJ que permite a desaposentação baseia-se em premissas equivocadas, no sentido de que a desaposentação não é uma espécie de revisão, mas ato de renúncia à primeira aposentadoria, viável porque se trataria de um direito disponível, em que se busca novo e mais vantajoso benefício previdenciário a partir do cômputo de novas contribuições previdenciárias.

A desaposentação (com reflexos na despensão) não se trata de simples ato de renúncia, mas uma espécie diferenciada de revisão ou transformação do ato administrativo de concessão do benefício previdenciário, com alteração do cálculo do valor do benefício, justificada a partir da utilização das novas contribuições previdenciárias vertidas ao sistema.

Consideramos nesse raciocínio, ademais, a natureza de direitos fundamentais dos direitos previdenciários (o que exige tratamento administrativo diferenciado) e a natureza contributiva do próprio sistema previdenciário, conforme previsão do art. 201, da Constituição Federal, elementos que produzem reflexos na contrapartida social devida aos segurados.

Não se perca de vista, por fim, que essa recente decisão do STJ configura inequívoco exemplo de *jurisprudência defensiva:* por meio da utilização de um argumento meramente processual, acaba por fulminar a discussão legítima e importante sobre a despensão.

3.6. REAPOSENTAÇÃO

A denominada *reaposentação* é instituto diverso da desaposentação. Porém, na expectativa de propiciar ao público leitor o panorama mais amplo e completo em relação a essa temática, daremos algumas informações também a seu respeito.

---

(40) Julgado no dia 19.05.2015, pela 2ª Turma do Superior Tribunal de Justiça (Relator Min. Humberto Martins, v. u., DJE 26.05.2015), negando provimento ao recurso especial interposto pelos sucessores do segurado falecido.

A reaposentação, como dissemos, não se trata de pretensão de desaposentação, isto é, a renúncia ao primeiro benefício previdenciário para, somando-se as novas contribuições previdenciárias posteriores à primeira aposentadoria, obter-se novo e mais vantajoso benefício.

A definição dada a esse instituto da reaposentação é a da hipótese em que o segurado aposentado permanece trabalhando, preenchendo por completo os requisitos para a concessão de novo benefício previdenciário. Renuncia à primeira aposentadoria aderindo à nova aposentadoria, cujos requisitos implementou integralmente.

CASTRO e LAZZARI (2014, p. 680) fornecem exemplo muito interessante para esclarecer essa situação: um segurado aposentado por tempo de serviço/contribuição aos 50 anos de idade continua trabalhando por mais quinze anos; aos 65 anos de idade terá preenchido totalmente os requisitos para a concessão da aposentadoria por idade.

Esse exemplo vem sendo consagrado na via judicial. Veja-se o aresto a seguir:

"Previdenciário. Processual civil. Aposentadoria por tempo de serviço. Desaposentação e reaposentação em aposentadoria por idade. Benefício mais vantajoso. Possibilidade. (...) 2. O apelante aposentou-se em 05.01.1995, mas continuou trabalhando na empresa Galvão Mesquita Ferraz e contribuindo para a Previdência Social. Por tal razão, pretende renunciar ao benefício e obter a aposentadoria por idade, uma vez que preenche os requisitos do art. 48 da Lei n. 8.213/91. 3. Impõe-se a concessão da aposentadoria requerida, a contar da data do requerimento administrativo (DER/DIB: 13.12.2010), cancelando-se a aposentadoria por tempo de serviço (NB 059708364-9). (...). 6. Parcial provimento da apelação."

(TRF da 5ª Região, AC 00032872920114058400, Relator Desembargador Federal Francisco Cavalcanti, 1ª Turma, *DJE* 18.07.2013, p. 147)

Vale destacar que existem julgados que tratam o conceito de *reaposentação* como a nova aposentadoria obtida após o segurado ter se desaposentado. É a *posição do STJ*, que pode ser retratada nos seguintes julgados do STJ: AgAREsp 2014.00283192, Rel. Min. Humberto Martins, 2ª Turma, *DJE* 02.04.2014; AgAREsp 201202171184, Rel. Min. Napoleão Nunes Maia Filho, 1ª Turma, *DJE* 31.03.2014.

A despeito disso, o novo instituto é bastante interessante e deve ser ponderado com bastante atenção pelos operadores do direito, pois possivelmente é mais vantajoso que a desaposentação, dispensando, conforme CASTRO e LAZZARI (2014, p. 680), a necessidade de devolução de valores da primeira aposentadoria.

4

Análise Crítica do Instituto da Desaposentação

Neste capítulo iremos propor nossa visão diferenciada sobre a desaposentação. De acordo com o que já expusemos antes, a doutrina que se debruçou sobre o tema ainda se encontra atada a alguns paradigmas insuficientes e insatisfatórios para a adequada compreensão desse novo instituto.

4.1. A QUESTÃO DO ATO JURÍDICO PERFEITO

O exame da *desaposentação* envolve o enfrentamento da questão do *ato jurídico perfeito*, o qual é comumente indicado como óbice à posição dos segurados. É que a aposentadoria é materializada por meio de um ato administrativo, praticado pelo INSS, o qual seria dotado daquela característica[41].

Por conta disso, devemos examinar, em primeiro lugar, a distinção entre *aposentadoria* e *aposentação*[42], para o que nos valemos do magistério de FÁBIO ZAMBITTE IBRAHIM (2010, p. 35):

> "Apesar de frequentemente utilizados como expressões sinônimas, aposentação e aposentadoria apresentam significados distintos. Aquela é o ato capaz de produzir a mudança do *status* previdenciário do segurado, de ativo para inativo, enquanto esta é a nova condição jurídica assumida pela pessoa. A aposentadoria surge com a aposentação, prosseguindo seu curso até sua extinção.
>
> Em razão disso, a *desaposentação* seria a reversão do ato que transmudou o segurado em inativo, encerrando, por consequência, a aposentadoria. Aqui tal conceito é utilizado em sentido estrito, como normalmente é

---

(41) "A concessão da aposentadoria é materializada por meio de um ato administrativo, pois consiste em ato jurídico emanado pelo Estado, no exercício de suas funções, tendo por finalidade reconhecer uma situação jurídica subjetiva. É ato administrativo na medida em que emana do Poder Público, em função típica (no contexto do Estado Social) e de modo vinculado, reconhecendo o direito do beneficiário em receber sua prestação." (IBRAHIM, 2010, p. 33)

(42) A doutrina entende que também a desaposentação é ato administrativo:
"Desaposentação é ato administrativo formal vinculado, provocado pelo interessado no desfazimento da manutenção das mensalidades da aposentadoria, que compreende a desistência com declaração oficial desconstitutiva. Desistência correspondendo a revisão jurídica do deferimento da aposentadoria anteriormente outorgada ao segurado.
Retrata a situação de quem legítima, legal e regularmente jubilara-se (pressuposto logicamente imediato), nas hipóteses possíveis e que requereu-se a abdicação do ato formal concessório para tornar-se um ativo, produzindo-se os efeitos práticos e jurídicos defluentes." (MARTINEZ, 2010, p. 30)

tratado pela doutrina e jurisprudência, significando somente o retrocesso do ato concessivo de benefício almejando prestação maior."

FÁBIO ZAMBITTE IBRAHIM é um dos que reconhecem a necessidade de examinar a proteção compulsória dos segurados e a inviolabilidade do ato jurídico perfeito à luz dos critérios hermenêuticos do Direito Social. Veja-se excerto de sua doutrina (IBRAHIM, 2010, p. 39-41):

"De modo algum se sustenta a reversibilidade pura e simples da aposentadoria, em flagrante insegurança para o segurado, em contrariedade ao direito social, mas somente quando evidenciado seu intuito de obter prestação mais vantajosa no mesmo ou em outro regime previdenciário. Esta é a ideia da perenidade do benefício: proteger seu titular contra eventuais exclusões.

A desaposentação, desde que vinculada à melhoria econômica do segurado, ao contrário de violar direitos, somente os amplia. Seu objetivo será sempre a primazia do bem-estar do indivíduo, algo desejável por toda a sociedade.

O ato jurídico perfeito, questão central do debate sobre a desaposentação, é sabidamente resguardado pela Constituição no capítulo referente aos direitos e deveres individuais e coletivos, no art. 5º, inc. XXXVI, dispondo que *a lei não prejudicará o direito adquirido, o ato jurídico perfeito e a coisa julgada*. No mesmo artigo, no *caput*, dispõe a Lei Maior que *todos são iguais perante a lei, (...) garantindo-se (...) a inviolabilidade do direito à vida, à liberdade, à igualdade, à segurança e à propriedade (...)*.

Sem embargo, segundo regra comezinha de hermenêutica jurídica, todo inciso e parágrafo deve ser interpretado de acordo com o *caput* do artigo, o qual traz disposição geral sobre o assunto normatizado. Por isso injustificável a irreversibilidade absoluta do ato jurídico perfeito em favor do segurado, pois a própria Constituição assegura o direito à liberdade, inclusive de trabalho. Naturalmente, insere-se no contexto do direito ao trabalho a prerrogativa dos benefícios sociais, incluindo a previdência. Certamente, o mandamento constitucional não deve ser entendido de modo irrestrito, pois inexiste norma absoluta."

Sua argumentação centra-se no argumento de que nenhuma norma jurídica é absoluta, o mesmo ocorrendo com o instituto do *ato jurídico perfeito*, o qual deve ser conjugado com o direito fundamental ao trabalho.

Para ADRIANE BRAMANTE DE CASTRO LADENTHIM (2009, p. 12), a desaposentação também se constitui no desfazimento de um ato administrativo (tido como ato jurídico perfeito):

"Quando nos aposentamos, nosso tempo de contribuição fica vinculado ao ato administrativo de concessão, não sendo mais permitida a utilização desse tempo de serviço para outra aposentadoria. Este tempo faz parte integrante do ato de concessão, tornando-o legítimo e válido.

Ao renunciar a esta aposentadoria, é desfeito este ato administrativo, liberando o tempo de serviço vinculado a ele para que seja computado em nova aposentadoria. Desaposentar é, portanto, renunciar ao benefício concedido para que o tempo de contribuição vinculado a este ato de concessão possa ser liberado, permitindo seu cômputo em novo benefício, mais vantajoso.

A desaposentação é o único meio pelo qual se viabiliza ao segurado obter benefício mais vantajoso, com a utilização das contribuições por ele vertidas após a aposentação. Não há como negar que é uma revisão com nome diferente! Nas palavras de Ibrahim, a *'desaposentação é uma questão incidental na ação revisional'*"."

Ademais, o ato jurídico perfeito seria garantia do cidadão contra o Estado, não o inverso[43], pensamento que é compartilhado por WLADIMIR NOVAES MARTINEZ (2010, p. 121):

---

(43) "O ato concessório da aposentadoria, após o translado completo previsto na legislação, finalizando todo o seu *iter* legal, assume a condição de ato jurídico perfeito, à semelhança dos atos de direito privado, sendo então inalcançável por novas disposições legais. Esta é a regra determinada pela Constituição. (...)

"No caso em tela, o ato jurídico perfeito é uma proteção do cidadão e não do órgão gestor. Nessas exatas condições, os responsáveis pela seguradora não poderão ser penalizados por atender à pretensão do indivíduo de se aposentar. (...) Compondo o patrimônio jurídico do indivíduo, uma segurança sua, o ato jurídico perfeito não pode ser arguido contra ele, petrificando condição gessadora de um direito maior, que é o de legitimamente melhorar de vida. Por ser produto dessa proteção constitucional, a Administração Pública não poderá *ex officio* desfazer a aposentação. Porém, o indivíduo que teve e tem o poder de requerer deve ter o direito de desfazer o pedido."

De modo geral, conforme alinhavado por OSWALDO ARANHA BANDEIRA DE MELLO (1969, p. 566-569), é da tradição do Direito Público brasileiro que o limite para a revogação dos atos administrativos seja justamente o respeito ao direito adquirido dos administrados e o patrimônio de terceiros. Nesse sentido, a invocação dessa garantia constitucional (ato jurídico perfeito) só pode ocorrer em favor do segurado-administrado, não no sentido inverso, em seu prejuízo, afastando uma posição jurídica que lhe é mais favorável[44].

Há aqueles, como MARCUS ORIONE e ÉRICA PAULA BARCHA CORREIA (2010, p. 309), que entendem que a desaposentação configura desconstituição de ato administrativo: "Primeiro, o ato de renúncia, como qualquer ato de natureza desconstitutiva, opera efeitos *ex nunc*, não sendo possível surtir efeitos para o passado — inclusive quanto à necessidade de pagamento de valores já vertidos para o Regime Próprio."

Segundo BANDEIRA DE MELLO (2005, p. 414-416), a extinção do ato administrativo, ou de seus efeitos, ocorre em virtude de atos ou fatos posteriores que sobre ele tenham incidência (tal como a entrada de novas e não previstas contribuições previdenciárias).

Ainda conforme este eminente mestre, a extinção do ato administrativo pode ocorrer por perda de seu objeto ou da saída do sujeito interessado, assim como pela *retirada*, hipótese em que "o Poder Público emite um ato concreto com efeito extintivo sobre o ato anterior".

A *retirada*, por sua vez, acontece em várias hipóteses: *revogação* (por conveniência e oportunidade da Administração); *invalidação* (diante de ilegalidade do ato); *cassação* (descumprimento de certas condições pelo beneficiário); *caducidade* (revogação da base normativa que dá fundamento ao ato); *contraposição* ou *derrubada* (emissão de ato por outra autoridade administrativa), ou *renúncia* ("extinção dos efeitos do ato ante a rejeição pelo beneficiário de uma situação jurídica favorável de que desfrutava em consequência daquele ato", nas próprias palavras de BANDEIRA DE MELLO).

De qualquer maneira, entendemos equivocada a pretensão de conceituação da *desaposentação* como extinção de ato administrativo, eventualmente não alcançado pela caracterização de ato jurídico perfeito. Conforme o breve panorama de extinção dos atos administrativos acima ilustrados, verifica-se que a *desaposentação* não se encaixa à perfeição em nenhuma das modalidades extintivas acima descritas, inclusive na *renúncia*, tida como "rejeição a uma situação jurídica favorável". Decerto que os segurados não almejam abrir mão de sua posição jurídica de aposentadoria, apenas desejam vê-la melhorada (melhoria do valor de benefício a partir de novas contribuições), o que entendemos seja mais próximo da transformação/alteração do ato administrativo.

Essa possibilidade de alteração/substituição do ato administrativo é encontrada, por exemplo, na doutrina do ilustre administrativista português MARCELO CAETANO (1977, p. 188-190):

"O ato administrativo pode deixar de vigorar por (...) ter sido substituído por outro ato de conteúdo diverso... Não é dos casos normais de extinção do ato que vamos ocupar-nos agora, mas sim daqueles casos em que seja produzido um novo ato administrativo destinado a *destruir* o primeiro ou a fazer *cessar os seus efeitos*

Sem dúvida, a questão previdenciária é abarcada por tal conclusão, já que a garantia ao ato jurídico perfeito que materializa a aposentadoria tem claro propósito de assegurar a manutenção da prestação devida ao segurado, em razão de seu mister durante anos.

A denegação das prerrogativas do ato jurídico perfeito certamente contraria a segurança jurídica, valor adotado pelo ordenamento pátrio e evidentemente internalizado na Lei Maior, por meio de diversas garantias externadas em todo seu texto.

O aposentado ver-se-ia em situação de eterna insegurança caso seu benefício pudesse ser revisto a qualquer momento, em especial quando da revisão dos requisitos de elegibilidade previdenciários, os quais são frequentemente alterados, em virtude de questões atuariais." (IBRAHIM, 2010, p. 47-48)

(44) Nessa linha de que a garantia do ato jurídico perfeito deve ser interpretada em prol do cidadão (segurado), também se deve lembrar que é justamente a participação do administrado no processo decisório da Administração (INSS), através de sua manifestação de vontade, que legitima e torna democrático o processo administrativo (PETIAN, 2011, p. 74-75, 96).

para o futuro. (...) Na segunda hipótese — que é a da *cessação de efeitos* — o ato administrativo está em vigor com aptidão ainda para produzir efeitos. A Administração deseja apenas fazer cessar a vigência do ato, respeitando o passado e impedindo que dele resultem novos efeitos para o futuro. (...) Sucede com frequência que o órgão administrativo altera o conteúdo de um ato administrativo anterior, modificando o seu objeto ou alguns dos requisitos deste. Se a hipótese não se enquadrar em qualquer das figuras da reforma ou da conversão, tem de entender-se que a parte alterada do ato é nova, quer tenha havido aditamento à primitiva declaração, quer substituição de algum aspecto do objeto."

A mesma ideia pode ser apreendida do pensamento de OSWALDO ARANHA BANDEIRA DE MELLO (1969, p. 561). Desse capital autor obtemos o fundamento das alterações dos atos administrativos, nesta passagem em que critica o instituto da coisa julgada administrativa:

"O ato administrativo, porém, em princípio, deve ser revogável, pela própria Administração Pública, porquanto o objetivo da função administrativa é criar a utilidade pública e melhorá-la constantemente, a fim de atender às novas exigências da vida em comunidade, pois os interesses públicos variam com o evolver dos tempos, com o surgimento de outras condições sociais, a suscitar a alteração das normas jurídicas, e a sugerir a modificação de relações jurídicas anteriormente formadas."

Entendemos que não há problema algum que essa possibilidade de alteração/substituição do ato administrativo, aceita pela melhor doutrina administrativista, ocorra a pedido ou no interesse do administrado-segurado, com fulcro na ideia de a Administração Pública dever trabalhar para a concretização dos direitos fundamentais da população[45].

Os processos administrativos previdenciários, na conceituação da doutrina, são nitidamente processos administrativos *ampliativos de direitos*[46] (PETIAN, 2011, p. 104), devendo, portanto, serem levados a cabo para melhor garantia dos segurados.

Não se pode desconsiderar que o conteúdo dos direitos fundamentais previdenciários e sua necessidade de efetivação deve prevalecer sobre qualquer forma de arranjo administrativo que seja proposta. Trazemos à baila a concepção de SAVARIS (2016, p. 114) a respeito do *princípio do acertamento da relação jurídica de proteção social*. Em suas próprias palavras:

"De acordo com o princípio do acertamento da relação jurídica de proteção social, na tarefa de solução do problema concreto que lhe é apresentado, a função jurisdicional deve decidir sobre a existência do direito de proteção previdenciária reivindicado e, se for o caso, concedê-lo nos estritos termos a que o beneficiário faz jus.

(...)

A função jurisdicional dos direitos fundamentais de proteção social não deve olhar com proeminência para o ato do Poder Público que se contrapõe ao direito pleiteado pelo particular ou para o modo como restou formalizada a tutela administrativa. Antes, por uma questão de respeito aos direitos fundamentais, a jurisdição de proteção social deve devotar-se ao acertamento da relação jurídica, o que implica investigar o que realmente importa: se o direito social pretendido existe e qual sua real extensão. Na perspectiva do *acertamento*, desde que prestada a tutela administrativa, abre-se espaço para a atuação jurisdicional de definição da relação jurídica de proteção social."

Embora a lição do mestre curitibano diga expressamente apenas sobre o controle judicial de atos administrativos, indicando que não se resume ao mero controle de legalidade, devendo prevalecer a relação jurídica real de Direito Previdenciário, seu raciocínio pode ser estendido e utilizado sem ressalvas também onde não exista o questionamento judicial dos atos praticados pela Administração Pública.

---

(45) Afinal de contas, a finalidade genérica dos atos e processos administrativos é justamente o cumprimento do interesse público (PETIAN, 2011, p. 89-91).

(46) Segundo ANGÉLICA PETIAN, que se dedicou em sua Dissertação de Mestrado exclusivamente a esse tema, processos administrativos ampliativos de direitos "são aqueles que alargam a esfera jurídica do destinatário, causando-lhe um efeito favorável, seja porque autorizam o exercício de um novo direito, seja porque ampliam direito já existente, ou, ainda, restringem ou extinguem limitações a direitos dos destinatários" (2011, p. 104). A ideia de que os processos ampliativos de direitos ampliam direito já existente casa-se à perfeição com o tema da *desaposentação*.

Nesse sentido, pode-se dizer, alargando o conteúdo do *princípio do acertamento* deduzido da obra de Savaris, que os direitos fundamentais previdenciários prevalecem sobre o formato administrativo que lhes seja dado.

Em outras palavras: a desaposentação, como forma de efetivação de direitos fundamentais previdenciários dos segurados (assegurando melhoria do valor da aposentadoria, em atendimento a diversos princípios constitucionais), não pode ser impedida sob o argumento de que o ato administrativo de concessão da aposentadoria é intocável ou irrenunciável.

É certo, entretanto, que prevalece a estratégia da desaposentação como forma de extinção do ato administrativo é o conjunto de argumentos mais firme para sua defesa, em virtude da inexistência de previsão legal. Porém, quando o instituto encontrar previsão legal, e somos daqueles que aguardam esse momento, a *desaposentação* ganhará tratamento bastante diverso: será uma mera técnica de revisão/atualização de RMI. Essas serão a essência e a natureza do instituto, com mais propriedade.

Inexistindo previsão expressa a respeito das características e dos requisitos da *desaposentação*, compete ao doutrinador e à jurisprudência essa tarefa, mister, porém, que não possui definitividade (prerrogativa exclusiva do legislador), tampouco é destituído de limites:

> "Diversamente, quando a lei não aglutina previamente certas realidades debaixo de uma nomenclatura, é o estudioso do Direito quem trata de promover estas aglutinações. Para tanto toma (ou pelo menos deve tomar) como referências uma coleção de traços arrecadados no direito positivo e, com base neles, constrói o conceito jurídico que lhe interessa. Este funciona como *continente* de um plexo de situações e realidades em que comparecem os traços que — consciente ou inconscientemente — adotou como radicais dos 'fatos' erigidos em *conteúdo* do conceito que formula.
>
> Sendo este o processo lógico de formação dos conceitos *que não foram antecipadamente elaborados pela lei como produto pronto e acabado*, pode-se entender porque há *certa* liberdade na composição deles e porque são variáveis conforme o doutrinador que os propõe, sem que disto redunde, necessariamente, o caráter errôneo de um dos conceitos postos em conflito." (BANDEIRA DE MELLO, 2005, p. 351)

Nessa senda, vale considerar que BANDEIRA DE MELLO (2005, p. 352-356) destaca também a *historicidade* dos conceitos jurídicos, incluindo o de *ato administrativo*, que tem como traço principal sua pertinência a um determinado ordenamento jurídico, vigente em certo tempo e lugar, especialmente sob a égide de determinadas e específicas normas constitucionais. É por isso que ele indica, com a argúcia que lhe é própria, a *funcionalidade* e não *verdade* dos conceitos jurídicos.

De tudo o quanto dito, percebe-se que o novo instituto previdenciário da *desaposentação* não se enquadra à perfeição em nenhuma das modalidades tradicionais de extinção do ato administrativo, como até hoje procuraram configurar a questão aqueles que sobre ela se debruçaram. Está-se diante de verdadeira hipótese de *quadratura do círculo*.

Ideal seria tratar a *desaposentação*, preferentemente *de lege ferenda*, como ato administrativo *complexo*, como ato administrativo *composto*[47] ou, o que preferimos, hipótese de *transformação* de ato administrativo, pois, em tese, não haveria motivos para revogação do primeiro ato administrativo de aposentação (invalidade ou conveniência e oportunidade, pois a primeira RMI não apresentaria, em tese, vícios).

A desaposentação apresenta-se como algo próximo da autotutela administrativa, em virtude de alteração das circunstâncias fáticas (o que ocorre na seara previdenciária, por exemplo, quando o auxílio-doença é transformado em aposentadoria por invalidez), só que, neste caso, fundamentalmente em benefício dos segurados (neste ponto o tema do ato administrativo encontraria vinculação e respaldo na garantia constitucional dos direitos fundamentais).

Considerada a desaposentação como parte do Direito Previdenciário, ganha *status* de direito fundamental. E não se pode olvidar que o interesse público, gerido pela autarquia previdenciária[48], tem de se conformar com os

---

(47) Segundo BANDEIRA DE MELLO (1969, p. 475), "o ato composto é aquele em que se acha a manifestação de vontade por ele expressa unida por vínculo funcional a outro. Mas eles não se fundem em um complexo unitário, pela falta de homogeneidade das respectivas vontades. A relação entre eles é de caráter instrumental".

(48) É o que defendem MARCUS ORIONE GONÇALVES CORREIA e ÉRICA PAULA BARCHA CORREIA: "O interesse público, defendido por uma instituição ligada à manutenção da previdência social, deve coincidir com a preservação do conceito constitucional de previdência social — já que é para este fim que esta instituição foi modelada." (2010, p. 306)

direitos fundamentais, bem como relacionar-se com o princípio da dignidade humana[49]. Os atos administrativos devem ser tendentes à concretização dos direitos fundamentais, adaptando-se eventuais incoerências metodológicas ou doutrinárias ao critério de fundo (direito substantivo) relativo às questões previdenciárias.

A desaposentação, sob todas as formas em que seja tratada, afigura-se viável juridicamente, sendo mais adequado tratá-la como transformação de ato administrativo, em virtude de novas circunstâncias fáticas (nova situação contributiva do segurado), do que como extinção ou desconstituição de ato administrativo, posto que inexistente inconveniência ou invalidade a fulminar o primeiro ato de aposentação.

No estudo da desaposentação tem ocorrido, por parte de muitos autores e julgadores, a importação indevida e por vezes equivocada da lógica do Direito Administrativo ao âmbito do Direito Social.

Confundem, muitas vezes, o direito à aposentadoria (que é direito fundamental) com o ato administrativo que a formaliza. Talvez a aposentadoria transformada a partir da *desaposentação* possa ser definida como uma relação jurídica continuativa, como tantas outras existem em nosso ordenamento jurídico. Exemplificando, podemos pensar na analogia com a situação dos servidores públicos que, sem alterações de fundo em sua carreira, vão obtendo, de quando em quando, as progressões funcionais dentro do quadro do funcionalismo público; mas não se exige a desconstituição do ato administrativo que lhes deu posse e realização de um novo, na nova situação funcional.

A desaposentação, seja pela via judicial ou, futuramente, quando merecer tratamento legislativo, não implica o desfazimento de um primeiro ato administrativo de aposentação, pois, em regra, não se encontra fulminado por invalidade ou inconveniência. Trata-se, apenas, de substituição de um paradigma normativo por outro, igualmente válido e eficaz, apenas mais compatível com os preceitos constitucionais e legais superiores.

4.2. A RESTITUIÇÃO DOS VALORES RECEBIDOS A TÍTULO DE PRIMEIRA APOSENTADORIA

A respeito da questão em epígrafe, deve-se estabelecer uma premissa muito importante. Como tudo que envolve a ampliação dos direitos previdenciários dos segurados e dependentes, o tema da desaposentação vem sendo tratado sob o argumento *ad terrorem* da ausência de recursos e da possibilidade de desequilíbrio atuarial do sistema previdenciário.

Entretanto, a ausência de corretas informações sobre a verdadeira situação financeiro-atuarial da Previdência Social, assim como sobre a metodologia de recolhimento de contribuições ou sobre a forma adequada de sua restituição, no caso da desaposentação, produzem um verdadeiro *efeito cascata informacional* (SUNSTEIN, 2009, p. 27-28) quanto à posição a ser tomada: como a generalidade das pessoas indica ser necessária a restituição dos valores relativos à primeira aposentadoria, assim como se propaga amplamente o argumento do desequilíbrio atuarial, então esta deve ser, provavelmente, a posição a ser acolhida...

A desaposentação não é fruto de aposentadorias precoces; decorre, sobretudo, da falta de confiança no sistema previdenciário (sucessivas reformas, retirada e diminuição de direitos etc.), sobre o que já nos detivemos antes.

Não se pode duvidar que existem bons argumentos a exigir a restituição dos primeiros proventos de aposentadoria, particularmente a alegada necessidade de recomposição dos cofres previdenciários. Veja-se a explanação de WLADIMIR NOVAES MARTINEZ (2010, p. 59):

> "Olvidando-se o regime financeiro de repartição simples, que permeia o RGPS e o RPPS, de regra, para que a desaposentação seja sustentável do ponto de vista técnico do seguro social e atenda aos seus objetivos é imprescindível o restabelecimento do *status quo ante*. De modo geral, não subsiste esse efeito gratuitamente; a relação jurídica aí presente não prescinde de fundamentos econômicos, financeiros e atuários de um plano de benefícios.
>
> Ainda que seja um seguro social solidário, pensando-se individualmente se a Previdência Social aposenta o segurado, ela se serve de reservas técnicas acumuladas pelos trabalhadores, entre as quais as do próprio titular do direito ao benefício. Na desaposentação, conforme o caso, o órgão gestor teria de reaver parte dos valores pagos para estar econômica e financeiramente apto para aposentá-lo adiante ou poder emitir a CTC."

---

(49) Como preconiza ANGÉLICA PETIAN (2011, p. 111-114), indicando que esse deve ser o *modus procedendi* de toda a atividade pública.

Também há quem entende que a desaposentação desvinculada da necessidade de restituição configuraria afronta ao art. 18, § 2º, da Lei de Benefícios (SÁ, 2009, p. 123)[50].

Entretanto, outros argumentos, igualmente robustos, levantam-se contra a exigência de restituição dos valores recebidos por primeira aposentadoria. Veja-se o magistério de FÁBIO ZAMBITTE IBRAHIM:

> "No primeiro caso, ou seja, da desaposentação no mesmo regime, não há de se falar em restituição de valores percebidos, pois o benefício de aposentadoria, quando originariamente concedido, tinha o intuito de permanecer no restante da vida do segurado. Se este deixa de receber as prestações vindouras, estaria, em verdade, favorecendo o regime previdenciário.
>
> Naturalmente, como visa benefício posterior, somente agregará ao cálculo o tempo de contribuição obtido *a posteriori*, sem invalidar o passado. A desaposentação não se confunde com a anulação do ato concessivo do benefício, por isso não há que se falar em efeito retroativo do mesmo, cabendo tão somente sua eficácia *ex nunc*. A exigência da restituição de valores recebidos dentro do mesmo regime previdenciário implica obrigação desarrazoada, pois se assemelha ao tratamento dado em caso de ilegalidade na obtenção da prestação previdenciária.
>
> A desaposentação em mesmo regime previdenciário é, em verdade, um mero recálculo do valor da prestação em razão das novas cotizações do segurado. Não faz o menor sentido determinar a restituição de valores fruídos no passado." (IBRAHIM, 2010, p. 63-64)

Também deve ser ponderada a lição de ADRIANE BRAMANTE DE CASTRO LADENTHIM (2009, p. 18):

> "Não há que se falar em desequilíbrio financeiro e atuarial com a renúncia para concessão de benefício melhor. Muito pelo contrário! Os segurados realizaram suas contribuições e obtiveram a concessão da tão sonhada aposentadoria. Com a continuação da atividade laboral e, consequentemente, com pagamento compulsório das contribuições, eles verteram ao sistema valores que não foram previstos.
>
> É sabido que o sistema é de solidariedade e que toda a sociedade contribui para a seguridade social, seja direta ou indiretamente. No entanto, não se trata de infringência a este princípio, pois que, enquanto não aposentado, manteve-se filiado ao regime previdenciário normalmente.
>
> Ocorre que as contribuições após a aposentadoria não estão atuarialmente previstas, principalmente no regime jurídico atual, com a utilização do fator previdenciário que diminui o valor do salário de benefício para garantir que o sistema permite ter recursos que lhe garantam a manutenção do benefício pelo previsto na sua expectativa de sobrevida.
>
> Ao manter-se ativo (e aposentado), a previdência continua recebendo contribuições que não eram 'necessárias' para a manutenção daquele benefício, pois que já houve contribuições suficientes para tanto."

Em relação à transformação de regime previdenciário, do RGPS para os regimes próprios ou vice-versa, ou nesses entre as diversas esferas da Administração Pública, há que se acentuar que a resolução dessa questão passa pela compensação financeira entre os regimes[51]. Vejam-se as seguintes palavras de FÁBIO ZAMBITTE IBRAHIM (IBRAHIM, 2010, p. 66):

> "Ressalte-se, ainda, que as reservas acumuladas pelo segurado foram dimensionadas com o intuito de sustentá-lo durante o restante de sua vida, período certamente abreviado pelo tempo que permaneceu jubilado pelo regime de origem, restando de óbvia conclusão que o regime previdenciário destino terá de arcar, naturalmente, com menor período de tempo, em razão da menor expectativa de vida do segurado.

---

(50) Argumento, com a devida vênia, que entendemos equivocado, pois o art. 18, § 2º, da Lei de Benefícios, possui escopo bastante diverso.

(51) Há, porém, posicionamento em sentido inverso. O TRF da 3a Região, no julgamento da Apelação Cível n. 0013018-66.2008.403.6183/SP (9ª Turma, Rel. Des. Fed. Marisa Santos, j. 14.3.2011), levantou os seguintes argumentos: vedação constante do art. 96, inciso III, da Lei de Benefícios, que obstaculiza que um mesmo tempo contributivo seja utilizado para concessão de aposentadoria em dois regimes previdenciários; também a ideia de que um regime previdenciário que, durante longo tempo, custeou aposentadoria implementada, ainda teria de compensar financeiramente o regime em que se daria a segunda aposentadoria.

Em razão de tais premissas, além do evidente caráter alimentar do benefício previdenciário, não se deve falar em restituição de valores recebidos no caso de desaposentação, sendo tal desconto somente admissível em regimes de capitalização individual pura, o que inexiste no sistema previdenciário público brasileiro, seja no RGPS ou em regimes próprios de previdência."

No caso do regime próprio de previdência dos servidores públicos, deve-se anotar que quando ocorre o instituto da *reversão* (art. 25 da Lei n. 8.112/1990) não se exige daquele que retornou à atividade a devolução dos proventos de inatividade licitamente percebidos.

Aqueles que consideram a desaposentação como dotada de natureza desconstitutiva de ato administrativo, argumentam que dessa sua natureza decorrem efeitos apenas *ex nunc*, conforme já tratado anteriormente, e isso se constitui em outro argumento que veda a restituição dos primeiros valores recebidos como aposentadoria:

"Ora, em se tratando de ato de índole desconstitutiva (renúncia à aposentadoria), não haveria como se possibilitar qualquer retroação. Deve-se manter hígida 'a aposentadoria no período em que foi gozada', não havendo 'necessidade de devolução de valores percebidos diante da natureza revogatória da desaposentação'." (CORREIA e CORREIA, 2010, p. 310)

Um dos pontos fulcrais que refutam a necessidade de devolução dos valores da primeira aposentadoria concerne ao modelo previdenciário brasileiro, pautado pelo princípio da solidariedade. Diferentemente do que ocorre nos regimes de capitalização pura, esse postulado impede que se quantifique, exatamente, o *quantum* com que contribuiu o segurado antes de aposentar-se e o quanto, concretamente, deveria ser devolvido:

"Por outro lado, há impossibilidade de se poder indicar, em regimes de solidariedade, o valor a ser devolvido. Não há como se determinar o valor a ser restituído pelo fato de que esse não decorre apenas, e imediatamente, da quantia percebida pelo segurado no período em que esteve no gozo do benefício do qual pretende renunciar. Se fosse apenas isso, a questão seria de deslinde simples, com a mera devolução dos valores recebidos pela aposentadoria renunciada durante o período de sua percepção.

No entanto, como em qualquer sistema previdenciário, o beneficiário verte contribuições para que possa fazer 'jus' ao seu benefício. Daí que essas contribuições, se o sistema revela-se atuarial (como se deu com a alteração do art. 201, *caput*, com a redação dada pela Emenda Constitucional n. 20/1998), não podem ser desconsideradas e deveriam, no mínimo, ser abatidas do valor a ser devolvido. No entanto, ainda aqui, a questão não é simples. Primeiro, porque, mesmo após a Emenda n. 20/1998, o regime não se tornou de mera capitalização — havendo que se compatibilizar com o princípio da solidariedade, que permaneceu previsto no art. 194 da própria Constituição, com o equilíbrio atuarial. E mais: antes da EC 20, sequer havia a previsão de um equilíbrio atuarial, sendo o regime apenas pautado pela solidariedade. Em ambas as hipóteses, portanto, há que se considerar o postulado da solidariedade." (CORREIA e CORREIA, 2010, p. 310-311)

De fato, aqueles que defendem a restituição dos valores obtidos com a primeira aposentadoria olvidam que, num sistema de solidariedade previdenciária, parte dos recursos vem das contribuições dos demais agentes previdenciários (empresas, outros recursos destinados pela União Federal, outras fontes de custeio, tais como aquelas indicadas no art. 27 da LC).

Existe certa dificuldade de se computar todos esses tópicos do sistema de custeio da Seguridade Social com o montante a ser, eventualmente, restituído pelo segurado aposentado. Não seria correto, tampouco justo, num sistema baseado na solidariedade social, que apenas o segurado aposentado devolvesse, na integralidade, os valores obtidos com a primeira aposentadoria.

Outro aspecto que deve ser considerado para obstar a devolução dos valores da primeira aposentadoria é o fato de que regimes previdenciários baseados na solidariedade possuem como objetivo não só a concessão de aposentadorias, em si consideradas, mas também objetivos político-sociais relevantes, tal como a redistribuição de renda e a preservação do pacto intergeracional. Ficaria difícil, também por conta desses argumentos, mensurar a contribuição individualizada de cada segurado e, em consequência, o *quantum* a ser devolvido. Eis o pensamento de MARCUS ORIONE GONÇALVES CORREIA e ÉRICA PAULA BARCHA CORREIA:

"Nos regimes pautados pela solidariedade, que constituem o que chamamos — em contraposição à capitalização — de repartição simples, há alguns propósitos específicos. São regimes em que se busca a redistribuição de renda, bem como revelam um pacto entre gerações. Assim, alguém paga hoje para manter os benefícios já concedidos à geração passada, na expectativa legítima de que, no futuro, outras gerações o suportem com as suas contribuições. Ora, as contribuições do grupo presente é que formam os valores dos benefícios a serem renunciados. No entanto, o segurado, com a sua contribuição, antes da aposentadoria, ajudou a manter benefícios então vigentes. Portanto, participou, com contribuições, para a preservação do sistema, ainda que para a manutenção de outra geração. Olvidar-se isto, determinando a restituição dos valores recebidos, seria desconsiderar as contribuições do segurado, ainda que para outra geração, legitimando o enriquecimento ilícito do Estado." (CORREIA e CORREIA, 2010, p. 311)

Nosso regime de Previdência Social, nunca é demasiado repetir, faz parte da estrutura de Seguridade Social, não de uma estrutura que se assemelhe a um simples seguro privado, em que o raciocínio que visa à exigência de devolução da primeira aposentadoria parece redundar.

A devolução da primeira aposentadoria também se faz impertinente porque a *desaposentação* decorre de um verdadeiro excedente atuarial: aporte de novas contribuições e menor expectativa de vida do beneficiário (IBRAHIM, 2010, p. 59-60)[52].

Por fim, também se deve elencar aqueles que justificam a desnecessidade de devolução dos valores da primeira aposentadoria com fundamento na menor expectativa de vida do segurado, o que compensaria o "prejuízo" do INSS, e aqueles que o fazem com fulcro na legalidade da primeira prestação previdenciária (argumentos compilados por WLADIMIR NOVAES MARTINEZ, 2010, p. 113 — quem, entretanto, não perde a oportunidade de desqualificá-los).

Sob a ótica exclusivamente processual, a restituição dos valores da primeira aposentadoria apresenta inúmeros problemas. Inicialmente, tem-se que ninguém pode ajuizar ação judicial e, além de ser contemplado com o direito pretendido, também vir a ser condenado a restituir valores. Isso equivaleria a uma espécie de *reformatio in pejus* no âmbito da primeira instância.

Por outro lado, também vislumbramos problemas processuais no que concerne à restituição dos valores percebidos como primeira aposentadoria porque a legislação processual (art. 492, parágrafo único, do CPC/15) veda a *decisão judicial condicionada*, o que nos parece ser o caso: condicionar a desaposentação ao ressarcimento de valores, muitas vezes ilíquidos, já recebidos do INSS.

Além desses pontos, tem-se que, determinada a restituição mencionada, a sentença ou acórdão deve ser efetivamente líquido (MARTINEZ, 2010, p. 114), fixando o *quantum* a ser devolvido ou, ao menos, os critérios a serem observados pela autarquia no cômputo deste montante, sob pena de vício processual.

Entretanto, caso adotada a tese da necessidade de restituição dos valores recebidos a título de primeira aposentadoria, o que refutamos, não se pode admitir seja feita a restituição integral desses valores.

É que, nesse caso, deveria ser efetuado cálculo matemático que ponderasse, ao mesmo tempo, a esperança média de vida restante, as contribuições vertidas inicialmente, o valor da primeira aposentadoria e o valor da nova, obtida a partir de desaposentação (MARTINEZ, 2010, p. 19). Seria algo como uma espécie de *fator previdenciário reverso*[53] ou, em outras palavras, a utilização reversa dos critérios e índices do fator previdenciário, visto que a RMI não é

---

(52) Argumento que justifica, ainda mais, a necessidade de previsão legal de aproveitamento das novas contribuições em prol do beneficiário.

(53) Com esse nosso argumento concordam, ainda que por outros caminhos, MARCUS ORIONE GONÇALVES CORREIA e ÉRICA PAULA BARCHA CORREIA: "Por outro lado, se esse valor vertido na lógica da solidariedade, não sendo possível saber-se qual o seu montante na composição do benefício. O que teríamos, para o cálculo do benefício a que se pretende renunciar, é apenas a certeza de que, especialmente com o fator previdenciário, em nome da solidariedade, os benefícios, considerada a contribuição do próprio segurado, já sai (*sic*) com uma perda de cerca de 30%. Ora, ainda que se considerássemos o valor a ser restituído a partir da lógica da solidariedade no cálculo do valor da renda mensal inicial, ali já houve incidência do princípio, com a redução desse valor. Ora, quanto, portanto, nessa lógica, se restituir? O dilema permanece: o que realmente é exercício de solidariedade no plano individual no cálculo da renda mensal inicial e o que o é a partir da consideração de valores vertidos para manter a geração que estava em gozo de benefícios para outra geração? Não há, pois, como se estabelecer uma correspondência exata entre o contribuído e o percebido. Não há, no nosso entender, como se criar uma fórmula matemática que atente para esses postulados, que são, na realidade, jurídicos e não meramente matemáticos. Os regimes solidários, portanto, inviabilizam uma exata relação entre o valor pago para o sistema e o valor percebido pelo segurado. A simples devolução de valores recebidos durante o lapso do gozo do benefício desconsidera a complexidade de um sistema regido pela solidariedade implicam enriquecimento ilícito do Estado." (CORREIA e CORREIA, 2010, p. 311-312)

calculada diretamente a partir dos salários de contribuição, devendo passar, necessariamente, pela aplicação do fator previdenciário (art. 29 da Lei de Benefícios).

Outrossim, adotada a necessidade de restituição dos valores recebidos como primeira aposentadoria, jamais se poderia exigi-la de imediato. Seria o caso, inclusive pelo propalado caráter alimentar dos benefícios previdenciários, de viabilizar alguma forma de parcelamento desses valores, nos termos dos arts. 115[54] da Lei de Benefícios, e 154 do Decreto n. 3.048/1999.

Além disso, caso a jurisprudência ou a vindoura legislação[55] firme o entendimento de que devida a restituição dos valores da primeira aposentadoria não se deverá exigir juros de mora ou correção monetária dos segurados, visto não se tratar de qualquer situação consistente em atraso no recolhimento de contribuições previdenciárias.

A título de conclusão, devemos sublinhar que o STJ, no recurso especial repetitivo 1.334.488/SC, consolidou entendimento de que é indevida a restituição dos valores correspondentes à primeira aposentadoria por se tratarem de direitos de natureza alimentar.

Essa decisão é acertada. Entretanto, acreditamos que fundamentá-la apenas no caráter *alimentar* dos benefícios previdenciários e na boa-fé dos percipientes seja uma ordem de argumentação juridicamente "fraca".

O ideal é buscar um fundamento mais robusto no próprio caráter contributivo e solidário da Previdência Social. Algum fundamento no sentido de que a Previdência Social é *seguro*, sim, porém *seguro social*, o que altera suas características, diferentemente do que seria num mero seguro de Direito Privado.

Identificamos que essa ordem de argumentação foi efetuada pelo STF no julgamento do RE 661.256/SC, especialmente nos principais argumentos contidos no voto do Ministro Relator, Luís Roberto Barroso.

De todo modo, devem ser afastadas as razões meramente economicistas que tratam a desaposentação como simples ônus para o Estado, exigindo em contrapartida verdadeira contraprestação por parte do segurado, o que é um tanto diverso do regime previdenciário, conforme os princípios que o informam desde seus primórdios. A Previdência Social é eminentemente contributiva, mas, igualmente *solidária*, quer dizer, não obedece a uma lógica meramente matemática e atuarial; esta deve ser sopesada pelo critério eminentemente protetivo que inspirou sua criação (SERAU JR., 2009).

4.3. AUSÊNCIA DE PREVISÃO LEGAL

A análise crítica do instituto da desaposentação impõe a investigação do argumento de sua inviabilidade em virtude da "ausência" de previsão legal expressa.

Comumente, é esse o argumento apresentado pela Administração Pública para evitar a concessão administrativa desse instituto. Muitas vezes é acatado também na esfera judicial (o que temos por inadmissível neste Poder da República).

---

(54) "Art. 115. Podem ser descontados dos benefícios:
I — contribuições devidas pelo segurado à Previdência Social;
II — pagamento de benefício além do devido;
III — Imposto de Renda retido na fonte;
IV — pensão de alimentos decretada em sentença judicial;
V — mensalidades de associações e demais entidades de aposentados legalmente reconhecidas, desde que autorizadas por seus filiados.
VI — pagamento de empréstimos, financiamentos e operações de arrendamento mercantil concedidos por instituições financeiras e sociedades de arrendamento mercantil, públicas e privadas, quando expressamente autorizado pelo beneficiário, até o limite de trinta por cento do valor do benefício (Incluído pela Lei n. 10.820, de 17.12.2003).
§ 1º Na hipótese do inciso II, o desconto será feito em parcelas, conforme dispuser o regulamento, salvo má-fé. (Incluído pela Lei n. 10.820, de 17.12.2003)
§ 2º Na hipótese dos incisos II e VI, haverá prevalência do desconto do inciso II (Incluído pela Lei n. 10.820, de 17.12.2003)."

(55) Na hipótese *de lege ferenda* exigir restituição dos valores obtidos como primeira aposentadoria, WLADIMIR NOVAES MARTINEZ (2010, p. 115-117) indica uma série de tópicos que deverão ser seguidos. Um verdadeiro *check list* para exame do legislador. Embora não concordemos com a necessidade de restituição à autarquia previdenciária, caso seja efetivamente imposta, concordamos com os critérios propostos pelo insigne professor, a saber: equilíbrio atuarial e financeiro; solidariedade entre os regimes; abrangência de casos em que seria possível a desaposentação; portabilidade no caso de previdência complementar; desaposentação no caso de identidade de regimes; produto final da desaposentação e tipo de prestação pretendida; sexo do segurado, idade e origem, urbana ou rural; montante dos benefícios pagos e contribuições recolhidas; preenchimento de requisitos para aposentadoria do servidor público; aspectos da aposentadoria proporcional e integral; prestações eventualmente renunciáveis; validade de reedição da desaposentação por parte do segurado; decadência.

Na esfera judicial, e mesmo na administrativa, não se pode indeferir a desaposentação em virtude de suposta ausência de previsão normativa, pois a tese pode ser (e efetivamente é) construída a partir de outros pilares do sistema normativo. Sua autorização é presumida, desde que não sejam violados preceitos legais e constitucionais. A vedação à concessão de desaposentação é que deveria ser expressa (IBRAHIM, 2010, p. 69).

Na esfera administrativa[56], e muito mais apropriadamente na via judicial, não se pode aceitar um paradigma normativo de estrito positivismo jurídico. Com efeito, já há um bom tempo prevalece (ou ao menos encontra respeito) na dogmática jurídica a utilização de valores e princípios. No mínimo, é viável ou aceitável a adoção da interpretação normativa sistemática. Isso vale também no campo previdenciário, com seus princípios constitucionais e metodologias próprias.

Por outro lado, também se deve ter em mente que o princípio da legalidade, atualmente, merece interpretação mais abrangente que apenas a estreita vinculação à lei em sentido formal e estrito. Propugna-se pela adoção do *princípio da juridicidade*, que indica a obrigatoriedade de atuação da Administração Pública (INSS) em consonância com todo o ordenamento jurídico, a começar das normas constitucionais, sejam princípios ou regras (PETIAN, 2011, p. 126-127).

No que concerne à desaposentação, inexiste previsão legal expressa. Ao revés, há inclusive a previsão contida no art. 181-B do Decreto n. 3.048/1999, na tentativa de obstá-la.

Entretanto, esse não vem a ser o melhor entendimento para a hipótese ora estudada. É que, embora não "exista" fundamentação jurídica expressa para a desaposentação, este instituto (ou conceito) pode ser construído a partir de inúmeros argumentos jurídicos já presentes e seguramente assentados ao longo do ordenamento jurídico — no Capítulo I tivemos a oportunidade de analisá-los, não sendo necessário reproduzi-los aqui.

A doutrina que se debruçou sobre a interpretação das normas de Direito Previdenciário admite expressamente a possibilidade de integração de lacunas, especialmente no que se refere aos benefícios previdenciários[57] (NASCIMENTO, 2007, p. 169-170; KRAVCHYCHYN e outros, 2010, p. 61-62).

Nestes termos, deve ser afastada a ordem de argumentação que busca vedar a concessão da desaposentação a partir de uma suposta ausência de previsão legal expressa, pois é possível a construção da tese da desaposentação com o manejo de diversos preceitos jurídicos explícitos.

A previsão do art. 5º, inciso II, da CF, indica que aos particulares é permitido tudo aquilo que não encontra vedação legal. A Administração, entretanto, só pode praticar seus atos *secundum legem*. E nisso possui razão quando obedece ao postulado do art. 181-B do Regulamento da Previdência Social, pois deve se ater ao quadro normativo que lhe é próprio, inclusive as disposições regulamentares. O INSS não pode "conceder" a desaposentação sem norma que o autorize a tanto.

Essa ideia se insere num quadro geral de pleno controle republicano das atividades do Estado, consoante pontifica CELSO ANTÔNIO BANDEIRA DE MELLO (2005, p. 89, grifo no original):

"Para avaliar corretamente o princípio da legalidade e captar-lhe o sentido profundo cumpre atentar para o fato de que ele é a *tradução jurídica* de um propósito político: o de submeter os exercentes do poder em concreto — o administrativo — a um quadro normativo que embargue favoritismos, perseguições ou desmandos. Pretende-se através da norma geral, abstrata e por isso mesmo impessoal, a lei, editada, pois, pelo

---

(56) Mesmo na esfera administrativa, no âmbito do INSS, a interpretação não pode se dar ao arrepio das normas e princípios constitucionais, tanto na interpretação administrativa casuística como na regulamentar. É o que leciona SERGIO NASCIMENTO (2007, p. 156): "Para a adequada interpretação administrativa do direito previdenciário, o INSS deve sempre levar em consideração que é uma autarquia federal que tem por objetivo a concretização de um direito fundamental expressamente previsto no art. 6º da Constituição da República, qual seja, o direito à previdência social, não se justificando, assim, interpretações que restrinjam esse direito fundamental."

(57) "No âmbito do direito previdenciário, há reserva de lei, por exemplo, no que tange à instituição e à exigência de contribuições, não se justificando, portanto, a aplicação da atividade integradora em tal matéria. Todavia, em relação à concessão de benefícios, prevalece apenas a legalidade, razão pela qual essa questão pode ser objeto de uma das formas de integração do direito, desde que não haja ofensa ao disposto no artigo 195, § 5º, da Constituição da República." (NASCIMENTO, 2007, p. 169-170) Essa eventual afronta à regra da contrapartida não ocorre no caso da desaposentação, pois opera a partir de contribuições previdenciárias originariamente não previstas. Ademais, deve ser assinalado que as lacunas do Direito Previdenciário deverão/poderão ser preenchidas a partir dos princípios que podem ser descobertos nas normas de direito social, tal como o da solidariedade (NASCIMENTO, 2007, p. 176).

Poder Legislativo — que é o colégio representativo de todas as tendências (inclusive minoritárias) do corpo social —, garantir que a atuação do Executivo nada mais seja senão a concretização desta vontade geral."

Há um aparente conflito normativo: de um lado, os particulares (cidadãos-segurados) não se encontram impedidos de renunciar à aposentadoria, requerendo de imediato outra e mais vantajosa; de outra parte, tampouco o INSS está obrigado a realizar a *desaposentação*, pois, ao revés, há uma norma (art. 181-B do Decreto n. 3.048/1999) a proibi-lo.

A fim de solucionar essa aparente antinomia jurídica, não se pode olvidar o argumento de CELSO ANTÔNIO BANDEIRA DE MELLO (2005, p. 90) de que o princípio da legalidade, em cada diferente país, apresenta a dimensão e a extensão que o Direito Constitucional lhe proporcione. Neste sentido, deve-se ter em mente que os decretos regulamentares, no Direito brasileiro, não possuem o condão de inovar o ordenamento jurídico:

"Nos termos do art. 5º, II, 'ninguém será obrigado a fazer ou deixar de fazer alguma coisa senão em virtude de lei'. Aí não se diz 'em virtude de' decreto, regulamento, resolução, portaria ou quejandos. Diz-se 'em virtude de lei'. Logo, a Administração não poderá proibir ou impor comportamento algum a terceiro, salvo se estiver previamente embasada em determinada lei que lhe faculte proibir ou impor algo a quem quer que seja. Vale dizer, não lhe é possível expedir regulamento, instrução, resolução, ou seja lá que ato for para coartar a liberdade dos administrados, salvo se *em lei* já existir delineada a contenção ou imposição que o ato administrativo venha a minudenciar. (...) Portanto, a função do ato administrativo só poderá ser a de agregar à lei nível de concreção: nunca lhe assistirá instaurar originariamente qualquer cerceio a direitos de terceiros." (BANDEIRA DE MELLO, 2005, p. 91-92, destaques no original)

Conforme vimos defendendo, o dispositivo regulamentar há pouco citado carece de fundamento legal e, sobretudo, constitucional, merecendo ser superado a partir de análise sistemática, ponderando-se na sua implementação o conjunto do ordenamento jurídico-previdenciário. É esse argumento, na sua interpretação correta, que deve nortear a efetivação do instituto da desaposentação, até que o referido dispositivo não mais faça parte da regulamentação previdenciária.

De outra parte, finalizando esse subtópico, não se pode esquecer que expressivo segmento da litigiosidade previdenciária pode ser configurado como uma *pauta ampliativa dos direitos previdenciários*, quer dizer: não somente se exige o cumprimento de direitos previdenciários previstos em lei, mas também se exige, com fundamento nos princípios e regras constitucionais, que a cobertura previdenciária seja ampliada em favor dos segurados (SERAU JR., 2015, p. 73-81).

4.4. A IDEIA DE APOSENTADORIA COMO MERO DIREITO PATRIMONIAL

Outro dos pontos a serem enfrentados nessa análise crítica consiste na visão comum que se tem das aposentadorias como mero interesse patrimonial, e, portanto, disponível. É o que comumente aparece nos excertos doutrinários e jurisprudenciais. WLADIMIR NOVAES MARTINEZ, por exemplo, indica ser a aposentadoria "direito patrimonial, por ser próprio de uma determinada pessoa e, derradeiramente disponível, já que apenas dependente de sua volição" (2010, p. 29).

Em que pese esse entendimento consagrado em doutrina e jurisprudência favorecer a concessão da desaposentação, conforme o que se verifica atualmente, pois vigora o entendimento de que à primeira aposentadoria poderia renunciar o segurado, tem-se ser um argumento inadequado.

Em primeiro lugar, e mais importante, porque demonstra que os autores que estudam a Seguridade Social ainda não superaram um padrão meramente monetarista. É claro que a prestação previdenciária se materializa mediante o pagamento de um benefício, em espécie. Todavia, e no atual estágio de compreensão e desenvolvimento dos direitos fundamentais sociais, não se pode entender que esta seja sua natureza, sua essência. Embora seja a forma com que se expresse (a prestação pecuniária, o pagamento em espécie), a natureza das prestações previdenciárias é a de resposta a uma sorte de contingências sociais elencadas na CF e mais bem definidas na legislação (SERAU JR., 2009).

As aposentadorias são verdadeiros direitos fundamentais, por isso mesmo imprescritíveis, inalienáveis, de exigibilidade imediata e por meio do Poder Judiciário, irrenunciáveis; materializam-se, todavia, pecuniariamente, o que não se confunde, porém, com sua própria natureza.

Em segundo lugar, como decorrência desse pensamento que identifica a aposentadoria como mero direito patrimonial disponível, tem-se que essa mesma ideia pode favorecer a supressão/restrição desse tipo de direito fundamental social.

Em outras palavras: sendo as aposentadorias um tipo de direito apenas patrimonial e disponível, não haverá mal algum em qualquer tipo de restrição indevida ou sua supressão, assim como, no particular, exigir-se a devolução dos valores recebidos como primeira aposentadoria.

Ligado a esse aspecto, temos o problema de identificar o aposentado como aquele que já exauriu sua possibilidade de proteção social: "Não se deve chamar de segurado ao aposentado, porque essa dicção tecnicamente indica aquele que, potencialmente, ainda não realizou o sinistro. Quem está fruindo a aposentadoria é designável como aposentado (mesmo que volte ao trabalho)." (MARTINEZ, 2010, p. 31)

Ora, esse tipo de argumento, que diferencia aposentado de segurado, pode ser bastante problemático. Trata-se de uma concepção corrente nos meios previdenciários, embora incompatível com o ideal constitucional de proteção social: direito fundamental de corrente da cidadania, universal por sua própria natureza. Os cidadãos são sempre e universalmente protegidos. Portanto, nessa perspectiva ligada aos direitos fundamentais, sempre permanecerão na qualidade de segurados.

A ideia de que a desaposentação pode ocorrer pelo fato de que as aposentadorias são direitos disponíveis, de fundo patrimonial, foi encampada pelo julgamento do Recurso Especial Repetitivo n. 1.334.488/SC, no STJ, em que se consagrou a tese da desaposentação.

4.5. A FUNDAMENTAÇÃO DA DESAPOSENTAÇÃO NO DIREITO AO TRABALHO

Neste subtópico, certamente iniciaremos celeuma. A doutrina comumente fundamenta a desaposentação no direito ao trabalho, de onde a necessidade de recolhimento de contribuições e, apenas posteriormente, o direito à desaposentação.

Entretanto, entendemos que se trata de paradigma equivocado de análise dos institutos previdenciários. É que, para todos os fins, para o bem e para o mal, a Previdência Social, desde a Emenda Constitucional n. 20/1998, passou a adotar um paradigma essencialmente contributivo, abandonando em parte o modelo protetivo ligado ao *mundo do trabalho* que a caracterizou ao longo da história previdenciária brasileira.

Neste sentido é que se afastaria da possibilidade de recorrer à desaposentação aquele que se encontre aposentado por invalidez (pelo fato de que não poderia retornar ao trabalho sem cessar tal benefício). Veja-se, a título de exemplo, a opinião de FERNANDO SÁ (2009, p. 113):

> "Outro ponto que merece uma breve análise seria a possibilidade de o segurado aposentado, ao invés de continuar a exercer atividade remunerada após a jubilação, apenas recolher contribuições previdenciárias por meio de guia da previdência social (GPS) na condição de facultativo.
>
> O conceito de desaposentação traz, como um de seus elementos constitutivos, a continuidade laboral ou retorno ao trabalho após a aposentadoria. Apenas recolher contribuições na condição de facultativo, não seria compatível com o referido instituto, mas, sim, um meio de deturpá-lo, pois o labor, no caso da desaposentação, consiste no exercício de atividade remunerada de filiação obrigatória no RGPS. Desse modo, a melhor forma de analisar essa situação é não a admitindo, sem prejuízo de o aposentado requerer a restituição das contribuições recolhidas após a aposentadoria como facultativo."

Contudo, com a devida vênia a todos aqueles que assim se posicionam, entendemos que o fundamento para a desaposentação (entendida como o proveito das contribuições previdenciárias posteriores à primeira aposentadoria, para a concessão de melhor benefício previdenciário) deve ser, pela própria concepção atual de Previdência Social, eminentemente contributivo. Assim, em tese (embora um pouco difícil de ocorrer), mesmo aquele que apenas recolher contribuições, como segurado contribuinte individual, após a primeira aposentadoria, teria condições de buscar a desaposentação.

É cediço que o INSS vem exigindo, duramente, o vínculo contributivo (recolhimento de contribuições previdenciárias) como único modo idôneo à demonstração da qualidade de segurado. Não se aceita, como funcionava no paradigma previdenciário anterior, a proteção previdenciária mais vinculada à posição da pessoa enquanto trabalhadora (existem resquícios, como, por exemplo, os benefícios devidos ao trabalhador rural).

Se este paradigma vale para o extremo, quer dizer, para a exigência rigorosa imposta ao segurado de demonstração de tempo de carência, deve valer também para o bem, ou seja, para a plena validade das contribuições previdenciárias aportadas aos cofres do INSS após a primeira aposentadoria, inclusive nos casos de segurado contribuinte individual e/ou de aposentadoria por invalidez.

A fundamentação da desaposentação no direito ao trabalho também encontra óbice na equiparação com a reversão, instituto do Direito Administrativo mais bem examinado abaixo.

A título de conclusão deste subtópico, vale dizer que não pretendemos excluir o direito ao trabalho da fundamentação do instituto da desaposentação. O fundamento contributivo e o fundamento laboral não se excluem mutuamente. Ao revés, inclusive se combinam e se inter-relacionam. Entretanto, pretendeu-se mais exatamente indicar que o *cerne* da fundamentação da desaposentação reside no paradigma contributivo da Previdência Social, embora também seja de relevância o argumento do direito fundamental ao trabalho.

4.6. A ANALOGIA AO INSTITUTO DA REVERSÃO

Outro equívoco conceitual que se opera em relação à desaposentação vem a ser o emprego, por analogia, do instituto da reversão, atualmente em declínio na argumentação daqueles que buscam esse instituto. A reversão encontra-se prevista no art. 25 da Lei n. 8.112/1990 (Regime Jurídico Único dos Servidores Públicos Federais), adiante transcrito:

"Art. 25. Reversão é o retorno à atividade de servidor aposentado:

I — por invalidez, quando junta médica oficial declarar insubsistentes os motivos da aposentadoria; ou

II — no interesse da administração, desde que:

a) tenha solicitado a reversão;

b) a aposentadoria tenha sido voluntária;

c) estável quando na atividade;

d) a aposentadoria tenha ocorrido nos cinco anos anteriores à solicitação;

e) haja cargo vago.

§ 1º A reversão far-se-á no mesmo cargo ou no cargo resultante de sua transformação.

§ 2º O tempo em que o servidor estiver em exercício será considerado para concessão da aposentadoria.

§ 3º No caso do inciso I, encontrando-se provido o cargo, o servidor exercerá suas atribuições como excedente, até a ocorrência de vaga.

§ 4º O servidor que retornar à atividade por interesse da administração perceberá, em substituição aos proventos da aposentadoria, a remuneração do cargo que voltar a exercer, inclusive com as vantagens de natureza pessoal que percebia anteriormente à aposentadoria.

§ 5º O servidor de que trata o inciso II somente terá os proventos calculados com base nas regras atuais se permanecer pelo menos cinco anos no cargo.

§ 6º O Poder Executivo regulamentará o disposto neste artigo."

Entretanto, a *reversão*, no âmbito do Direito Administrativo, está longe de ser uma modalidade de tentativa de aumento de proventos de aposentadoria do servidor público. Ao revés, é mais propriamente, e nos termos do art. 8º, inciso VI, da Lei n. 8.112/1990, uma forma diferenciada de *provimento* dos cargos públicos (MATTOS, 2010, p. 150-153), propiciando apenas indiretamente aumento de rendimentos para o aposentado, nos termos do já transcrito art. 25, § 2º.

Assim como no RGPS a desaposentação não é uma tentativa de "retorno ao trabalho", mas, mais exatamente, o retorno ao trabalho ou nova sequência contributiva, a partir do que se pretende a concessão de novo benefício de aposentadoria, de maior valor; o instituto da *reversão*, no Direito Público, tem finalidade radicalmente diversa, cujo cerne é o retorno ao cargo público.

A analogia desse instituto com a desaposentação, mesmo no regime próprio dos servidores públicos é um tanto distante e bastante inadequada. Além disso, no Direito Administrativo não consiste a reversão em algo corriqueiro; ao revés, o instituto é raro, pouco frequente na prática e na doutrina.

Outro dístico importante a ser acrescentado é que a reversão, ainda que ocorra a pedido do servidor aposentado, só se concretiza no interesse da Administração Pública (MATTOS, 2010, p. 150), o que fica bem caracterizado no Decreto n. 3.644, de 30 de outubro de 2000, que regulamenta o instituto (art. 2º, inciso II; art. 3º, parágrafo único e 9º). A desaposentação, por sua vez, ocorre no inequívoco interesse do segurado.

A desaposentação, como vimos anteriormente, apresenta-se bem diversa no RGPS e mesmo quando ocorre no regime próprio aos servidores públicos, pois consiste na tentativa de nova e melhor aposentadoria. No caso da reversão, esta propicia ao servidor aposentado, que torne ao serviço público, uma aposentadoria mais vantajosa apenas no caso de permanecer na atividade por mais cinco anos[58]:

> "Por outro lado, voltando à atividade, por interesse da Administração Pública, o servidor receberá remuneração em substituição aos seus proventos da aposentadoria.
>
> O servidor revertido por vontade da Administração Pública terá que permanecer pelo menos 05 (cinco) anos no cargo para ter seus proventos calculados em conformidade com as regras atuais. Esse prazo de carência foi definido pelo legislador para estimular a volta do servidor, sem que ele receba aumento instantâneo de seus vencimentos, para que imediatamente após solicite novamente a aposentadoria, dessa vez com proventos maiores." (MATTOS, 2010, p. 162)

Esta exigência de permanência por mais cinco anos no serviço não se faz para o comum da desaposentação, mormente quando esta é buscada no próprio RGPS.

Em síntese, há várias incongruências em se buscar fundamentar a *desaposentação* no instituto de Direito Administrativo consubstanciado na *reversão*. O argumento ainda permanece válido, porém, como simples remissão analógica.

4.7. DIFICULDADES ADMINISTRATIVAS DO INSS

Outro ponto que se aventa contra a incorporação da desaposentação no ordenamento jurídico-previdenciário brasileiro reside nas supostas dificuldades técnico-operacionais do INSS (às vezes aduzindo-se inclusive a "conveniência" administrativa), a fim de não mais se examinar a situação previdenciária dos segurados já aposentados.

Esse argumento não possui a menor razão de ser; não encontra o menor respaldo jurídico. Faz parte de uma cultura burocrática que AGUSTÍN GORDILLO (1982) sabiamente denominou de *administração paralela*: os valores constitucionais superiores são anulados por práticas cartoriais e burocráticas, muitas vezes sequer amparadas em normas jurídicas.

O cidadão não deve se sujeitar a esse tipo de compreensão do funcionamento da esfera administrativa, inclusive no caso de sucessivas desaposentações, pois os direitos fundamentais devem ser implementados efetivamente (esse é o mote maior), para tanto, aparelhando-se as condições de funcionamento e trabalho do serviço público.

Ademais, já é sobejamente estabelecida no âmbito do Direito Administrativo a distinção entre interesse público primário e secundário (BANDEIRA DE MELLO, 2005, p. 55, *destaques no original*):

> "Outrossim, a noção de interesse público (...) impede que se incida no equívoco muito grave de supor que o interesse público é exclusivamente um interesse do Estado, engano, este, que faz resvalar fácil e naturalmente para a concepção simplista e perigosa de identificá-lo com quaisquer interesses da *entidade que representa o todo* (isto é, o Estado e demais pessoas de Direito Público interno).

---

(58) O que fica reforçado pelo disposto no art. 9º do Decreto n. 3.64/2000, que regulamenta o instituto: "Art. 9º O servidor que reverter à atividade, no interesse da administração, somente terá nova aposentadoria com os proventos calculados com base nas regras atuais, se permanecer em atividade por, no mínimo, cinco anos."

Uma vez reconhecido que os interesses públicos correspondem à dimensão pública dos interesses individuais, ou seja, que consistem no plexo dos interesses dos indivíduos **enquanto partícipes da Sociedade** (entificada juridicamente no Estado), nisto incluído o *depósito intertemporal destes mesmos interesses*, põe-se a nu a circunstância de que *não existe coincidência entre interesse público e interesse do Estado* e demais pessoas de Direito Público.

É que, além de subjetivos estes interesses, o Estado, tal como os demais particulares, é, também ele, uma pessoa jurídica, que, pois, existe e convive no universo jurídico em concorrência com todos os demais sujeitos de direito. Assim, independentemente do fato de ser, por definição, encarregado dos interesses públicos, o Estado pode ter, tanto quanto as demais pessoas, interesses que lhe são particulares, individuais, e que, tal como os interesses delas, concebidas em suas meras individualidades, se encarnam no Estado enquanto pessoa. Estes últimos *não são interesses públicos*, mas interesses individuais do Estado, similares, pois (sob prisma extrajurídico), aos interesses de qualquer outro sujeito. Similares, mas não iguais. Isto porque a generalidade de tais sujeitos pode defender estes interesses individuais, ao passo que o Estado, concebido que é para a realização de interesses públicos (situação, pois, inteiramente diversa da dos particulares), só poderá defender seus próprios interesses privados quando, sobre não se chocarem com os interesses públicos propriamente ditos, coincidam com a realização deles."

Por outro lado, é dever da Administração o exercício da autotutela administrativa, com fundamento no princípio da legalidade: salvo a configuração da prescrição e da decadência, sempre tem o dever de rever seus atos, configurando--os e reconfigurando-os aos corretos parâmetros de normatividade.

Ademais, deve-se lembrar que, atualmente, a autarquia previdenciária trabalha praticamente a partir de sistemas informatizados. O processo administrativo previdenciário é, na prática, realizado integralmente por meio de mecanismos eletrônicos (coleta de dados no CNIS, cálculo dos valores de benefícios etc.), o que não ocasionaria maiores problemas administrativos para a adoção da desaposentação.

Portanto, sob todos esses aspectos, o argumento da dificuldade administrativa na revisão da situação previdenciária dos segurados já aposentados sequer deve ser considerado[59].

---

(59) A título de comparação, por exemplo, ninguém nunca aventou que seria problemática e trabalhosa a revisão permanente dos benefícios concedidos por incapacidade, nos termos do art. 71 da Lei de Benefícios.

5

Processo Judicial Previdenciário

Neste capítulo, examinaremos os aspectos processuais mais relevantes em tema de desaposentação. A pretensão não é esgotar o tema, por amplo que é, mas tão somente apresentar os principais problemas processuais dessa questão específica do Direito Previdenciário.

A problemática processual é relevante à medida que a desaposentação ainda não é obtida administrativamente, mas tão somente na esfera judicial, seja no RGPS, seja em relação ao regime próprio dos servidores públicos.

A partir desta edição, as discussões judiciais travadas abaixo já são todas atualizadas a partir dos dispositivos do CPC de 2015 (Lei n. 13.103/15).

5.1. DAS AÇÕES JUDICIAIS CABÍVEIS

A desaposentação, normalmente, vem sendo buscada por meio de ações ordinárias, nas quais se discute amplamente sua possibilidade jurídica, bem como a desnecessidade de repetição dos primeiros proventos de aposentadoria, dentre outras questões eventuais.

A ação ordinária ainda permite a produção de provas, particularmente a de tipo pericial contábil, na qual se verificará a existência de contribuições posteriores à primeva aposentadoria, assim como, e particularmente, os cálculos da nova aposentadoria.

Para aqueles que perfilam o entendimento de que a desaposentação é matéria exclusivamente de direito, pode-se optar por uma via judicial mais ousada, consubstanciada no mandado de segurança. A nosso ver, e consoante correta jurisprudência, trata-se a desaposentação de instituto dotado de plena viabilidade jurídica, configurando, portanto, verdadeiro direito líquido e certo dos aposentados que tornaram a trabalhar e buscam melhor benefício previdenciário, afastado por mera norma regulamentar que reputamos inconstitucional e ilegal.

Superada a jurisprudência restritiva do STJ em matéria de legitimidade processual ativa do MPF para ajuizar ações coletivas (ações civis públicas) em defesa de direitos previdenciários (REsp n. 1.142.630, Rel. Min. Laurita Vaz), poder-se-ia cogitar da propositura desse tipo de demanda para determinar ao INSS, em termos gerais e abstratos, o acatamento da tese da desaposentação na via administrativa (tal como ocorreu no caso da pensão para os companheiros homoafetivos, originada de ação coletiva movida pelo *parquet* e, posteriormente, adotada como orientação administrativa interna).

A busca judicial da desaposentação e da despensão não impede o recurso à utilização de medidas cautelares, caso necessário, mas entendemos como mais adequada a utilização dos instrumentos de antecipação de tutela para tratar das questões de urgência.

5.2. LEGITIMIDADE PROCESSUAL

Considerando-se que a desaposentação só é obtida judicialmente, deve-se examinar a legitimidade das partes a figurar nos polos processuais ativo e passivo.

No polo ativo da desaposentação a discussão é mais simples. Requerida perante o RGPS, sem modificação de regime previdenciário, legitimado ativo será o segurado já aposentado que pretende novo e mais vantajoso benefício previdenciário.

Requerida a desaposentação perante o regime próprio dos servidores públicos, legitimado ativo a buscar judicialmente a desaposentação será o servidor que almeja o benefício (desistindo de aposentadoria no RGPS ou por meio do sistema de *reversão*).

Em relação à *despensão*, temos a viúva ou outro dependente (nos termos da legislação de regência, seja a Lei de Benefícios, para o RGPS, ou a norma específica aplicável, tratando-se de servidor público) como a pessoa legitimada ativa para ajuizar ação nesse sentido.

É importante sublinhar que o STJ, no REsp 1.515.929/RS, decidiu que a desaposentação, por se tratar de renúncia a direito patrimonial, é ato personalíssimo, que só pode ser praticado em vida pelo próprio segurado aposentado, sendo inviável, por falta de legitimidade ativa de parte, o ajuizamento de ações judiciais buscando a despensão.

O julgamento não foi proferido em sede de recurso especial repetitivo, mas indica que a jurisprudência deve ser acompanhada com cuidado. Outrossim, já indicamos que não se trata da melhor solução para o conceito da *despensão*, sendo que remetemos o leitor para esse tópico específico.

Requerida a desaposentação no bojo do próprio RGPS, legitimado passivo será o INSS. Pleiteada a desaposentação com modificação de regime previdenciário, tem-se o seguinte:

a) Saindo o segurado do RGPS e buscando-a no regime próprio dos servidores públicos, legitimado passivo será a União Federal, no caso dos servidores públicos federais, ou outro órgão previdenciário, estadual, municipal ou distrital, conforme o caso.

b) Saindo do regime próprio dos servidores públicos para buscá-la no RGPS (hipótese difícil de ocorrer, na prática), legitimado passivo para figurar na ação previdenciária será o INSS, com eventual litisconsórcio necessário do órgão gestor do regime próprio de origem.

Questão interessante reside na eventual necessidade de formação de litisconsórcio passivo entre o INSS e a União Federal (ou outro órgão gestor de regime próprio dos servidores públicos), no caso de desaposentação com modificação de regime previdenciário. Considerando os reflexos patrimoniais em ambos os regimes, muito defensável vem a ser a configuração desse mencionado litisconsórcio.

5.3. CONDIÇÃO DA AÇÃO (LIDE PRESUMIDA)

Para que uma ação judicial tenha curso, é necessária a presença das condições de ação: a possibilidade jurídica do pedido, a legitimidade das partes e o interesse de agir[60].

---

(60) Mantivemos essa estrutura no texto tendo em vista constar das edições anteriores desta obra e ser de domínio e referência da maior parte dos profissionais do direito, quer dizer, a compreensão das condições de ação como parte do Código de Processo Civil, sendo em número de três: legitimidade processual, interesse de agir e possibilidade jurídica do pedido. O CPC/15 inova em relação ao sistema processual anterior, e julgamos mais prudente fazer uma anotação de ordem mais didática nesta nota de rodapé.
O CPC/15 não menciona mais a expressão "condições de ação". Entretanto, em que pese tais elementos estruturantes do Processo Civil não mais apresentarem menção expressa no estatuto processual, ainda constam das normas processuais. Nesse sentido a previsão do art. 17: "Para postular em juízo é necessário ter interesse e legitimidade". Em síntese, permanece a menção expressa a interesse de agir e legitimidade processual, sendo subtraída a menção à possibilidade jurídica do pedido. DANIEL AMORIM NEVES (2016, p. 72-73) bem explica essa alteração conceitual no Processo Civil brasileiro:

A *possibilidade jurídica do pedido* deve ser considerada como configurada, à luz de toda a argumentação desenvolvida ao longo deste livro, no qual procuramos demonstrar, sob vários pontos de vista e a partir de diversos argumentos, a viabilidade jurídica da desaposentação.

O *interesse de agir* é questão mais delicada dentre as condições de ação, pois se relaciona com a atuação administrativa da autarquia previdenciária. Merecerá, portanto, um exame mais acurado. Antes, porém, vejamos os temas do *conflito de interesses* e da *pretensão resistida*, que lhe são logicamente anteriores:

> "*O conflito de interesses pressupõe, ao menos, duas pessoas com interesse pelo mesmo bem*. Existe, quando à intensidade do interesse de uma pessoa por determinado bem se opõe a intensidade do interesse de outra pessoa pelo mesmo bem, donde a atitude de uma tendente à exclusão da outra quanto a este.
>
> (...)
>
> O conflito pode dar lugar à manifestação da vontade de um dos sujeitos, de exigir a subordinação do interesse do outro ao próprio. A essa atitude da vontade dá-se o nome de *pretensão*. *Pretensão* é, pois, a exigência da subordinação de um interesse de outrem ao próprio.
>
> O sujeito do interesse oposto (...) pode assumir uma de duas atitudes: conformar-se com a subordinação ou resistir à pretensão daquele a essa subordinação. No primeiro caso, o conflito se compõe pacificamente. No segundo caso, o conflito se dinamiza: à pretensão do sujeito de um interesse se opõe a resistência do sujeito de outro interesse. Configura-se aqui um *litígio* ou *lide*, que se caracteriza por ser um conflito de interesses em que à pretensão de um dos sujeitos se opõe a resistência de outro.
>
> *Lide*, portanto, é o conflito de interesses qualificado pela pretensão de um dos interessados e pela resistência do outro. Ou, mais sinteticamente, *lide é o conflito de interesses qualificado por uma pretensão resistida.*" (SANTOS, 1995, p. 4-9, grifamos).

A doutrina processualista denomina a exigência contida na Constituição Federal anterior, requerendo o prévio esgotamento da esfera administrativa, de *condição de procedibilidade* da ação civil, sem a qual, caso não preenchida, estaria autorizada a extinção *in limine* do feito, em razão da falta de interesse processual.

Todavia, o atual sistema constitucional brasileiro não mais permite a *jurisdição condicionada* ou *instância administrativa de curso forçado*, no que proporcionou avanço notável ao alcance daquela garantia constitucional do direito de ação (Nery Jr., 2000, p. 101). Considerando a disposição constitucional contida no art. 5º, inciso XXXV, da CF, que não condiciona o acesso à justiça, a jurisprudência firmou posicionamento unívoco no sentido de que não é necessário o prévio exaurimento das vias administrativas para a promoção de ação com fins previdenciários.

De fato, a exigência do esgotamento da via administrativa para somente depois se recorrer ao Poder Judiciário implicaria em restrição que afronta o preceito constitucional que garante o direito de ação.

Algumas vezes, contudo, entende a jurisprudência previdenciária que se encontra presente o *interesse de agir* mesmo que inexistente o prévio pleito administrativo, uma vez que assim autoriza a Constituição Federal, quando ocorrer lesão ou, ao menos, ameaça a direito. De fato, se há apresentação da contestação do INSS demonstrando contrariedade ao mérito da demanda, não apenas alegando a necessidade de exaurimento da via administrativa, configura-se o interesse processual.

O interesse de agir estará caracterizado, sem ingresso na via administrativa nos casos de óbice do mero *protocolo* dos pedidos de análise e concessão administrativa de benefícios previdenciários por parte das autoridades administrativas e dos funcionários do INSS.

"A retirada, entretanto, da possibilidade jurídica do pedido nem sempre levará o juiz a entender as situações que hoje são analisadas sob a ótica dessa condição da ação como causas de falta de interesse de agir. Acredito que o juiz passe, ao menos em algumas situações, a simplesmente julgar improcedente o pedido do autor. Essa nova realidade, com a aprovação do Novo Código de Processo Civil nos termos propostos, tende a se verificar especificamente quando o pedido for juridicamente impossível. (...)

Ainda que não seja mais prevista como condição da ação, a possibilidade jurídica do pedido não deixará faticamente de existir, cabendo sua análise mesmo que no Novo Código de Processo Civil sua presença passe a levar à extinção do processo por falta de interesse de agir, pressuposto processual ou improcedência da ação".

Adotadas essas ressalvas e observações doutrinárias, vale dizer que os conceitos de interesse de agir e legitimidade processual não sofreram alterações substanciais/conceituais, podendo ser compreendidos nos mesmos moldes vigentes no estatuto processual anterior.

Tal atitude, praticada sob pretexto genérico e perfunctório de falta de preenchimento dos requisitos para concessão dos benefícios previdenciários, viola flagrantemente o princípio constitucional do *direito de petição*, consagrado no inciso XXXIV, alínea *a*, do art. 5º da CF: não pode o agente administrativo, mediante *sumaria cognitio*, efetuada apressadamente nos balcões da repartição, impedir ao cidadão o acesso a um de seus direitos fundamentais, como é caso dos direitos decorrentes da Seguridade Social. Deve ser instaurado o adequado procedimento administrativo para concessão de benefício previdenciário, mediante o ato inequívoco do recebimento daquele documento que, muitas vezes, sequer se permite seja protocolizado.

Justificamos essa postura com fundamento no nosso entendimento de amplo acesso à justiça e no primado da independência e separação das instâncias administrativa e judicial, bem como na ideia de *substitutividade* da atuação do Poder Judicial (SERAU JR., 2010).

A isso se vincula a ideia de *lide previdenciária presumida*, isto é, reiterados posicionamentos e posturas administrativas do INSS em desfavor dos segurados, indicando a desnecessidade de busca da Administração. Explica esse conceito JOSÉ ANTONIO SAVARIS (2008, p. 202-203):

> "Segundo esse entendimento jurisprudencial, se há forte presunção de que a entidade previdenciária indeferirá a prestação previdenciária objeto de apreciação judicial, é admissível o ajuizamento direto de pedido de concessão de benefício previdenciário, não se justificando a exigência do óbvio, isto é, da prova do indeferimento administrativo. Como existem alguns pedidos a respeito dos quais se presume o indeferimento ilegítimo pela Administração Previdenciária, estaria justificado o acesso ao Judiciário com fundamento na ameaça de lesão ao direito do indivíduo. Por que, afinal de contas, submeter-se-ia o segurado às dificuldades próprias do processo administrativo (a começar por aquela referente ao protocolo do requerimento) se de antemão se sabe que o direito pretendido pelo indivíduo somente será satisfeito na via judicial? Em casos típicos de divórcio entre a solução administrativa e a jurisprudência consolidada de nossos tribunais, não se poderia então dispensar o prévio requerimento administrativo? Quando o conflito é uma questão de tempo (que corre em desfavor do hipossuficiente e em favor de uma Administração recalcitrante), isto é, quando é iminente a lesão ao direito, parece justificável, em termos processuais, o acesso à Justiça pelo beneficiário da previdência social."

Atualmente, uma das hipóteses mais recorrentes de *lide previdenciária presumida* reside justamente na busca pela *desaposentação*, encontrando-se autorizados, a nosso ver, aposentados e pensionistas (no caso da *despensão*) a ingressar imediatamente na via judicial atrás desses intentos[61]. Segundo FÁBIO ZAMBITTE IBRAHIM (2010, p. 82):

---

(61) Esse posicionamento foi adotado neste lúcido julgado do TRF da 3ª Região:
"Agravo legal — Previdenciário — Desaposentação — Exigência de prévio requerimento administrativo — Desnecessidade ante a certeza de recusa de processamento do pedido do segurado em razão de norma expressa da autarquia a qual estão vinculados os seus agentes — Excepcionalidade de possibilidade de provocação direta do Poder Judiciário — Agravo legal desprovido.
— Em que pese o princípio da inafastabilidade do controle jurisdicional, de fato não cabe ao Poder Judiciário substituir a administração previdenciária.
— Necessário, pois, o prévio requerimento administrativo para o ajuizamento da ação, salvo se notório que os documentos que estão a embasar o pedido não serão aceitos pela autarquia previdenciária como início de prova material, para análise do mesmo, bem como nas hipóteses em que manifesta a recusa da autarquia no processamento do pedido formulado pelo segurado. Situações excepcionais que justificam a provocação direita do Poder Judiciário. Desnecessário o requerimento administrativo, também, na hipótese da lide ficar configurada pela contestação do mérito, em juízo.
— As situações a justificar a provocação direta do Poder Judiciário ocorrem nos pedidos de benefícios como o de amparo social, sob o fundamento de inobservância da regra do art. 20, § 3º, da Lei n. 8.472/1993, que exige a comprovação da renda própria familiar, per capita, de ¼ do salário mínimo para sua concessão, e nos pedidos de aposentadoria para trabalhador rural, sob o fundamento de insuficiência de início de prova material, em que o INSS, de antemão, indefere-os.
— Também nos pedidos de desaposentação se justifica a intervenção direta do Poder Judiciário já que há norma expressa no regulamento da Previdência Social (Decreto n. 3.048/1999), que em seu art. 181-B, incluído pelo Decreto n. 3.265/1999, dispõe que 'As aposentadorias por idade, tempo de contribuição e especial concedidas pela previdência social, na forma deste Regulamento, são irreversíveis e irrenunciáveis'.
— Acresce-se a tal disposição normativa o disposto no § 2º do art. 18 da Lei n. 8.213/1991 que proíbe ao aposentado o recebimento de qualquer benefício previdenciário em razão das contribuições vertidas ao Sistema após a inativação, com exceção aos benefícios de salário-família e reabilitação profissional.
— Agravo legal desprovido." (TRF da 3ª Região, Apelação cível n. 2008.61.83.001404-4/SP, Relator Desembargadora Federal Eva Regina, Sétima Turma, j. 15.06.2009, *DJF3 CJ1* 08.07.2009, p. 631)

"Muito se discute sobre a necessidade de antecedente processo administrativo, como condicionante à ação judicial. Certamente a Constituição não vincula a ação judicial ao prévio exaurimento da via administrativa, mas também não seria válido, ao segurado, ignorar a via tradicional, administrativa, e requisitar seu benefício diretamente ao Judiciário, sem qualquer lide estabelecida. Se assim fosse possível, o beneficiário, com facilidade, optaria pela via mais rápida para a aquisição de sua prestação, podendo ignorar a rota administrativa e seguir como regra a via judicial. Todavia, este não é o papel do Judiciário.

Na verdade, o segurado que solicita benefício por via judicial, sem sequer manifestar seu desejo perante o INSS, seria carecedor do direito de ação, já que inexistente o interesse de agir, devido à ausência de conflito de interesses. Não haveria, de pronto, a necessidade do reconhecimento de um direito ignorado por outrem. Por outro lado, a simples demonstração de solicitação administrativa, sem resposta em tempo razoável, indica a aparente recusa do INSS em fornecer a prestação que se acredita devida, justificando a ação. Não necessita o beneficiário transitar por todas as instâncias administrativas.

Mesmo sem requerimento administrativo a ação ainda seria cabível em situações nas quais, sabidamente, o entendimento da autarquia é contrário aos interesses do segurado, já abundantemente exarado, em decisões anteriores e pareceres. Nesta situação insere-se a *desaposentação*. Sabidamente o INSS, e entes federativos em geral, entendem esta não ser possível. Na hipótese dada, exigir do segurado o prévio ingresso na via administrativa é simplesmente atrasar a concessão de seu direito, em detrimento do acesso à justiça."

Nesse rumo, deve-se ressaltar as recentes decisões do STJ[62] **e do STF**[63], nas quais se consagra a necessidade de prévio requerimento administrativo nas ações judiciais previdenciárias, o qual é dispensado nos casos de "notória resistência do INSS" em determinada matéria, autorizando imediato ingresso em juízo, como ocorre no caso da desaposentação.

Em síntese, tem-se que os pedidos de desaposentação podem ser requeridos no Poder Judiciário independentemente do esgotamento das vias administrativas, assim como nos casos em que o INSS se recuse a aceitar administrativamente esse pedido, sob alegação genérica de ausência de fundamento legal. Como a desaposentação é reiteradamente refutada pelo INSS, está-se diante de lide previdenciária presumida, caracterizado o interesse de agir mesmo inexistente prévio pedido administrativo, podendo-se acessar diretamente o Poder Judiciário.

Entretanto, a despeito da configuração de *lide presumida* na hipótese de obtenção judicial da desaposentação, o ingresso na via administrativa (o simples pedido ou protocolo administrativo) tem sido manejado por muitos advogados. Ademais, pode representar hipótese mais favorável, à medida que a DIB será anterior à data de citação do INSS (correspondendo à DER).

5.4. COMPETÊNCIA

A definição de competência dos diversos órgãos que compõem o Poder Judiciário é matéria de ordem eminentemente constitucional; é a própria Constituição que indica qual o juízo competente para decidir as causas apresentadas na esfera judicial[64].

Quando a desaposentação é buscada perante o INSS ou contra o regime próprio dos servidores públicos federais, componentes que são da estrutura administrativa da União Federal, ou simplesmente quando estes porventura façam parte da lide, a qualquer título, a competência jurisdicional sempre será da Justiça Federal, como *vis atrativa*.

Apenas no caso de a desaposentação ser buscada contra os órgãos gestores dos regimes próprios dos servidores públicos municipais, estaduais ou distritais (descartada a participação, a qualquer título, do INSS ou da União Federal)

---

(62) RESP 1.310.042/PR, Rel. Min. Herman Benjamim, 2ª Turma, j. 15.05.2012, DJe 28.5.2012, v. u., em que se consagra a necessidade de prévio requerimento administrativo nas ações judiciais previdenciárias, o qual é dispensado nos casos de "notória resistência do INSS" em determinada matéria, autorizando imediato ingresso em juízo.

(63) RE 631.240, com repercussão geral reconhecida, por maioria, Rel. Min. Luís Roberto Barroso, j. 27.8.2014, Plenário, reconhecida a mesma tese da necessidade de prévio requerimento administrativo nas ações judiciais previdenciárias, o qual é dispensado nos casos de "posição do INSS notoriamente contrária ao direito postulado", autorizando imediato ingresso em juízo.

(64) Nesse sentido, notório avanço advém da redação dada ao art. 44, do CPC/15:
"Art. 44. Obedecidos os limites estabelecidos pela Constituição Federal, a competência é determinada pelas normas previstas neste Código ou em legislação especial, pelas normas de organização judiciária e, ainda, no que couber, pelas constituições dos Estados."

é que a Justiça Estadual será o órgão judicial competente para a resolução dessas questões (normalmente por intermédio de suas Varas de Fazenda Pública).

A CF, em seu art. 109, inciso I, define a competência para processar e julgar a matéria previdenciária prevista no RGPS, gerida pelo INSS (autarquia federal), reservando tal função jurisdicional para a Justiça Federal:

> "Art. 109. Aos juízes federais compete processar e julgar;
>
> I — as causas em que a União, entidade autárquica ou empresa pública federal forem interessadas na condição de autoras, rés, assistentes ou oponentes, exceto as de falência, as de acidentes de trabalho e as sujeitas à Justiça Eleitoral e à Justiça do Trabalho."

O INSS é autarquia federal, conforme disposto na Lei n. 8.029/1990, que define ser de sua competência a gerência do segmento previdenciário do sistema de Seguridade Social. Assim, sempre deverá figurar na posição de réu nas ações previdenciárias, uma vez que está sob seu encargo a implementação e a manutenção dos benefícios devidos pela Previdência Social, o que desloca, via de regra, a competência de julgamento dessa modalidade de demandas para a Justiça Federal.

O constituinte, porém, conhecendo a realidade da Justiça Federal brasileira, ainda hoje pouco interiorizada, estipulou a regra do § 3º do art. 109 (que encontra similitude com a norma prevista no art. 15, inciso III, da Lei n. 5.010/1966, que regulamenta a competência dessa Justiça), a qual autoriza a Justiça Estadual a julgar matéria previdenciária em caso de inexistência, na Comarca, de Vara Federal. Eis o teor do referido art. 109, § 3º, da Carta Magna:

> "§ 3º Serão processadas e julgadas na justiça estadual, no foro do domicílio dos segurados ou beneficiários, as causas em que forem parte instituição de previdência social e segurado, sempre que a comarca não seja sede de vara do juízo federal, e, se verificada essa condição, a lei poderá permitir que outras causas sejam também processadas e julgadas pela justiça estadual."

Ainda que a ação previdenciária seja processada e julgada perante a Justiça Estadual em exercício da função da Justiça Federal, por delegação, conforme o art. 109, § 4º, da CF, eventuais recursos cabíveis serão sempre direcionados para o Tribunal Regional Federal respectivo à área de jurisdição do Juiz Federal que, ordinariamente, seria competente para o conhecimento e julgamento da demanda.

Também as ações discutindo desaposentação poderão ser ajuizadas na esfera da Justiça Estadual, inexistindo Vara Federal no domicílio do segurado (IBRAHIM, 2010, p. 80-81).

É que, as ações sobre desaposentação (e também sobre despensão) não são, a nosso ver, como quer a maior parte da doutrina e da jurisprudência, simples discussões sobre a possibilidade e o alcance da extinção/renúncia sobre ato administrativo perfeito.

A nosso ver, consoante o que já expusemos acima, as ações de desaposentação são típicas ações previdenciárias, cujo objeto é a transformação/revisão de benefício previdenciário, em virtude de novas contribuições previdenciárias, fazendo parte do Processo Judicial Previdenciário.

Não se tratam, portanto, de discussões a respeito de ato administrativo, simplesmente, o que eventualmente propiciaria dificuldades de enquadramento no conceito de ação previdenciária entre segurado e entidade de previdência, possivelmente vedando a delegação de competência para a Justiça Estadual, nos casos constitucionalmente previstos.

Configurando a desaposentação (e também a despensão) discussão a respeito de concessão ou revisão de benefício previdenciário (objeto do Processo Judicial Previdenciário), poderá, portanto, haver a delegação de jurisdição para a Justiça Estadual.

No âmbito da Justiça Federal, a competência para processar e julgar matéria previdenciária dos Juizados Especiais Federais encontra-se delineada pelo valor da causa. Assim, dispõe o art. 3º da lei que os instituiu, Lei n. 10.259/2001:

> "Art. 3º Compete ao Juizado Especial Federal Cível processar, conciliar e julgar causas de competência da Justiça Federal até o valor de 60 (sessenta) salários mínimos, bem como executar as suas sentenças.
>
> (...)

§ 2º Quando a pretensão versar sobre obrigações vincendas, para fins de competência do Juizado Especial, a soma de 12 (doze) parcelas não poderá exceder o valor referido no art. 3º, *caput*.

§ 3º No foro onde estiver instalada Vara do Juizado Especial, a sua competência é absoluta."

A jurisprudência vem reiterando a posição segundo a qual a competência dos JEFs é absoluta nas demandas cujo valor da causa esteja compreendido em sua alçada, quer dizer, 60 salários mínimos. Veja-se, por exemplo, o Enunciado n. 25 da Turma Recursal do Juizado Especial Federal Previdenciário de São Paulo:

"A competência dos Juizados Especiais Federais é determinada unicamente pelo valor da causa e não pela complexidade da matéria."

Na medida em que o valor da causa é relevantíssimo no microssistema dos JEFs, dado ser o elemento primordial de fixação de competência dessa esfera judiciária, o valor atribuído à causa pode ser verificado de ofício pelo juiz, conforme os arts. 6º e 51, inciso II, ambos da Lei n. 9.099/1995[65].

A respeito de seu cômputo, duas vertentes aparecem na jurisprudência. Uma entende que, havendo cumulação de pedidos, a desaposentação e a concomitante concessão de benefício mais vantajoso atrelada à não devolução dos valores recebidos a título de primeira aposentadoria, ambos os valores deverão ser considerados e somados para este fim[66].

A outra, em sentido oposto, aduz que o proveito econômico pretendido, que norteará o cálculo do valor da causa, diz respeito apenas às diferenças entre o benefício que o autor vem percebendo (primeira aposentadoria) e o que pretende seja concedido (segunda aposentadoria, objeto da desaposentação)[67]. Nesse caso, teríamos um raciocínio semelhante ao que ocorre com as tradicionais revisões de benefício previdenciário (ações em que o valor da causa é calculado com base na multiplicação de 12 vezes a parcela relativa à diferença entre o maior e o menor benefício discutido).

---

(65) A Turma Recursal do Juizado Especial Federal Previdenciário de São Paulo expediu dois importantes Enunciados a respeito. O primeiro é o Enunciado 13: "O valor da causa, quando a demanda envolver parcelas vincendas, corresponderá à soma de doze parcelas vincendas controversas, nos termos do art. 3º, § 2º, da Lei n. 10.259/2001." O segundo Enunciado importante é 24: "O valor da causa, em ações de revisão da renda mensal de benefício previdenciário, é calculado pela diferença entre a renda devida e a efetivamente paga, multiplicada por 12 (doze)."

(66) "Agravo de instrumento. Valor dado à causa. Cumulação de pedidos — Soma dos valores. Matéria de mérito.
1. Havendo cumulação de pedidos, quais sejam, a desaposentação, a outorga de benefício mais vantajoso e a não devolução ao RGPS dos valores recebidos a título de aposentadoria, bem como, em não sendo atendido os primeiros que se acolha o pedido alternativo para que o INSS devolva os valores que o autor recolheu a título de contribuição previdenciária, não há discrepância no valor econômico dado à causa, qual seja, R$ 33.130,79. (...)"
(TRF da 4ª Região, Agravo de instrumento n. 2009.04.00.041128-3/PR, j. 11/05/2010, Quinta Turma, de 31.05.2010, Relator Hermes Siedler da Conceição Júnior)

(67) "Agravo Processual civil. Valor da causa. Desaposentação.
Tendo o autor ajuizado ação ordinária postulando a renúncia ao benefício de aposentadoria por tempo de serviço que vem percebendo, com a implantação de aposentadoria por tempo de contribuição integral, a partir do requerimento administrativo, o proveito econômico pretendido diz respeito às diferenças entre o benefício que o autor vem percebendo e o que pretende seja concedido na esfera judicial."
(TRF da 4ª Região, Agravo de instrumento n. 2009.04.00.039438-8/PR, j. 27.01.2010, Sexta Turma, de 05.02.2010, Relator Eduardo Vandré Oliveira Lema Garcia)
O TRF da 5a Região também adota esse posicionamento. Ademais, compreende que o valor da causa de desaposentação deve ser a partir da diferença entre o maior e o menor benefício previdenciário inclusive quando se agregue à causa o pedido cumulativo de *dano moral previdenciário*:
"Processual civil. Ação de desaposentação cumulada com danos morais. Valor da causa. Real conteúdo econômico da demanda inferior a sessenta salários mínimos. Competência absoluta do juizado especial federal. Incompatibilidade de ritos. Inviabilidade da remessa dos autos. Extinção do processo sem resolução do mérito. Apelação provida, em parte, apenas para deferir o benefício da justiça gratuita.
1. Trata-se de 'ação de desaposentação c/c indenização por dano moral', na qual o autor objetiva o cancelamento de seu benefício previdenciário atinente à aposentadoria por tempo de contribuição, com a consequente migração para outro benefício, qual seja, a aposentadoria especial, por desempenho de atividade considerada de risco.
2. A sentença extinguiu o processo sem resolução do mérito, ao entendimento de que, embora o autor tenha atribuído à causa valor superior a sessenta salários mínimos, o real conteúdo econômico da demanda o insere no âmbito da competência absoluta do juizado especial federal. (...)
4. Diferentemente da hipótese de concessão de benefício, nas ações em que se pretende a mudança do benefício, não se deve considerar, no cálculo do valor da causa, a parcela vincenda em sua integralidade, mas a diferença entre o valor do benefício atual e o pretendido. Precedente da Eg. 4ª Turma deste tribunal. (...)
10. Apelação provida, em parte, apenas para deferir o benefício da justiça gratuita."
(TRF da 5ª, Apelação Cível n. 0004950-09.2008.4.05.8500, Primeira Turma, Relator Desembargador Federal Rogério Fialho Moreira, j. 15.10.2009, DJe 19.11.2009, p. 237)

A concepção de que as ações de desaposentação e de despensão não se constituem como espécies de ações revisionais permite indagar acerca da possibilidade de estabelecer seu valor da causa como a multiplicação de 12 vezes o total do novo benefício, pois seria este, de fato, o benefício econômico pretendido.

O valor da causa pode englobar parcelas eventualmente atrasadas, o que, pela essência do conceito de desaposentação, é algo um pouco difícil de se verificar. Entretanto, não se pode descartar essa possibilidade, dado que jurídica e faticamente possível (variação entre DER e DIB; preenchimento dos requisitos para o novo e melhor benefício num momento, com ajuizamento da ação, referente a essa data específica, em momento posterior no tempo).

O valor da causa, no caso de litisconsórcio ativo, é tomado em consideração relativamente a cada litisconsorte, quer dizer: a condenação judicial não poderá ultrapassar o valor de 60 salários mínimos por beneficiário.

Finalmente, o valor da causa que, na data de ajuizamento da ação, não superava os 60 salários mínimos e que, porventura, venha a superar tal valor, em razão da demora judicial, não é idôneo a alterar a competência dos JEFs, na medida em que se fixa a competência no momento da propositura da ação. O art. 3º da Lei n. 10.259/2001, acolheu, assim, o princípio da *perpetuatio jurisdictionis*.

5.5. TUTELA PROVISÓRIA (ANTIGA TUTELA ANTECIPADA)

O instituto da antecipação de tutela, previsto no art. 273, do CPC/73, foi alterado conceitualmente no CPC/15, ganhando a denominação de *tutela provisória*, gênero que contém as seguintes espécies: *tutela de urgência* e *tutela de evidência*. Mais do que a mudança de denominação, também existem grandes mudanças quanto à sua estrutura processual.

A *tutela de urgência*, nos termos dos arts. 294 e 300, do CPC/15, é concedida nos casos de comprovação da probabilidade do direito e demonstração do perigo de dano ou risco ao resultado útil do processo, assemelhando-se assim à antiga tutela antecipada. A *tutela de evidência*, por sua vez, nos termos do art. 311, do CPC/15, é a satisfação provisória do direito, independentemente da comprovação do perigo de dano ou risco ao resultado útil do processo, desde que exista evidência do direito ou abuso do direito de defesa.

A *evidência do direito*, nos termos do art. 311, II, fica configurada quando a pretensão do autor encontra respaldo em tese firmada em súmula vinculante, recurso especial repetitivo ou recurso extraordinário julgado no sistema da repercussão geral, bem como no caso de incidente de resolução de demanda repetitiva.

No CPC anterior, entendia-se possível a antecipação de tutela no Processo Judicial Previdenciário, a teor do que expressamente dispõe a Súmula n. 729 do STF: "A decisão na ADC-4 não se aplica à antecipação de tutela em causa de natureza previdenciária."[68]

Entendemos que esse posicionamento pode ser aproveitado para a *tutela provisória* prevista no CPC/15, em suas duas modalidades, sendo viável a concessão de tutelas de urgência ou de evidência em matéria previdenciária[69].

A tutela provisória é perfeitamente cabível no caso da desaposentação.

Em termos de demonstração da probabilidade do direito, convém que o aposentado demonstre, a partir de corretos cálculos, que efetivamente obterá benefício previdenciário de maior valor do que o atual. Também é necessária a demonstração da concessão da primeira aposentadoria e o recolhimento das novas contribuições a partir do novo vínculo de trabalho.

Muitos julgados, ainda no regime processual anterior, e a nosso ver com uma leitura muito equivocada, deixavam de conceder a antecipação de tutela, em se tratando de desaposentação, sob a alegação de inexistência de urgência. Alegava-se estar diante de mera hipótese de revisão de benefício previdenciário, a indicar a desnecessidade de provimentos judiciais de urgência. Contudo, a urgência e celeridade são características inerentes ao Processo Judicial

---

(68) Na citada ADC-4, o STF reconheceu a constitucionalidade do art. 1º da Lei n. 8.437/1992, que vedava a concessão de liminar contra atos do Poder Público "no procedimento cautelar ou em quaisquer outras ações de natureza cautelar ou preventiva, toda vez que providência semelhante não puder ser concedida em ações de mandado de segurança, em virtude de vedação legal", por sua vez estendido à tutela antecipada prevista nos arts. 273 e 461 do CPC, em virtude da Lei n. 9.494/1997.

(69) Em sentido aproximado, a opinião de DANIEL NEVES (2016, p. 464-467). No mesmo rumo o Enunciado n. 35, do FPPC — Fórum Permanente de Processualistas Civis, com o seguinte conteúdo: "As vedações à concessão de tutela provisória contra a Fazenda Pública limitam-se às tutelas de urgência".

Previdenciário, mesmo nos casos de revisão de benefício e desaposentação, pois se trata de matéria alimentar e de rendimentos substitutivos dos rendimentos do segurado.

No regime processual trazido pelo CPC/15, entendemos que a concessão da desaposentação por meio da tutela de evidência é plenamente cabível, visto se tratar de matéria cujo entendimento foi firmado expressamente pelo STJ em sede de recurso especial repetitivo (REsp 1.334.488/SC).

A concessão de tutela provisória permite ao órgão judicial requerer a prestação de caução, a fim de assegurar o ressarcimento por eventuais danos sofridos pela parte adversa em razão da efetivação da tutela provisória. Entretanto, o próprio art. 300, § 1º, do CPC/15, autoriza a dispensa da caução no caso de parte hipossuficiente, o que costuma ser a regra no caso das ações previdenciárias.

No caso de concessão de tutela provisória sobre desaposentação, e sua posterior revogação por sentença ou acórdão, fica o segurado dispensado da restituição dos valores percebidos.

Essa discussão é diferente daquela relativa à necessidade de devolução de valores recebidos a título de primeira aposentadoria para fins de caracterização e de possibilidade de concessão da desaposentação.

Em ambos os casos, porém, concluímos pela irrepetibilidade de valores. No caso da desaposentação, pelo fato de que a devolução da primeira aposentadoria é desnecessária para obtenção da melhoria no benefício; no caso da tutela provisória posteriormente revogada, em função da percepção dos valores previdenciários por boa-fé, assim como pelo caráter alimentar dos benefícios previdenciários. Conforme SAVARIS (2016, p. 399):

> "Tendo em consideração os contornos especiais da lide previdenciária, emerge a conclusão de que não se deve exigir a restituição dos valores que foram recebidos de boa-fé pelo beneficiário da Previdência Social em decorrência de ordem judicial.
>
> De um lado, o bem de caráter alimentar indispensável à subsistência do beneficiário hipossuficiente se presume consumido para a subsistência. De outra parte, o gozo provisório da prestação previdenciária se operou por ordem judicial diante da probabilidade do direito (no caso de tutela de urgência posteriormente revogada) ou da própria declaração judicial do direito (no caso de sentença posteriormente rescindida)."

A jurisprudência do STJ era tranquila no sentido da *irrepetibilidade dos alimentos*, desde que recebidos de boa-fé pelo beneficiário da Previdência Social. Entretanto, em 12.06.2013, no julgamento do REsp 1.384.418/SC, o entendimento foi invertido, passando-se a exigir a restituição das verbas obtidas mediante decisão judicial posteriormente cassada. Esse entendimento restou consagrado, em 12.02.2014, em sede de recurso especial repetitivo (REsp 1.401.560/MT).

Por outro lado, deve-se mencionar que o STF, embora não possua julgado em sistema de repercussão geral a respeito, entende pela irrepetibilidade dos valores alimentares. Recorde-se, também, da Súmula 53 da TNU: "Os valores recebidos por força da antecipação dos efeitos da tutela, posteriormente revogada em demanda previdenciária, são irrepetíveis em razão da natureza alimentar e da boa-fé no seu recebimento".

Esse é o entendimento que deve prevalecer, a despeito da dicção expressa do art. 302, I, do CPC/15[70], que deve ser interpretado a partir deste prisma.

Não se deve acatar a argumentação de que as tutelas provisórias para efetivação da *desaposentação* são inviáveis diante da complexidade do recálculo do valor do benefício. Esta tarefa é a atividade primária do INSS, e as tutelas provisórias, nos casos de desaposentação, não apresentam grau de complexidade mais elevado do que aquilo que é observado em qualquer tipo de decisão judicial que lhe determine conceder ou rever benefício previdenciário.

Caso indeferida a tutela provisória, seja de urgência ou de evidência, deve-se interpor o recurso de agravo de instrumento, nos termos do art. 1.015, I, do CPC/15, que prevê expressamente essa possibilidade.

---

(70) "Art. 302. Independentemente da reparação por dano processual a parte responde pelo prejuízo que a efetivação da tutela de urgência causar à parte adversa, se:
I — a sentença lhe for desfavorável;"

5.6. PRESCRIÇÃO E DECADÊNCIA

Os temas da prescrição e da decadência[71] dentro da discussão sobre a desaposentação, anteriormente irrelevantes, vêm ganhando crescente importância. Os julgados passam cada vez mais a abordar essa questão.

Recentemente, e possivelmente como resposta à progressiva aceitação desse instituto pela jurisprudência, o INSS vem aduzindo a aplicação do cominado no art. 103 da Lei de Benefícios[72] em seus recursos sobre a desaposentação, induzindo que os Tribunais se manifestem sobre esse tema.

Talvez a tentativa seja mesmo uma pretensão de sepultar a pretensão de desaposentação por uma via oblíqua (por meio do argumento da prescrição e da decadência, que ganha força na jurisprudência previdenciária, sob um viés restritivo), ou somente paralisar esses processos, visto que os temas de prescrição e decadência ainda se encontram *sub judice* no STF e no STJ, suspensos nas sistemáticas dos recursos especiais repetitivos e da repercussão geral.

Entendemos que não se pode aplicar a figura prevista no art. 103 da Lei de Benefícios (decadência) à desaposentação. Esse artigo faz menção expressa ao prazo final para *revisão de benefícios*, de dez anos. O STF, no RE n. 626.489, reconheceu o prazo de dez anos para revisão de benefícios do INSS anteriores à MP de 1997, sendo aplicável também aos benefícios concedidos antes da MP n. 1.523-9/1997, que o instituiu.

Seu pressuposto, contudo, é a alteração de benefício previdenciário em virtude de algum tipo de vício/invalidade, buscando-se a correção e adequação aos termos legais, conforme entendimento unânime da doutrina e da jurisprudência.

A desaposentação não é pretensão de *revisão, isto é, de adequação à lei* de benefício incorretamente implementado. Pressupõe, ao contrário, a higidez e a legalidade da primeira aposentadoria. É hipótese diversa: a busca de novo e melhor benefício previdenciário, a partir de situação fática alterada apta a diferenciar e majorar o valor da aposentadoria (novas contribuições previdenciárias, idade mais elevada e menor tempo de expectativa de vida, critérios que impactam o cálculo do fator previdenciário e a própria RMI).

Ainda se deve ponderar que os institutos relativos à prescrição e decadência não podem ser interpretados analogamente, extensiva ou ampliativamente. Essa regra de prudência é o que se colhe do magistério de CARLOS MAXIMILIANO (1979, p. 234), autor de obra magistral a respeito da hermenêutica e aplicação do Direito, que assim pontifica:

> "Submetem-se a exegese estrita as normas que introduzem casos especiais de prescrição, porque esta limita o gozo dos direitos. (...) Diga-se o mesmo sobre a decadência."

Nestes termos, conclui-se pela inaplicabilidade do prazo decadencial decenal para a desaposentação, tendo em vista ser uma hipótese *essencialmente diversa* daquela de revisão de benefício previdenciário.

Nestes termos, diante destes argumentos todos, se verifica que a previsão constante do art. 103 da LB simplesmente não se aplica à desaposentação, visto tratar de hipóteses distintas.

Os julgados que tratavam do assunto indicavam a tendência do afastamento desse tipo de matéria preliminar nas ações judiciais que tratam da desaposentação. Vejam-se os seguintes acórdãos de Tribunais Regionais Federais:

---

(71) O tema da decadência em ações previdenciárias continua polêmico na jurisprudência. No julgamento do RE 626489, o STF decidiu que o prazo de dez anos para a revisão de benefícios previdenciários é aplicável aos benefícios concedidos antes da MP 1.523-9/1997, que o instituiu.

No âmbito do STJ, a aplicação de prazo decadencial às revisionais de benefícios concedidos anteriormente à edição da Medida Provisória n. 1.523/1997 foi admitida no REsp 1.309.529/PR, de Relatoria do Ministro Herman Benjamin, em julgamento de 28.11.2012. Neste julgamento, importante ressaltar, ainda não há acórdão publicado; ademais, esta decisão não transitou em julgado, pois há recurso que pende de apreciação.

Ainda que o STF e o STJ entendam por admitir a tese da aplicação da prescrição decenal inclusive aos benefícios previdenciários concedidos anteriormente à sua implementação, em 1997 (o que em nossa ótica fere frontalmente as garantias de segurança jurídica e ato jurídico perfeito), esse entendimento não abrange as ações judiciais de desaposentação, conforme acima expusemos.

No campo específico dos recursos repetitivos, deve-se aplicar a técnica conhecida como *distinguishing*, oriunda do Direito norte-americano: o precedente gerado em relação à decadência simplesmente não se aplicará aos casos de desaposentação, ainda que essa insurgência seja aventada (prequestionada) nesses processos.

(72) "Art. 103. É de dez anos o prazo de decadência de todo e qualquer direito ou ação do segurado ou beneficiário para a revisão do ato de concessão de benefício, a contar do dia primeiro do mês seguinte ao do recebimento da primeira prestação ou, quando for o caso, do dia em que tomar conhecimento da decisão indeferitória definitiva no âmbito administrativo. (Redação dada pela Lei n. 10.839, de 2004)

Parágrafo único. Prescreve em cinco anos, a contar da data em que deveriam ter sido pagas, toda e qualquer ação para haver prestações vencidas ou quaisquer restituições ou diferenças devidas pela Previdência Social, salvo o direito dos menores, incapazes e ausentes, na forma do Código Civil. (Incluído pela Lei n. 9.528, de 1997)"

"Previdenciário. Decadência. Desaposentação. Renúncia ao benefício para recebimento de nova aposentadoria. Possibilidade. Direito disponível. Art. 181-B do Decreto n. 3.048/1999. Norma regulamentadora que obstaculiza o direito à desaposentação. Art. 18, § 2º, da Lei n. 8.213/1991. Efeitos *ex nunc* da renúncia. Desnecessidade de devolução dos valores percebidos a título do benefício anterior. Ausência de enriquecimento sem causa. Viabilidade atuarial. Efetividade substantiva da tutela jurisdicional.

1. O prazo decadencial aplica-se nas situações em que o segurado visa à revisão do ato de concessão do benefício. A desaposentação, por sua vez, não consiste na revisão desse ato, mas no seu desfazimento, não havendo, portanto, prazo decadencial para que seja postulado pela parte interessada."

(TRF4, AC 5022240-12.2011.404.7000, Quinta Turma, Relator p/ Acórdão Rogerio Favreto, D.E. 03.10.2011)

"Previdenciário. Embargos infringentes. Permanência em atividade. 'Desaposentação'. Inviabilidade. Decadência. Parcial conhecimento do recurso. (...)

— Não se há falar em decadência, nos termos em que veiculada pelo Instituto.

— No caso concreto, a parte autora pleiteia a desaposentação e posterior jubilação, contado interstício maior de labuta, não se tratando, assim, de ação em que se pleiteia a revisão da benesse, como expressamente disciplina o art. 103 da Lei n. 8.213/91, com a redação dada pela Lei n. 9.528/1997." (...)

(TRF 3ª Região, Terceira Seção, EI 0009249-16.2009.4.03.6183, Relatora Desembargadora Federal Vera Jucovsky, julgado em 13.12.2012, e-DJF3 Judicial 1 data: 20.12.2012)

Os julgados que afastaram o reconhecimento da decadência em relação às ações judiciais de desaposentação corretamente adotam o posicionamento de que esta pretensão (desaposentação) não consiste em revisão previdenciária, mas uma tentativa de desfazimento/renúncia da primeira aposentadoria e concessão de nova aposentação, com novos pressupostos fáticos.

Com fulcro na argumentação de que a desaposentação não se trata de ação revisional, recentemente o STJ definiu a tese da inaplicabilidade do prazo decadencial de dez anos para as ações objetivando a desaposentação (1ª Seção, Recurso Especial Repetitivo n. 1.348.301, Rel. Min. Arnaldo Esteves Lima, j. 27.22.2013, *DJe* 24.03.2014). Eis a ementa do referido julgado:

"Previdenciário. Recurso especial representativo de controvérsia. Processo civil. Negativa de prestação jurisdicional. Inexistência. Renúncia à aposentadoria. Decadência prevista no art. 103 da Lei n. 8.213/91. Inaplicabilidade. Interpretação restritiva. Recurso improvido.

(...)

2. A desaposentação indica o exercício do direito de renúncia ao benefício em manutenção a fim de desconstituir o ato original e, por conseguinte, obter uma nova aposentadoria, incrementada com as contribuições vertidas pelo segurado após o primeiro jubilamento.

3. A norma extraída do *caput* do art. 103 da Lei n. 8.213/91 não se aplica às causas que buscam o reconhecimento do direito de renúncia à aposentadoria, mas estabelece prazo decadencial para o segurado ou seu beneficiário postular a revisão do ato de concessão de benefício, o qual, se modificado, importará em pagamento retroativo, diferente do que se dá na desaposentação.

4. A interpretação a ser dada ao instituto da decadência previsto no art. 103, *caput*, da Lei n. 8.213/91 deve ser restritiva, haja vista que as hipóteses de decadência decorrem de lei ou de ato convencional, inexistentes na espécie.

5. A jurisprudência desta Corte acolheu a possibilidade de renúncia com base no entendimento de que os benefícios previdenciários são direitos patrimoniais disponíveis e, por isso, suscetíveis de desistência por seus titulares (REsp 1.334.488/SC, Rel. Min. Herman Benjamin, Primeira Seção, julgado proferido sob o rito do art. 543-C do CPC, *DJe* 14.5.13).

6. Sendo certo que o segurado pode dispor de seu benefício, e, ao fazê-lo, encerra a aposentadoria que percebia, não há falar em afronta aos arts. 18, § 2º, e 103, *caput*, da Lei n. 8.213/91. E, devido à desconstituição da aposentadoria renunciada, tampouco se vislumbra qualquer violação ao comando da alínea 'b' do inciso II do art. 130 do Decreto n. 3.048/99, que impede a expedição de certidão de tempo de contribuição quando este já tiver sido utilizado para efeito de concessão de benefício, em qualquer regime de previdência social.

7. Recurso especial improvido. Acórdão sujeito ao regime do art. 543-C do CPC e Resolução STJ n. 8/2008."

Tratando-se de julgamento proferido no rito do art. 543-C, do CPC, isto é, sendo um recurso especial repetitivo, seu conteúdo dota-se de força vinculante e deve ser seguido pelos demais Tribunais (SERAU JR.; REIS, 2009).

Sobre o tema, já se debruçou o professor WLADIMIR NOVAES MARTINEZ (2010, p. 53-54):

> "Não se confundindo com a pretensão da revisão dos valores da concessão tratada no art. 103 do PBPS, o direito de desaposentação é imprescritível.
>
> A natureza do instituto técnico impede um prazo decadencial. Na ausência de disposição legal, a qualquer tempo, o segurado poderá promovê-la. Claro que assim se dispuser, o termo deveria ser o próprio da revisão, de dez anos."

Embora o mestre acima citado tenha vislumbrado a possibilidade *de lege ferenda* estabelecer prazo decadencial, de dez anos, à semelhança da revisão, ousamos discordar do reverenciado previdenciarista.

Como ele próprio argumenta, a ideia de desaposentação é contrária ao estabelecimento de prazo decadencial, pelo fato de que não se trata de revisão, mas de *alteração substancial* do benefício já implementado, conforme propomos nesta obra.

Quanto à prescrição, podemos lembrar da consagrada tese da imprescritibilidade do fundo de direito, atualmente prevista no art. 102, da Lei de Benefícios, prescrevendo tão somente eventuais parcelas atrasadas.

No caso da desaposentação, em que se discute apenas a implementação de novo benefício e desfazimento do anterior, geralmente não faz muito sentido discutir parcelas atrasadas, pois a nova e mais vantajosa aposentadoria passa a valer apenas quando requerida, em período imediatamente posterior ao desfazimento da primeira: em geral não haverá hiato a justificar eventuais parcelas atrasadas.

5.7. IMPROCEDÊNCIA LIMINAR DO PEDIDO (ANTIGO ART. 285-A DO CPC/73)

Outra questão importante que se posta em relação aos aspectos processuais da desaposentação reside na viabilidade do julgamento pela improcedência liminar do pedido, conforme previsto no art. 332, do CPC/15, dispositivo similar ao antigo art. 285-A, do CPC/73.

No regime processual anterior, a maior parte da jurisprudência admitia a utilização do julgamento pela improcedência liminar do pedido no caso da desaposentação, diante do argumento de se tratar de matéria exclusivamente de direito:

> "Processual civil e previdenciário — Agravo retido não conhecido porquanto não reiterado — Aplicação do artigo 285-A do CPC. Possibilidade — Pedido de desaposentação para recebimento de nova aposentadoria mais vantajosa. Ausência de norma impeditiva. Direito disponível — Necessária devolução dos montantes recebidos a título de proventos da aposentadoria como condição para o novo jubilamento em que se pretenda utilizar, também, o tempo e contribuições vertidas ao sistema após a aposentadoria que se deseja renunciar. Apelação da parte autora desprovida.
>
> — A norma do artigo 285-A preocupa-se em racionalizar a administração da justiça diante dos processos que repetem teses consolidadas pelo juízo de primeiro grau ou pelos tribunais e, assim, imprimir maior celeridade e maior efetividade ao processo, dando maior proteção aos direitos fundamentais de ação e à duração razoável do processo.
>
> — Em se tratando de matéria 'unicamente controvertida de direito', autorizada a subsunção da regra do artigo 285-A do diploma processual civil. (...)
>
> — Matéria preliminar afastada. Apelação da parte autora desprovida." (TRF da 3ª Região, Apelação cível n. 2008.61.83.003010-4/SP, Relator Desembargadora Federal Eva Regina, Sétima Turma, j. 18.01.2010, DJF3 CJ1 05.02.2010, p. 750)

No CPC/15, o panorama parece ser diferente. Compreendemos que a desaposentação não pode ser julgada mediante a improcedência liminar do pedido.

Em primeiro lugar, ressaltemos a excepcionalidade do instituto. Conforme já escrevi em outro momento, em colaboração com DENIS DONOSO (2015, p. 293):

> "A peculiaridade da improcedência liminar do pedido — note-se — está no fato de que o juiz pode avançar desde a fase mais primordial do procedimento (recebimento da petição inicial) diretamente para uma sentença de improcedência (ou seja, que julga o mérito, rente ao que dispõe o art. 487, I, do novo CPC), ignorando

todos os atos que regularmente se incluiriam entre estes dois extremos, em especial a citação do réu, com a trivial triangularização da relação processual. (...)

A toda evidencia, a improcedência liminar do pedido é técnica de julgamento *excepcional*. A regra é a observância integral de todas as etapas procedimentais. Apenas excepcionalmente, portanto, terá o julgador autorização para abreviar o procedimento. Pensar de forma diferente significaria, em última análise, romper com o devido processo legal."

Destaca-se, pois, a *excepcionalidade* da improcedência liminar do pedido. É com essa visão que verificamos seu descabimento para o julgamento da desaposentação.

As diferenças entre o modelo previsto no estatuto processual atual e aquele estabelecido no regime processual anterior devem ser ressaltadas. De acordo com a doutrina de DANIEL NEVES (2016, p. 546):

"O art. 332 do novo CPC afastou os precedentes do próprio juízo como suficientes para o julgamento liminar de improcedência, exigindo que o pedido formulado pelo autor contrarie enunciado de súmula do STF ou do STJ (I); acórdão proferido pelo STF ou pelo STJ em julgamento de recursos repetitivos (II); entendimento firmado em incidente de resolução de demandas repetitivas ou de assunção de competência (III); e enunciado de súmula de tribunal de justiça sobre direito local (IV)."

Nesses termos, verifica-se que a desaposentação não poderá ser julgada por meio do mecanismo do julgamento pela improcedência liminar do pedido, previsto no art. 332, do CPC/15. Com efeito, no regime processual atual exige-se que o pedido confronte a orientação dos Tribunais Superiores, não bastando precedentes em sentido contrário ao pedido julgados pelo próprio juízo de primeiro grau, como era no sistema anterior.

Assim, considerando que apenas o STJ firmou posição a respeito da desaposentação, e uma posição favorável à concessão da desaposentação, vislumbra-se que, doravante, a desaposentação, seja na Justiça Comum, seja nos Juizados Especiais Federais, não mais poderá ser julgada diretamente pela improcedência, visto que não mais há previsão legal para tanto.

No caso de julgamento imediato pela improcedência do pedido cabe a interposição do recurso de apelação, nos termos do art. 332, do CPC/15, ensejando a possibilidade de reconsideração da decisão ou posterior julgamento pelo respectivo TRF.

De outra parte, e apenas para registrar posição minoritária da jurisprudência, deve-se ressaltar que há entendimentos indicando que a desaposentação admite incursão sobre matéria de fato, qual seja, a aferição das contribuições recolhidas, assim como o efetivo cálculo da nova RMI, a partir de prova pericial contábil, e também por esse aspecto, incabível a improcedência liminar do pedido, visto que necessária a fase de instrução processual. Veja-se, a título de exemplo, este aresto do TRF da 3ª Região:

"Previdenciário. Desaposentação. Renúncia a benefício. Artigo 285-A do Código de Processo Civil. Necessidade de dilação probatória.
1. A aposentadoria é direito patrimonial, portanto, disponível, razão pela qual pode o segurado, a qualquer tempo, renunciar ao seu benefício, desde que o novo a ser concedido lhe seja mais favorável.
2. Para comprovação de que o benefício que se pretende receber é mais benéfico do que aquele já concedido, é necessário que se realize ampla dilação probatória, em especial prova pericial por se tratar de matéria de cálculo.
3. Se assim é, não há amparo para aplicar a regra inscrita no artigo 285-A do Código de Processo Civil por não se tratar de matéria unicamente de direito.
4. Apelação do Autor provida." (TRF da 3ª Região, Apelação cível n. 2008.61.83.000468-3/SP, Relator Juíza Convocada Giselle França, Décima Turma, j. 07.10.2008, *DJF3* 05.11.2008)

O indeferimento da produção de prova pericial contábil estaria, inclusive, no entender de parcela da jurisprudência, a configurar cerceamento de defesa[73], ensejando nulidade da sentença que trate da matéria como exclusivamente de direito.

---

(73) "Previdenciário. Aposentadoria por tempo de serviço. Revisão da renda mensal inicial. Renúncia. Desaposentação. Prova pericial. (...)
5. Na fase de produção de provas, requereu o Autor, expressamente, a realização de perícia contábil (fls. 100), que foi indeferida pelo juízo (fls. 103). A decisão viola o direito de defesa, por impossibilitar a comprovação necessária para atestar a tese invocada.
6. Apelação do Autor provida."

O mais relevante mesmo, nesse subtópico, reside na impossibilidade de a sentença julgar liminarmente pela improcedência do pedido de desaposentação, face a excepcionalidade desse modelo de julgamento e a necessidade de *compatibilidade vertical* dessas decisões face a jurisprudência das Cortes Superiores (SERAU JR., DONOSO, 2015, p. 297).

5.8. MATÉRIA PROBATÓRIA (PROVAS)

Tratemos, agora, do aspecto probatório que envolve a desaposentação. Nesse ponto, porém, comungamos do entendimento de se tratar de matéria eminentemente de direito ou, no máximo, cujos fatos possam já ser demonstrados de plano, pela via eminentemente documental (comportando, assim, julgamento antecipado da lide, quando for o caso ou, nas hipóteses constitucionais, impetração de mandado de segurança).

A desaposentação (e a despensão) é matéria eminentemente de direito, gravitando em torno de questão do proveito das novas contribuições previdenciárias. Nestes termos, prescindirá da instrução probatória, quanto muito comportará discussão documental a respeito das novas contribuições vertidas à Previdência Social.

Nestes termos, a demanda deve ser apresentada com os necessários documentos a comprovar:

a) A concessão da primeira aposentadoria (CTC, documentação do INSS, processo administrativo de concessão de benefício).

b) As novas contribuições previdenciárias recolhidas ao INSS (cópia da CTPS, relatório do CNIS).

c) O valor da nova aposentadoria (para tanto, basta a apresentação do novo cálculo, discriminado, ou, com preciosismo, apresentação de prova pericial contábil).

É claro que há jurisprudência e autores que entendem a necessidade de produção de prova pericial contábil, mas dessa opinião não comungamos, diante do quanto já expusemos.

Considerando que a discussão da desaposentação é contributiva e eminentemente documental, entendemos muito difícil a busca desse direito mediante prova exclusivamente testemunhal da nova relação de trabalho.

5.9. JUSTIÇA GRATUITA

Uma questão processual a ser discutida reside na possibilidade de concessão do benefício da justiça gratuita para aqueles que pleiteiam a *desaposentação*.

É comum, na jurisprudência, o argumento de que aqueles que já se encontram aposentados e porventura venham buscar judicialmente a desaposentação (assim como ocorre nos casos de revisão de benefício), não necessitam da benesse da justiça gratuita, posto que dotados de certa capacidade econômica, face o gozo do benefício.

Porém, essa não é a melhor interpretação da questão.

Em primeiro lugar, deve-se ponderar que a Lei n. 1.060/1950 estabelecia, como critério de concessão, a mera declaração de que a parte não pode arcar com os custos do processo sem prejuízo próprio ou do sustento da família. Não se exige, portanto, a *miserabilidade* da parte autora.

Atualmente a gratuidade da justiça encontra-se no bojo do próprio CPC/15 (art. 98 e seguintes), que mantém em grande parte a sistemática anterior: não exige a miserabilidade da parte no processo, apenas a inviabilidade de assumir os custos econômicos do processo; a declaração de insuficiência de recursos é presumida como verdadeira, devendo ser impugnada pela parte contrária.

Ademais, e isso é bastante importante, a clientela previdenciária pode ser caracterizada, em geral, como hipossuficiente, posto que, em geral, são pessoas idosas (o que impõe as limitações inerentes à faixa etária). Além disso, deve-se sempre lembrar que os benefícios previdenciários constituem substitutivo dos rendimentos do trabalho, o que reforça essa vulnerabilidade econômica justificadora da concessão da justiça gratuita.

(TRF da 3ª Região, Apelação cível n. 2001.61.25.005268-9/SP, Rel. Juíza Convocada Giselle França, Turma Suplementar da Terceira Seção, j. 18.12.2007, DJU 23.01.2008, p. 728)

De modo que, por todos esses argumentos, entende-se cabível o deferimento da justiça gratuita para aqueles que busquem em juízo a desaposentação. O indeferimento, no primeiro grau, deve ser impugnado por meio da interposição de agravo de instrumento (art. 1.015, V, CPC/15); nas demais instâncias conforme o recurso cabível.

5.10. VALOR DA CAUSA

O valor da causa é matéria de importância no processo civil, diante de suas inúmeras consequências, destacadamente definição de competência, alçada, depósito na ação rescisória e condenação em verba honorária. Em linhas gerais, o valor da causa corresponde ao benefício econômico pretendido na demanda (arts. 291 e 292 do CPC/15).

No Processo Judicial Previdenciário essa preocupação não é diferente e o valor da causa, nas ações que tratam de desaposentação, insere-se na discussão que é comum às demais ações previdenciárias.

Assim, caso a desaposentação seja considerada como ação de "revisão" de benefício, ainda que em um sentido amplo, o valor da causa deve ser considerado dentro do que é a regra para esse tipo de ação, ou seja, calculado na proporção de 12 vezes a diferença entre os valores de benefício (benefício atual e benefício pretendido)[74]. Esse é o entendimento que parece estar prevalecendo na jurisprudência, o que, no mais das vezes, determina a remessa do processo ao Juizado Especial Federal.

Contudo, entendemos que o valor da causa na desaposentação deve ser computado como se não se tratasse de ação revisional, mas como demanda visando "novo benefício", o valor da causa deverá ser calculado a partir da multiplicação de doze vezes o valor total da nova e superior aposentadoria mais eventuais vincendas[75].

CASTRO e LAZZARI (2014, p. 677) defendem um critério diferente, mas também muito adequado: o valor da causa, na desaposentação, deve corresponder à soma das parcelas vencidas e de doze vincendas do benefício cujo deferimento se requer, acrescido do montante cuja devolução venha a ser exigida para a desaposentação pretendida.

Esses autores, com lucidez, argumentam que, mesmo que a devolução da primeira aposentadoria não seja necessária, com o que concordamos, tais valores devem ser considerados para o cálculo do valor da causa, pois integram a controvérsia (o INSS sempre pretende obter referida devolução), e, portanto, o benefício econômico buscado.

---

(74) "Previdenciário. Conflito negativo de competência. Pedido de condenação ao pagamento de prestações vencidas e vincendas. Aplicação do art. 260 do CPC c.c. art. 3º, § 2º, da Lei n. 10.259/2001 para a fixação do valor da causa. Feito que ultrapassa o valor de sessenta salários mínimos. Incompetência do juizado federal especial. Domicílio da parte autora não é sede de vara da Justiça Federal. Opção de foro. Art. 109, § 3º, da Constituição Federal. Competência relativa. Súmula n. 33/STJ. Decisão mantida pelos seus próprios fundamentos.
1. Conforme entendimento desta Corte, para a fixação do conteúdo econômico da demanda e, consequentemente, a determinação da competência do juizado especial federal, nas ações em que há pedido englobando prestações vencidas e também vincendas, como no caso dos autos, incide a regra do art. 260 do Código de Processo Civil interpretada conjuntamente com o art. 3º, § 2º, da Lei n. 10.259/2001.
2. O crédito apurado a favor do Autor é superior a 60 (sessenta) salários mínimos, evidenciando-se, portanto, a incompetência do Juizado Especial Federal para processamento e julgamento do feito.
(...)
3. Agravo regimental desprovido."
(STJ, AgRg no CC n. 103.789/SP, Agravo regimental no conflito de competência n. 2009/0032281-4, Rel. Min. Laurita Vaz, Terceira Seção, j. 24.06.2009, *DJe* 01.07.2009)

(75) Esse entendimento encontra eco na jurisprudência, ainda que minoritária, de que fazem exemplo os arestos abaixo:
"Previdenciário. Agravo interno em agravo de instrumento. Previdenciário. Desaposentação. Valor da causa. Competência. 1. A competência absoluta na lei dos Juizados Especiais Federais foi instituída em favor do interessado e não como forma de prejudicar os seus direitos, pelo que cabe ao autor optar pelo Juízo mais conveniente. Por isso, quando propõe ação perante o Juizado Especial, está concordando em renunciar ao montante que exceder a 60 (sessenta) salários mínimos, em prol da celeridade da prestação jurisdicional. Ao revés, quando o autor atribui à causa valor superior, deve-se entender que preferiu demandar no Juízo comum, ciente de que tal escolha implica a delonga desta prestação, mas que, contudo, ao final, fará jus ao montante total da condenação, que, *prima facie*, não se pode definir com absoluta precisão, como ocorre nas demandas em que o segurado pretende renunciar a um benefício com vistas ao recebimento de outro mais vantajoso — o que se tem identificado como desaposentação. 2. Corroborando o entendimento monocrático, a jurisprudência desta Segunda Turma Especializada no sentido 'de que, nas demandas que envolvem desaposentação, com o cancelamento de um benefício existente e a concessão de um novo benefício, mais vantajoso, o proveito econômico será o valor a ser recebido com a nova aposentadoria, caso acolhido o pedido autoral' (TRF-2ª Região, AI 2012.0201.003479-0, Rel. Des. Federal Liliane Roriz, Julgamento em 31.05.2012) 3. Agravo Interno desprovido." (TRF da 2ª Região, Agravo de Instrumento 201302010118654, Relatora Desembargadora Federal Liliane Roriz, 2ª Turma Especializada, *E-DJF2R* — 1º.02.2014)
"Agravo de instrumento. Processual civil. Pedido de desaposentação. Determinação para que a parte demonstre ser o valor atribuído à causa correspondente ao conteúdo econômico da pretensão. Desnecessidade. Valor da causa correspondente às doze parcelas vincendas da aposentadoria que se pretende receber somado o pedido de indenização por danos morais. Pedido indenizatório. Fatos e fundamentos de direito suficientemente expostos na inicial. Recurso provido." (TRF da 2ª Região, Agravo de Instrumento 201302010094467, Relator Desembargador Federal Messoud Azulay Neto, 2ª Turma Especializada, *E-DJF2R* — 08.11.2013)

Em qualquer uma dessas hipóteses, sempre se poderá agregar ao valor da causa o montante relativo a dano moral previdenciário, se houver[76].

A partir desses parâmetros se poderá identificar a competência jurisdicional nos Juizados Especiais Federais (caso o valor da causa seja inferior ou igual a 60 salários mínimos) ou na Justiça Federal comum.

---

(76) A exemplo do que decidido nesse precedente judicial:
"Processual civil. Conflito de competência. Juízo Federal e Juizado Especial Federal. Ação de desaposentação cumulada com pedido de indenização por danos morais. Conteúdo econômico da demanda no momento da propositura da ação. 1. Dispõe o Código de Processo Civil que (art. 259, inciso II), havendo cumulação de pedidos, o valor da causa será a quantia correspondente à soma dos valores de todos eles; e que (art. 87) a competência é determinada no momento em que a ação é proposta. 2. Não é lícito ao magistrado, ainda que sob o legítimo propósito de se adotar medida de gerenciamento do próprio acervo, de antemão julgar o feito na parte que não lhe convém e, simultaneamente, declinar da própria competência. O simples fato de o Magistrado entender que se trata de pedido improcedente não lhe confere a prerrogativa de declarar, desde logo, a inépcia da inicial nesse ponto e, a partir disso, reconhecer sua incompetência para processar e julgar o feito, bem como determinar sua remessa ao Juizado Especial Federal (AI-001603839.2011.4.01.0000/MG, *DJ* de 23.8.2011). 3. Como a soma dos pedidos perfaz valor superior a 60 (sessenta) salários mínimos — ou seja, acima do limite estabelecido no *caput* do art. 3º da Lei n. 10.259/01 —, a incompetência do Juizado Especial Federal ressai evidente. 4. Conflito conhecido para declarar competente o Juízo da 10ª Vara da Seção Judiciária do Estado de Minas Gerais, ora suscitado." (TRF da 1ª Região, Conflito de Competência no AI-001603839.2011.4.01.0000/MG, Rel. Des. Federal Kassio Nunes Marques, 1ª Seção, *e-DJF1* 10.10.2011, p. 4)

6

Da Necessidade de Alteração Legislativa e Previsão Expressa do Instituto da Desaposentação

Ponderando todos os argumentos expostos ao longo deste trabalho, emerge a necessária conclusão de que, mais do que alongar a divergência jurisprudencial a respeito da desaposentação, impõe-se a rápida incorporação desse instituto à legislação previdenciária, dando-lhe os devidos contornos e buscando resolver os problemas até agora vivenciados (outros certamente virão com o tempo).

Se em momentos históricos anteriores as pessoas se aposentavam e se retiravam, definitivamente, do mercado de trabalho, a sociedade contemporânea, em sua infinita complexidade, impõe que expressivo contingente de mão de obra torne ou permaneça trabalhando, a exigir diferentes e inovadoras respostas do ordenamento jurídico.

O professor Wladimir Novaes Martinez (2011, p. 28), atualmente se manifesta nesse sentido, amparando nossa pioneira postulação. Ao tratar de temas previdenciários que devem, ou deveriam, ser objeto de reforma pelo novo Governo Federal, aduz que "está na hora de o MPS propor uma solução à Casa Civil e optar pela extinção dessa providência, que dê outro destino à contribuição dos aposentados que voltarem ao trabalho, na forma de uma revisão automática da mensalidade ou do retorno do pecúlio".

A definitiva incorporação do instituto da desaposentação, e quiçá da despensão, ao texto expresso do conjunto da legislação previdenciária encontra paralelo na legislação estrangeira, em que diversos ordenamentos jurídicos, de forma mais ou menos homogênea, garantem a revisão periódica dos proventos de aposentadoria daqueles que, aposentados, permanecem no mercado de trabalho, recolhendo contribuições (IBRAHIM, 2010, p. 87-90[77]).

---

(77) FÁBIO ZAMBITTE IBRAHIM (2010, p. 87-90), expõe as diversas soluções legais existentes em outros países: em Portugal a aposentadoria é livremente acumulável com rendimentos do trabalho, assim como no Brasil. Quando isso ocorre, o montante da aposentadoria é aumentado em razão do novo tempo de contribuição, a partir de 1º de janeiro de cada ano, com referência aos valores do ano anterior (Decreto-lei n. 329/1993; Decreto Regulamentar n. 7, de 11 de março de 1994; Portaria n. 883, de 17 de setembro de 1994 e Decreto-lei n. 35, de 19 de fevereiro de 2002). Igualmente, o Canadá permite a continuidade no labor remunerado após a aposentadoria, sendo necessário, ao segurado, verter contribuições ao sistema, as quais serão utilizadas para recálculo do benefício (*Régie des Rentes Du Québec*). Sistemática semelhante ocorre nos Estados Unidos e no Chile (neste país com muito mais propriedade, tendo em vista que adota o regime de capitalização individual — previsão do art. 69 do Decreto-lei n. 3.500/1980). Na Espanha, o retorno ao trabalho do aposentado é vedado. Porém, pode-se optar por benefício previdenciário parcial nesse período, ao final do qual as novas contribuições previdenciárias refletem em nova e majorada aposentadoria (Lei n. 35, de 12 de julho de 2002).

Uma primeira necessidade de alteração das normas jurídicas a fim de dar efetividade à desaposentação reside na imediata revogação do art. 181-B do Decreto n. 3.048/1999, aparentemente o obstáculo mais imediato à sua operacionalização.

E, no momento em que o legislador brasileiro optar por resolver essa celeuma jurídica, deverá atender a certos critérios, já debatidos à suficiência neste trabalho, indicados aqui os mais relevantes: equilíbrio atuarial e financeiro; solidariedade entre os regimes; abrangência de casos em que seria possível a desaposentação; portabilidade no caso de previdência complementar; desaposentação no caso de identidade de regimes; produto final da desaposentação e tipo de prestação pretendida; sexo do segurado, idade e origem, urbana ou rural; montante dos benefícios pagos e contribuições recolhidas; preenchimento de requisitos para aposentadoria do servidor público; aspectos da aposentadoria proporcional e integral; prestações eventualmente renunciáveis; validade de reedição da desaposentação por parte do segurado; e decadência (MARTINEZ, 2010, p. 115-117).

De outra parte, a previsão legal a respeito da possibilidade de desaposentação, vista agora como transformação administrativa de benefício previdenciário já implementado, deve conter a ressalva de que, durante o trâmite do pedido administrativo para a finalidade de desaposentar-se não suspende o recebimento do benefício inicial, o que, ademais, é regra no Processo Administrativo Federal.

Como consequência da previsão normativa da desaposentação, cairá por terra toda a argumentação relativa à sua caracterização como desconstituição do ato administrativo. Passará a ser considerada como modalidade de transformação de ato administrativo, ou ato administrativo que transforma situação sob apreciação da Administração, do mesmo modo como já ocorre em outras situações assinaladas neste livro.

A título de subsídio, apresentamos alguns dos mais importantes Projetos de Lei nesse sentido, especialmente o Projeto de Lei n. 7.154/2002 e a Lei n. 13.183/15, efetivamente aprovados pelo Congresso e vetados pelo Poder Executivo, bem como uma sugestão nossa, ao final, adotando o viés de incorporação legislativa da possibilidade de alteração e majoração das aposentadorias em vigor, nos termos ali indicados.

6.1. PROJETOS DE LEI ACERCA DO TEMA E SUGESTÃO DE ALTERAÇÃO DA LEI N. 8.213/1991 FORMULADA PELO AUTOR

PROJETO DE LEI N. 7.154/2002

(Do Sr. Inaldo Leitão)

Acrescenta Parágrafo Único ao art. 54 da Lei n. 8.213, de 24 de julho de 1991.

O Congresso Nacional decreta;

Art. 1º Fica acrescentado ao art. 54 da Lei n. 8.213, de 24 de julho de 1991, que dispõe sobre os Planos de Benefícios da Previdência Social, o seguinte Parágrafo Único:

"Art. 54 (...)

Parágrafo Único — As aposentadorias por tempo de contribuição e especial concedidas pela Previdência Social, na forma da lei, poderão, a qualquer tempo, ser renunciadas pelo Beneficiário, ficando assegurada a contagem do tempo de contribuição que serviu de base para a concessão do benefício (NR).

Art. 2º Esta lei entra em vigor na data de sua publicação.

JUSTIFICATIVA

O presente projeto visa corrigir uma interpretação distorcida de órgãos de assessoramento jurídico da Previdência Social que, não obstante a falta de norma de direito substantivo em sentido formal, vem obstaculizando o direito de renúncia de aposentadoria já concedida por tempo de contribuição e aposentadoria especial.

A lei de regência nenhuma proibição expressa tem nesse sentido, e o princípio constitucional é o de que ninguém será obrigado a fazer ou deixar de fazer alguma coisa senão em virtude de lei.

O Tribunal de Contas da União tem, reiteradamente, proclamado o direito de o funcionário público renunciar à aposentadoria já concedida para obter outra mais proveitosa em cargo público diverso.

Igualmente, o Poder Judiciário tem reconhecido esse direito em relação à aposentadoria previdenciária, contudo, o Instituto Nacional de Seguridade Social insiste em indeferir essa pretensão, compelindo os interessados a recorrerem à Justiça para obter o reconhecimento do direito.

A renúncia é ato unilateral que independe de aceitação de terceiros, e, especialmente, em se tratando de manifestação de vontade declinada por pessoa na sua plena capacidade civil, referentemente a direito patrimonial disponível. Falar-se em direito adquirido ou em ato jurídico perfeito, como tem sido alegado por aquele Instituto, é interpretar erroneamente a questão. Nesse caso, a garantia do direito adquirido e da existência de ato jurídico perfeito, como entendido naquele Instituto, só pode operar resultado contra o Poder Público, sendo garantia do detentor do direito.

Se a legislação assegura a renúncia de tempo de serviço de natureza estatutária para fins de aposentadoria previdenciária, negar ao aposentado da Previdência, em face da reciprocidade entre tais sistemas, constitui rematada ofensa ao princípio da analogia em situação merecedora de tratamento isonômico.

Esse tem sido o entendimento de reiteradas decisões judiciárias em desarmonia com a posição intransigente da Previdência Social.

Por isso é que se impõe a inclusão, na lei, dessa faculdade individual para evitar que o beneficiário da aposentadoria já concedida e que pretenda obter uma aposentadoria em outra atividade pública ou privada possa manifestar esse direito, sem ter de recorrer ao Judiciário para que seja declarada a licitude de sua pretensão.

De todo exposto, é urgente que se institua o reconhecimento expresso, pela lei de regência da Previdência Social que regula os planos de benefícios, do direito de renúncia à aposentadoria por tempo de contribuição e especial, sem prejuízo para o renunciante da contagem do tempo de contribuição que serviu de base para a concessão do mesmo benefício.

Sala das Sessões, em 27 de agosto de 2002.

Deputado Inaldo Leitão

MENSAGEM N. 16, DE 11 DE JANEIRO DE 2008

Senhor Presidente do Senado Federal,

Comunico a Vossa Excelência que, nos termos do § 1º do art. 66 da Constituição, decidi vetar integralmente, por inconstitucionalidade e contrariedade ao interesse público, o Projeto de Lei n. 78, de 2006 (n. 7.154/2002 na Câmara dos Deputados), que "Altera o art. 96 da Lei n. 8.213, de 24 de julho de 1991, para prever renúncia à aposentadoria concedida pelo Regime Geral de Previdência Social."

Ouvidos, os Ministérios da Previdência Social, da Fazenda e do Planejamento, Orçamento e Gestão e da Justiça manifestaram-se pelo veto ao Projeto de Lei pelas seguintes razões:

"Ao permitir a contagem do tempo de contribuição correspondente à percepção de aposentadoria pelo Regime Geral de Previdência Social para fins de obtenção de benefício por outro regime, o Projeto de Lei tem implicações diretas sobre a aposentadoria dos servidores públicos da União; dessa forma, sua proposição configura vício de iniciativa, visto que o inciso II, alínea 'c', § 1º, art. 61, da Constituição dispõe que são de iniciativa do Presidente da República as leis que disponham sobre tal matéria.

Além disso, o projeto, ao contemplar mudanças na legislação vigente que podem resultar em aumento de despesa de caráter continuado, deveria ter observado a exigência de apresentação da estimativa de impacto orçamentário-financeiro, da previsão orçamentária e da demonstração dos recursos para o seu custeio, conforme preveem os arts. 16 e 17 da Lei de Responsabilidade Fiscal."

Essas, Senhor Presidente, as razões que me levaram a vetar integralmente o projeto em causa, as quais ora submeto à elevada apreciação dos Senhores Membros do Congresso Nacional.

Brasília, 11 de janeiro de 2008.

PROJETO DE LEI N. 6.831/2002 — arquivado
(Do Sr. NEUTON LIMA)

Altera a redação dos arts. 18 e 55 da Lei n. 8.213, de 24 de julho de 1991, para permitir que o aposentado que continue a exercer atividade abrangida pela Previdência Social possa transformar a aposentadoria proporcional em aposentadoria integral.

O Congresso Nacional decreta:

Art. 1º Os arts. 18 e 55 da Lei n. 8.213, de 24 de julho de 1991, passam a vigorar com a seguinte redação:

"Art. 18 (...)

§ 2º O aposentado pelo Regime Geral de Previdência Social — RGPS que permanecer em atividade sujeita a este Regime, ou a ele retornar, não fará jus a prestação alguma da Previdência Social em decorrência dessa atividade, exceto o salário-família e a reabilitação profissional, observado o disposto nos §§ 4º e 5º do art. 55 desta Lei." (NR)

"Art. 55 (...)

§ 4º O tempo de contribuição posterior à concessão de aposentadoria por idade ou por tempo de contribuição proporcional poderá ser utilizado para efeito de revisão do cálculo do valor da aposentadoria, observado o disposto no § 5º deste artigo. (NR)

§ 5º Quando a soma dos tempos de serviço e/ou de contribuição ultrapassar trinta anos, se do sexo feminino, e trinta e cinco anos, se do sexo masculino, o excesso não será considerado para qualquer efeito." (NR)

Art. 2º Esta lei entra em vigor na data de sua publicação.

JUSTIFICAÇÃO

A Lei n. 8.213, de 24 de julho de 1991, em seu art. 11, § 3º, prevê que o aposentado do Regime Geral de Previdência Social que voltar a exercer atividade abrangida por este Regime é segurado obrigatório em relação a essa atividade, ficando sujeito às contribuições previdenciárias previstas na Lei n. 8.212, de 24 de julho de 1991.

Em que pesem serem obrigados a contribuir para o RGPS se retornarem à atividade, os aposentados nessa situação só terão direito ao salário-família e à reabilitação profissional, conforme dispõe o § 2º do art. 18 da Lei n. 8.213/1991.

Trata-se, no nosso entendimento, de uma medida injusta e que prejudica sobremaneira os aposentados, em especial aqueles que tenham se aposentado de forma proporcional e que com a eventual contagem desse tempo posterior à aposentadoria teriam direito a perceber um benefício de maior valor.

Nesse sentido, a presente Proposição de nossa autoria altera a redação dos arts. 18 e 55 da Lei n. 8.213/1991 para permitir que seja efetivada essa contagem de tempo adicional e que sejam recalculados os valores das aposentadorias.

Tendo em vista a relevância da matéria, contamos com o apoio dos Senhores Parlamentares para a aprovação desse nosso Projeto de Lei.

Sala das Sessões, em ... de ... de 2002.
Deputado NEUTON LIMA

PROJETO DE LEI N. 1.606/2003 — arquivado
(Do Sr. ROGÉRIO SILVA)

Altera as Leis ns. 8.212 e 8.213, ambas de 24 de julho de 1991, para assegurar o direito aos benefícios previdenciários para os aposentados pelo Regime Geral de Previdência Social que permanecem em atividade ou a ela retornam.

O Congresso Nacional decreta:

Art. 1º O art. 12, § 4º, da Lei n. 8.212, de 24 de julho de 1991 passa a vigorar com a seguinte redação:

"Art. 12 (...)

§ 4º O aposentado pelo Regime Geral de Previdência Social — RGPS que estiver exercendo ou que voltar a exercer atividade abrangida por este Regime é segurado obrigatório em relação a essa atividade, ficando sujeito às contribuições de que trata esta lei." (NR)

Art. 2º O art. 18, § 2º, e o art. 124 da Lei n. 8.213, de 24 de julho de 1991, passam a vigorar com a seguinte redação:

"Art. 18 (...)

§ 2º O aposentado pelo Regime Geral de Previdência Social — RGPS que permanecer em atividade sujeita a este Regime, ou a ele retornar, fará jus às prestações especificadas nesta lei, desde que cumpridas as respectivas condições de elegibilidade previstas nesta lei." (NR)

"Art. 124. Salvo no caso de direito adquirido, não é permitido o recebimento conjunto dos seguintes benefícios da Previdência Social:

I — mais de um auxílio-acidente; e

II — mais de uma pensão deixada por cônjuge ou companheiro, ressalvado o direito de opção pela mais vantajosa." (NR)

Art. 3º Esta lei entra em vigor na data de sua publicação.

JUSTIFICAÇÃO

O presente projeto de lei tem por objetivo assegurar o direito aos benefícios previdenciários aos aposentados que permanecem em atividade e que contribuem na qualidade de segurados obrigatórios para o Regime Geral de Previdência Social. Para tanto, propõe alterar as Leis ns. 8.212 e 8.213, ambas de 24 de julho de 1991, dela excluindo as ressalvas e vedações previstas quanto ao acesso desses segurados ao Plano de Benefícios da Previdência Social.

A uniformidade de tratamento defendida na presente proposição entre os aposentados que continuam trabalhando e os demais segurados do Regime Geral de Previdência Social, baseia-se nos seguintes argumentos: 1) os aposentados que trabalham são segurados obrigatórios que, nessa condição, recolhem a contribuição previdenciária; 2) essa contribuição é destinada à previdência social, tendo em vista a vedação constitucional para que tenha outra finalidade (art. 167, inciso XI) e 3) os benefícios previdenciários têm natureza retributiva uma vez que são calculados com base na contribuição pessoal do segurado.

Ademais, por tratar-se de iniciativa de elevado conteúdo de justiça e de defensável e consistente qualidade técnica, esperamos contar com o apoio dos ilustres membros desta Casa para que possamos garantir a sua aprovação.

Sala das Sessões, 2003.

Deputado ROGÉRIO SILVA

PROJETO DE LEI N. 6.153/2005 — apensado ao PL n. 1.606/2003
(Da Sra. LAURA CARNEIRO)

Altera as Leis ns. 8.212 e 8.213, ambas de 24 de julho de 1991, para prever o pagamento de pecúlio aos aposentados que retornam à atividade.

O Congresso Nacional decreta:

Art. 1º O art. 12, § 4º, da Lei n. 8.212, de 24 de julho de 1991, passa a vigorar com a seguinte redação:

"Art. 12 (...)

§ 4º O aposentado pelo Regime Geral de Previdência Social — RGPS que estiver exercendo ou que voltar a exercer atividade abrangida por este Regime é segurado obrigatório em relação a essa atividade, ficando sujeito às contribuições de que trata esta Lei." (NR)

Art. 2º O art. 18, § 2º, da Lei n. 8.213, de 24 de julho de 1991, passa a vigorar com a seguinte redação:

"Art. 18 (...)

§ 2º O aposentado pelo Regime Geral de Previdência Social — RGPS que permanecer em atividade sujeita a este Regime, ou a ele retornar, fará jus, quando novamente se afastar da atividade, a um pecúlio de pagamento único e de valor correspondente às suas contribuições atualizadas com base no mesmo índice aplicado para fins de reajustamento dos benefícios do Regime Geral de Previdência Social." (NR)

Art. 3º Esta lei entra em vigor na data de sua publicação.

JUSTIFICAÇÃO

A presente proposição defende que seja assegurado ao aposentado do Regime Geral de Previdência Social que permanece ou retorna à atividade abrangida por esse Regime o pagamento de pecúlio quando novamente da atividade se afastar.

Com efeito, o aposentado que retorna à atividade é considerado segurado obrigatório do Regime Geral de Previdência Social, devendo contribuir do mesmo modo que os segurados classificados em categoria semelhante (Lei n. 8.212, de 24 de julho de 1991, art. 12, § 4º). Sua contribuição, porém, não lhe assegura direito aos benefícios desse Regime, salvo ao salário-família e à reabilitação profissional, quando se tratar de segurado empregado (Lei n. 8.213, de 24 de julho de 1991, art. 18, § 2º).

Para dar suporte às determinações referentes à matéria, a legislação veda acumulação, entre outras hipóteses, de aposentadoria e de auxílio-doença e de mais de uma aposentadoria concedida pelo Regime Geral de Previdência Social.

Em síntese, o aposentado que retorna ao trabalho contribui, mas não tem direito a receber benefício em retribuição. Essa contradição tornou-se aparente com o advento da Emenda Constitucional n. 20, de 15 de dezembro de 1998, quando foi substituído o conceito de tempo de serviço por tempo de contribuição, tornando o Regime Geral de Previdência Social eminentemente contributivo.

A partir daí, o acesso aos benefícios passou a ser assegurado somente mediante contribuição. Como decorrência, seria justificável esperar que a exigência de contribuição do segurado tivesse como contrapartida o seu acesso aos benefícios, independentemente de sua condição de aposentado. Ademais, a Constituição Federal, ao vedar a utilização dos recursos relativos à contribuição previdenciária (baseada na remuneração) para cobrir despesas distintas do pagamento de benefícios do Regime Geral de Previdência Social (art. 167, inciso XI), reforçou o caráter contributivo do Regime Geral de Previdência Social, bem como ressaltou o vínculo causal existente entre contribuição e direito aos benefícios.

Do exposto, podemos concluir, portanto, que a exigência de recolhimento de contribuição para os aposentados que retornam à atividade deveria corresponder, se não à totalidade dos benefícios, uma vez que já são beneficiários do Regime, pelo menos, ao direito a um pecúlio, a ser pago quando novamente se afastarem da atividade e em valor correspondente às suas contribuições, devidamente atualizadas.

Em face da relevância da matéria e de seu inquestionável conteúdo de justiça social, esperamos contar com apoio dos ilustres membros desta Casa para assegurarmos a sua aprovação.

Sala das Sessões, 2005.
Deputada **LAURA CARNEIRO**
PFL/RJ

PROJETO DE LEI N. 6.237/2005 — apensado ao PL n. 6.831/2002
(Do Sr. CHICO SARDELLI)

Altera as Leis ns. 8.212 e 8.213, ambas de 24 de julho de 1991, para permitir a conversão de aposentadoria proporcional em aposentadoria integral.

O Congresso Nacional decreta:

Art. 1º A Lei n. 8.212, de 24 de julho de 1991, passa a vigorar com alteração no § 4º do art. 12, conforme a seguinte redação:

"Art. 12 (...)

§ 4º O aposentado pelo Regime Geral de Previdência Social — RGPS que estiver exercendo ou que voltar a exercer atividade abrangida por este Regime é segurado obrigatório em relação a essa atividade, ficando sujeito às contribuições de que trata esta Lei." (NR)

Art. 2º A Lei n. 8.213, de 24 de julho de 1991, passa a vigorar com as seguintes alterações:

"Art. 11 (...)

§ 3º O aposentado pelo Regime Geral de Previdência Social — RGPS que estiver exercendo ou que voltar a exercer atividade abrangida por este Regime é segurado obrigatório em relação a essa atividade, ficando sujeito às contribuições de que trata a Lei n. 8.212, de 24 de julho de 1991." (NR)

"Art. 18 (...)

§ 2º O aposentado pelo Regime Geral de Previdência Social — RGPS que permanecer em atividade sujeita a este Regime, ou a ele retornar, não fará jus a prestação alguma da Previdência Social em decorrência do exercício dessa atividade, salvo:

a) ao salário-família e à reabilitação profissional, para o segurado empregado; e

b) à conversão da aposentadoria concedida em termos proporcionais em aposentadoria em termos integrais, para o segurado que completar o tempo de contribuição exigido no inciso I do § 7º do art. 201 da Constituição Federal." (NR)

"Art. 32-A Quando do recálculo do valor da aposentadoria, na hipótese prevista no art. 18, § 2º, alínea b, serão computados os salários de contribuição correspondentes ao tempo de atividade exercida pelo aposentado do Regime Geral de Previdência Social, para efeito do salário de benefício, e o tempo total de contribuição, para efeito da aplicação do fator previdenciário." (NR)

"Art. 55 (...)

VII — o tempo de contribuição correspondente à atividade exercida pelo aposentado do Regime Geral de Previdência Social — RGPS, conforme previsto no § 3º do art. 11 desta Lei." (NR)

Art. 3º Esta lei entra em vigor na data de sua publicação.

JUSTIFICAÇÃO

O presente Projeto de Lei busca permitir que o aposentado que recebe aposentadoria proporcional e que retorna a exercer atividade sujeita ao Regime Geral de Previdência Social possa ter seu benefício recalculado e convertido em termos integrais, quando atender às exigências legais.

Existe um grande contingente de pessoas que se aposenta em termos proporcionais e retorna à atividade como forma de complementar o valor de seu benefício. Na qualidade de aposentados, recolhem mensalmente suas contribuições por longo período e nada recebem em contrapartida.

É justo, pois, que essas pessoas possam requerer a transformação de seu benefício proporcional em benefício integral, desde que cumpram as exigências legalmente previstas.

Por esses motivos, a presente proposição concede a permissão para a conversão do benefício do aposentado que retorna ao exercício da atividade profissional, disciplinando também a forma de recálculo de sua aposentadoria.

Ante a relevância da matéria e de seu elevado conteúdo de justiça social, esperamos contar com o apoio dos ilustres membros desta Casa para assegurarmos a aprovação dessa nossa proposição.

Sala das Sessões, 2005.

Deputado CHICO SARDELLI

PROJETO DE LEI DO SENADO N. 91, DE 2010

Acrescenta § 9º e § 10º ao art. 57, da Lei n. 8.213, de 24 de julho de 1991.

O **CONGRESSO NACIONAL** decreta:

Art. 1º O art. 57, da Lei n. 8.213, de 24 de julho de 1991, que dispõe sobre os Planos de Benefícios da Previdência Social, passa a vigorar acrescido dos seguintes parágrafos § 9º e § 10º:

"**Art. 57** (...)

§ 9º As aposentadorias por tempo de contribuição, especial e por idade, concedidas pela Previdência Social, poderão, a qualquer tempo, ser renunciadas pelo Beneficiário, ficando assegurada a contagem do tempo de contribuição que serviu de base para a concessão do benefício.

§ 10º Após renunciada a aposentadoria o segurado poderá solicitar nova aposentadoria considerando os tempos de contribuição anterior e posterior à renúncia, sem prejuízo no valor de seu benefício.

Art. 2º Esta lei entra em vigor na data de sua publicação.

JUSTIFICATIVA

Não há Lei que diga respeito a nenhuma proibição nesse sentido, e o princípio constitucional é o de que ninguém será obrigado a fazer ou deixar de fazer alguma coisa senão em virtude de lei. É sabido por todos que o Egrégio Tribunal de Contas da União tem, reiteradamente, proclamado o direito de o funcionário público renunciar à aposentadoria já concedida para obter outra mais proveitosa em cargo público diverso.

Igualmente, o Poder Judiciário tem reconhecido esse direito em relação à aposentadoria previdenciária, contudo, o Instituto Nacional de Seguridade Social insiste em indeferir essa pretensão, compelindo os interessados a recorrerem à Justiça para obter o reconhecimento do direito. A renúncia é ato unilateral que independe de aceitação de terceiros, e, especialmente, em se tratando de manifestação de vontade declinada por pessoa na sua plena capacidade civil, referentemente a direito patrimonial disponível. Falar-se em direito adquirido ou em ato jurídico perfeito, como tem sido alegado por aquele Instituto, é interpretar erroneamente a questão. Nesse caso, a garantia do direito adquirido e da existência de ato jurídico perfeito, como entendido naquele Instituto, só pode operar resultado contra o Poder Público, sendo garantia do detentor do direito.

Se a legislação assegura a renúncia de tempo de serviço de natureza estatutária para fins de aposentadoria previdenciária, negar ao aposentado da Previdência, em face da reciprocidade entre tais sistemas, constitui rematada ofensa ao princípio da analogia em situação merecedora de tratamento isonômico. Tem sito [*sic*] este o entendimento de reiteradas decisões judiciárias em desarmonia com a posição intransigente da Previdência Social.

É urgente que se institua o reconhecimento expresso, pela lei de regência da Previdência Social que regula os planos de benefícios, do direito de renúncia à aposentadoria por tempo de contribuição e especial, sem prejuízo para o renunciante da contagem do tempo de contribuição que serviu de base para a concessão do mesmo benefício.

Sala das Sessões,

Senador **PAULO PAIM**

PARECER DA COMISSÃO DE ASSUNTOS SOCIAIS, DE 2013

Da COMISSÃO DE ASSUNTOS SOCIAIS, em caráter terminativo, sobre o Projeto de Lei do Senado n. 91, de 2010, do Senador Paulo Paim, que *Altera a Lei n. 8.213, de 24 de julho de 1991, para permitir a renúncia à aposentadoria concedida pela Previdência Social, assegurando a contagem do tempo de contribuição e recálculo do benefício para uma nova aposentadoria.*

RELATOR: Senador PAULO DAVIM

I — RELATÓRIO

Vem a exame desta Comissão, em decisão terminativa, o Projeto de Lei do Senado n. 91, de 2010, que tem por finalidade permitir ao segurado do regime geral de previdência social a renúncia do benefício da aposentadoria por tempo de contribuição, especial e por idade, bem como possibilitar-lhe nova aposentadoria com fundamento em nova contagem de tempo de contribuição.

Ao justificar sua iniciativa, o autor argumenta que, ao contrário do que garante o Regime Jurídico Único aos servidores públicos, a lei que trata dos planos e benefícios do regime geral de previdência social não prevê a renúncia, pelo segurado, de sua aposentadoria. Daí, a necessidade de se alterar a legislação a fim de dispensar aos segurados da Previdência Social um tratamento mais igualitário.

No prazo regimental, não foram apresentadas emendas.

II — ANÁLISE

Nos termos do art. 90, inciso I, combinado com o disposto no art. 100, inciso I, do Regimento Interno do Senado Federal, compete à Comissão de Assuntos Sociais discutir e votar proposições que versem sobre previdência social.

Sob o aspecto formal, não vislumbramos óbice algum de natureza jurídica ou constitucional no projeto. A disciplina da matéria é de competência legislativa da União (art. 22, XXIII, da Constituição Federal — CF) e inclui-se entre as atribuições do Congresso Nacional (art. 48, *caput*, da CF).

A norma proposta não afronta os princípios adotados pela Constituição. Não há, portanto, impedimentos constitucionais formais, nem materiais. Também os requisitos de adequação às regras regimentais foram respeitados.

A matéria, que se pretende regular por lei, garante ao aposentado que continuar trabalhando o direito de renunciar ao benefício previdenciário e aproveitar o tempo de contribuição no cálculo de nova aposentadoria mais vantajosa.

Atualmente, como a legislação previdenciária não prevê a possibilidade de renúncia do benefício, as agências do Instituto Nacional do Seguro Social — INSS se recusam a processar os pedidos de renúncia da aposentadoria. Assim, o segurado que, hoje, pretenda renunciar sua aposentadoria para, em seguida, obtê-la de novo, em valor mais alto, deve recorrer à Justiça.

Milhares de ações nesse sentido tramitam nos estados e muitas já chegaram ao Superior Tribunal de Justiça — STJ, cujo entendimento tem sido favorável aos aposentados.

A renúncia da aposentadoria, também denominada por muitos de *desaposentadoria* ou *desaposentação*, é buscada tanto pelos segurados que começaram a contribuir cedo e, por isso, se aposentaram mais jovens, quanto por aqueles que optaram pela aposentadoria proporcional, mas continuaram trabalhando. A partir de 1999, a procura pela renúncia da aposentadoria cresceu mais ainda com a implementação do fator previdenciário, criado para inibir as aposentadorias precoces, eis que reduz o valor do benefício para quem se aposenta com menos idade, independentemente do seu tempo de contribuição.

É grande, no STJ, a convicção de que, sendo a aposentadoria um direito patrimonial disponível, é possível a renúncia desse benefício, não havendo, ainda, impedimento para que o segurado que continue a contribuir para o sistema formule requerimento de nova aposentadoria, que lhe seja mais vantajosa.

No mérito, não temos reparos a fazer à proposta. A aposentadoria é um direito patrimonial, de caráter disponível e, portanto, passível de renúncia. Ademais, não nos parece justo obrigar o aposentado que continua a trabalhar a seguir contribuindo para a previdência sem a devida contrapartida.

Já em relação à sua técnica legislativa, verifica-se uma impropriedade ao se alterar o art. 57 da Lei n. 8.213, de 24 de julho de 1991, que trata especificamente da aposentadoria especial.

Outro aspecto merecedor de nossa atenção, questão polêmica que tem sido enfrentada nos tribunais, refere-se à pretensão do Instituto Nacional do Seguro Social — INSS de exigir a restituição, pelo segurado que obteve na Justiça sua desaposentadoria, dos valores recebidos enquanto esteve aposentado, o que nos parece inadmissível, eis que ele fez jus aos proventos decorrentes do benefício da aposentadoria. Estamos alterando a proposta, então, para que a devolução não seja devida nesses casos.

Por fim, com o intuito de afastar qualquer equívoco em relação ao alcance da lei, estamos explicitando, no texto da proposta, que, na hipótese de concessão de novo benefício, este benefício e a contagem do tempo de contribuição anterior e posterior à renúncia têm seus efeitos restritos ao âmbito do Regime Geral de Previdência Social.

III — VOTO

À vista do exposto, opinamos pela aprovação do Projeto de Lei do Senado n. 91, de 2010, na forma da seguinte emenda:

EMENDA N. 1 — CAS (SUBSTITUTIVO)
PROJETO DE LEI DO SENADO N. 91, DE 2010

Acrescenta o artigo 18-A à Lei n. 8.213, de 24 de julho de 1991, para garantir aos segurados do Regime Geral de Previdência Social a possibilidade de renúncia ao benefício da aposentadoria por tempo de contribuição, especial e por idade, assegurando-lhes a contagem do tempo de contribuição anterior e posterior à renúncia para o recálculo de nova aposentadoria.

O CONGRESSO NACIONAL decreta:

Art. 1º A Lei n. 8.213, de 24 de julho de 1991, passa a vigorar acrescida do seguinte artigo 18-A:

"Art. 18-A. O segurado que tenha se aposentado pelo Regime Geral de Previdência Social, por tempo de contribuição, especial e por idade, pode, a qualquer tempo, renunciar ao benefício da aposentadoria.

§ 1º Ao segurado que tenha renunciado ao benefício da aposentadoria fica assegurado o direito à concessão de nova aposentadoria, no âmbito do Regime Geral de Previdência Social, utilizando-se a contagem do tempo de contribuição que serviu de base para a concessão do benefício objeto da renúncia e a contagem do tempo de contribuição posterior à renúncia, bem como o direito ao cálculo de nova renda mensal do benefício, na forma do regulamento.

§ 2º A renúncia do segurado à aposentadoria, para fins de concessão de novo benefício no âmbito do Regime Geral de Previdência Social, não implica devolução dos valores percebidos enquanto esteve aposentado."

Art. 2º Esta Lei entra em vigor no exercício financeiro seguinte ao da publicação desta Lei.

Sala da Comissão, 3 de abril de 2013.
Senador WALDEMIR MOKA, Presidente.
Senador PAULO DAVIM, Relator.

EMENDA N. 2 — PLEN (Redação)
(ao Substitutivo do PLS n. 91, de 2010)

O § 1º do art. 18-A constante no Substitutivo aprovado do Projeto de Lei do Senado n. 91, de 2010, passa a vigorar com a seguinte redação.

Art. 18-A (...)

§ 1º Ao segurado que tenha renunciado ao benefício da aposentadoria fica assegurado o direito à concessão de nova aposentadoria, no âmbito do Regime Geral de Previdência Social, utilizando-se a contagem do tempo de contribuição que serviu de base para a concessão do benefício objeto da renúncia e a contagem do tempo de contribuição anterior e posterior à renúncia, bem como o direito ao cálculo de nova renda mensal do benefício, na forma do regulamento.

JUSTIFICAÇÃO

Após análise no texto do substitutivo, do relatório do Senador Paulo Davim, ao Projeto de Lei do Senado n. 91, de 2010, verificamos um pequeno erro em sua redação. Dessa forma, é que estamos propondo a seguinte emenda de redação, inserindo no texto o termo "anterior".

Como todos podem ver na ementa do substitutivo do nobre Relator, como também no relatório, ele sempre deixou muito claro que a renúncia para o cálculo do novo benefício teria como base o tempo de contribuição anterior e posterior à renúncia. Para evitar qualquer dúvida da intenção do legislador propomos esta emenda de redação ao artigo 18-A, parágrafo primeiro.

Sala das Sessões,
Senador **PAULO PAIM**
(À Comissão de Assuntos Sociais)

Lei n. 13.183, de 04.11.2015 (parte vetada)

A Lei 13.183, de 04.11.15, resultado da conversão da Medida Provisória 676/2015, trouxe várias inovações ao universo jurídico previdenciário, contendo também o veto da Presidência da República à possibilidade de *desaposentação*, aprovada pelo Parlamento durante o processo de conversão daquela MP.

Faça-se o registro de que a Lei n. 13.183/2015, antes de ser vetada nesta parte, tratava a desaposentação de modo adequado e com bastante rigor técnico, classificando-a como uma forma de recálculo do benefício a partir das novas contribuições previdenciárias recolhidas aos cofres da Previdência. Além disso, conforme o modelo previsto inicialmente na Lei n. 13.183/2015, só seria possível após 60 novas contribuições previdenciárias e era vedada no caso de aposentadoria por invalidez ou aposentadoria especial.

Abaixo, reproduzimos o texto vetado e a Mensagem de Veto.

MENSAGEM N. 464, DE 4 DE NOVEMBRO DE 2015.

Senhor Presidente do Senado Federal,

Comunico a Vossa Excelência que, nos termos do § 1º do art. 66 da Constituição, decidi vetar parcialmente, por contrariedade ao interesse público, o Projeto de Lei de Conversão n. 15, de 2015 (MP n. 676/15), que "Altera as Leis ns. 8.212, de 24 de julho de 1991, e 8.213, de 24 de julho de 1991, para tratar da associação do segurado especial em cooperativa de crédito rural e, ainda essa última, para atualizar o rol de dependentes, estabelecer regra de não incidência do fator previdenciário, regras de pensão por morte e de empréstimo consignado, a Lei n. 10.779, de 25 de novembro de 2003, para assegurar pagamento do seguro-defeso para familiar que exerça atividade de apoio à pesca, a Lei n. 12.618, de 30 de abril de 2012, para estabelecer regra de inscrição no regime de previdência complementar dos servidores públicos federais titulares de cargo efetivo, a Lei n. 10.820, de 17 de dezembro de 2003, para dispor sobre o pagamento de empréstimos realizados por participantes e assistidos com entidades fechadas e abertas de previdência complementar e a Lei n. 7.998, de 11 de janeiro de 1990; e dá outras providências".

Ouvidos, os Ministérios do Trabalho e Previdência Social, da Fazenda e do Planejamento, Orçamento e Gestão manifestaram-se pelo veto aos seguintes dispositivos:

(...)

Art. 6º

"Art. 6º A Lei n. 8.213, de 24 de julho de 1991, passa a vigorar com as seguintes alterações:

'Art. 18. ....

....

§ 2º O aposentado pelo Regime Geral de Previdência Social que permanecer em atividade sujeita a esse Regime, ou a ele retornar, não fará jus a outra aposentadoria desse Regime em consequência do exercício dessa atividade, sendo-lhe assegurado, no entanto, o recálculo de sua aposentadoria tomando-se por base todo o período contributivo e o valor dos seus salários de contribuição, respeitando-se o teto máximo pago aos beneficiários do RGPS, de forma a assegurar-lhe a opção pelo valor da renda mensal que for mais vantajosa.

§ 2º-A São também assegurados ao aposentado pelo Regime Geral da Previdência Social que permanecer em atividade nesse Regime, ou ao que a ela retornar, os seguintes benefícios e serviços, observadas as condições e os critérios de concessão previstos nesta Lei:

I — auxílio-doença;

II — auxílio-acidente;

III — serviço social; e

IV — reabilitação profissional.

....' (NR)

'Art. 25. ....

§ 1º ....

§ 2º Para requerer o recálculo da renda mensal da aposentadoria, previsto no § 2º do art. 18 desta Lei, o beneficiário deverá comprovar um período de carência correspondente a, no mínimo, sessenta novas contribuições mensais.' (NR)

'Art. 28-A. O recálculo da renda mensal do benefício do aposentado do Regime Geral de Previdência Social, previsto no § 2º do art. 18 desta Lei, terá como base o salário de benefício calculado na forma dos arts. 29 e 29-B desta Lei.

§ 1º Não será admitido recálculo do valor da renda mensal do benefício para segurado aposentado por invalidez.

§ 2º Para o segurado que tenha obtido aposentadoria especial, não será admitido o recálculo com base em tempo e salário de contribuição decorrente do exercício de atividade prejudicial à saúde ou à integridade física.

§ 3º O recálculo do valor da renda mensal do benefício limitar-se-á ao cômputo de tempo de contribuição e salários adicionais, não sendo admitida mudança na categoria do benefício previamente solicitado.'

'Art. 54. ....

§ 1º Os aposentados por tempo de contribuição, especial e por idade do Regime Geral de Previdência Social poderão, a qualquer tempo, ressalvado o período de carência previsto no § 2º do art. 25 desta Lei, renunciar ao benefício, ficando assegurada a contagem do tempo de contribuição que serviu de base para a concessão do benefício.

§ 2º Na hipótese prevista no § 1º deste artigo, não serão devolvidos à Previdência Social os valores mensais percebidos enquanto vigente a aposentadoria inicialmente concedida.' (NR)

'Art. 96. ....
....

III — não será contado por um regime previdenciário o tempo de contribuição utilizado para fins de aposentadoria concedida por outro, salvo na hipótese de renúncia ao benefício, prevista no § 1º do art. 54 desta Lei.
....' (NR)"

Razões do veto

"As alterações introduziriam no ordenamento jurídico a chamada 'desaposentação', que contraria os pilares do sistema previdenciário brasileiro, cujo financiamento é intergeracional e adota o regime de repartição simples. A alteração resultaria, ainda, na possibilidade de cumulação de aposentadoria com outros benefícios de forma injustificada, além de conflitar com o disposto no § 1º, do art. 86 da própria Lei n. 8.213, de 24 de julho de 1991."

(...)

Essas, Senhor Presidente, as razões que me levaram a vetar os dispositivos acima mencionados do projeto em causa, as quais ora submeto à elevada apreciação dos Senhores Membros do Congresso Nacional.

NOSSA SUGESTÃO DE ALTERAÇÃO DA LEI N. 8.213/1991

Projeto de Lei n. XX/2011 (Deputado Pontes de Miranda)

Altera a redação dos arts. 11, § 3º, e 18, § 2º, e acrescenta o § 5º ao art. 41-A, todos da Lei n. 8.213/1991.

Art. 1º A redação do art. 11, § 3º, e 18, § 2º, ambos da Lei n. 8.213/1991, passa a vigorar nos seguintes termos:

"Art. 11. (...)

§ 3º O aposentado pelo Regime Geral de Previdência Social — RGPS que estiver exercendo ou que voltar a exercer atividade abrangida por este Regime é segurado obrigatório em relação a essa atividade, ficando sujeito às contribuições de que trata a Lei n. 8.212, de 24 de julho de 1991. A cada grupo de 12 (doze) novas contribuições, o segurado fará jus à revisão de seus proventos, prevista no art. 18, § 2º, desta Lei, a qual incidirá também para efeitos do benefício da pensão por morte.

Art. 18. (...)

§ 2º O aposentado pelo Regime Geral de Previdência Social — RGPS que permanecer em atividade sujeita a este Regime, ou a ele retornar, não fará jus a prestação alguma da Previdência Social em decorrência do exercício dessa atividade, exceto ao salário-família, à reabilitação profissional, quando empregado, e à revisão dos proventos de aposentadoria, a cada grupo de 12 (doze) novas contribuições, nos termos definidos em norma emitida pelo Ministério da Previdência Social.

Art. 41-A. (...)

§ 5º Para o aposentado pelo Regime Geral de Previdência Social — RGPS que permanecer em atividade sujeita a este Regime, ou a ele retornar, será devida revisão do valor de seu benefício, inclusive com reflexos no benefício da pensão por morte, a cada grupo de 12 (doze) novas contribuições, conforme critérios definidos em norma emitida pelo Ministério da Previdência Social."

Art. 2º Esta lei entra em vigor na data de sua publicação, revogando-se todas as disposições em contrário.

Brasília, XXX/2016.

DEPUTADO

Conclusões

Examinado o instituto da desaposentação, algumas conclusões se apresentam.

A primeira delas é a necessidade de revisão da postura administrativa que, seja no INSS, seja na Administração Pública perante a revisão das aposentadorias de seus servidores públicos, em regime próprio, não aceita a tese da desaposentação.

Com efeito, diante de inúmeros argumentos, de ordem constitucional, suficientes a fundamentar a desaposentação, sob múltiplos pontos de vista, não se pode mais admitir a conduta administrativa de simples rejeição de sua possibilidade, sob argumentos singelos tais como ausência de previsão legal ou impossibilidade de renúncia à aposentadoria.

Deve mudar o padrão adotado pela Administração, ainda que exija, embora não seja isso desejável e com o que não concordamos, a restituição de parcela dos valores já recebidos a título de primeira aposentadoria, ou que o valor do novo benefício seja apenas parcialmente majorado, conforme expusemos ao longo deste trabalho.

Ainda que não venha a futura normatização desse conceito previdenciário, a desaposentação pode ser efetivamente regulamentada por meio do julgamento no sistema de recursos repetitivos (seja pela repercussão geral, no STF, seja pela sistemática dos recursos especiais repetitivos, no STJ), visto que possuem eficácia vinculante para os demais Tribunais (SERAU JR.; REIS, 2009) e os elementos para a construção da desaposentação já se encontram presentes no ordenamento jurídico (embora preferível a solução legislativa).

Porém a consequência que mais se destaca é realmente a urgente necessidade de regulamentação legislativa do tema da desaposentação. O Poder Legislativo é sempre o órgão constitucionalmente destinado à regulação pública dos temas socialmente relevantes, cabendo ao Poder Judiciário apenas função subsidiária, na perspectiva do resguardo e concretização dos direitos fundamentais acaso violados pela administração previdenciária (não lhe compete o desenvolvimento inicial de políticas e serviços públicos).

Ademais, a *lege ferenda* deverá ser adequada a todas as premissas aqui indicadas, sobretudo a necessidade de efetiva proteção social, adequando-se os institutos previdenciários para tanto, particularmente, aqui, os aspectos contributivos. Deverá a normatização futura abranger também a possibilidade de *despensão*, instituto correlato à desaposentação.

Enquanto isso, cumpre ao Poder Judiciário zelar pelos direitos fundamentais dos segurados e pensionistas, assegurando-lhes a desaposentação (e a *despensão*), no regime próprio dos servidores públicos e no RGPS, independentemente da restituição dos valores percebidos como primeira aposentadoria.

Prática Processual Previdenciária[1]

I. PETIÇÃO INICIAL DE DESAPOSENTAÇÃO

EXMO. SR. DR. JUIZ FEDERAL DA ....ª SEÇÃO JUDICIÁRIA DE... / EXMO. SR. DR. JUIZ DE DIREITO DA __VARA DE... (*nas hipóteses em que a demanda for processada pela Justiça Estadual, inexistindo Vara Federal no domicílio do segurado*)

Ação Ordinária — Desaposentação

(espaço)

FULANO, (*qualificação, endereço*, etc.) aposentado, por seus advogados abaixo assinados, com mandato incluso e escritório no endereço abaixo indicado......, onde receberão as intimações, vem, respeitosamente, a V. Exa., na forma dos arts. 311, 318 e seguintes, do CPC/15, bem como com fulcro nos dispositivos aplicáveis das Leis 8.212/1991 — Lei de Custeio e 8.213/1991 — Lei de Benefícios da Previdência Social, ajuizar a presente **AÇÃO DE DESAPOSENTAÇÃO (RENÚNCIA DE BENEFÍCIO PREVIDENCIÁRIO C/C CONCESSÃO DE NOVO E MAIS VANTAJOSO BENEFÍCIO), COM PEDIDO DE TUTELA DE EVIDÊNCIA,** em face do **INSS — INSTITUTO NACIONAL DO SEGURO SOCIAL**, autarquia federal, com sede Regional na Capital deste Estado, sito à (*endereço*), onde deverá ser citada, através de sua Procuradoria, de acordo com os seguintes fatos e fundamentos:

I — DOS FATOS

O autor aposentou-se em 2003, no RGPS, conforme fazem prova os documentos que se encontram em anexo no final desta exordial (*OBS.: sugere-se elencar os documentos que comprovam essa situação, assim como explicitar os períodos contributivos, número do benefício e DIB etc.*).

Após aposentado, e diante dos baixos proventos que lhe assegurou o INSS, retornou ao mercado de trabalho, deixando de gozar plenamente do conforto e sossego que se espera da tão almejada aposentadoria.

Nessa condição, foi obrigado a recolher contribuições previdenciárias, nos termos da legislação.

Havendo feito simulação/projeção no *site* da autarquia previdenciária, com proveito das novas contribuições vertidas aos cofres públicos, as quais lhe proporcionariam melhor aposentadoria, procurou o INSS para obter a chamada "desaposentação",

---

(1) Os modelos de petições processuais que aqui seguem são meramente indicativos, quer dizer didático-pedagógicos; prestam-se especialmente a indicar autoridades competentes para julgamento, prazos e requisitos processuais mais importantes, uma primeira linha de argumentação a ser considerada.

isto é, a alteração de sua primeira aposentadoria, através de renúncia, e a concessão subsequente de nova aposentadoria, sendo recalculado seu salário de benefício e RMI com utilização das novas e posteriores contribuições.

Ademais, a parte autor faz jus à chamada fórmula 85/95, trazida pela Lei 13.183/15, vez que, desaposentado, sua nova aposentadoria deve ser calculada sem a incidência do fator previdenciário, dado que somando sua idade e seu tempo de contribuição, possui 85/95 pontos (*OBS.: especificar se a parte autora possui 85 ou 95 pontos no caso de ser, respectivamente, mulher ou homem*).

Sublinhe-se que além de possuir os pontos necessários a parte autora também conta com o tempo mínimo de contribuição exigido pela legislação: 30 anos de contribuição para a mulher e 35 anos de contribuição no caso do homem.

Todavia, a autarquia previdenciária se negou a conceder nova aposentadoria ao autor, sob a alegação genérica de ausência de previsão legal e de ofensa ao ato jurídico perfeito.

Diante dessa negativa da autarquia previdenciária, viu-se a necessidade do recurso ao Poder Judiciário, tendo em vista que a parte autora preenche todos os requisitos necessários para a Desaposentação/o recálculo de sua RMI.

II — DO DIREITO

Em meados dos anos 1990, no contexto das reformas legislativas restritivas dos direitos previdenciários, extinguiram-se o pecúlio e o abono de permanência, direitos que atendiam especialmente aqueles segurados já aposentados que tornavam ou permaneciam no mercado de trabalho.

Diante deste quadro, a que se pode somar a drástica redução da RMI em virtude da aplicação do fator previdenciário, aqueles que, já aposentados, voltaram ou permaneceram no mercado de trabalho, viram-se totalmente desguarnecidos de adequada proteção previdenciária, visto que o art. 18, § 2º, da Lei de Benefícios, vem sendo interpretado de modo a obstar a *desaposentação*.

Porém, esta interpretação não merece prevalecer.

Em que pese o entendimento contrário emitido pelo INSS, doutrina e jurisprudência têm admitido a desaposentação (*OBS.: desenvolver o raciocínio, a partir das premissas teóricas desenvolvidas ao longo da obra, adiante expostas, resumidamente*).

Em primeiro lugar, deve ser afastada a premissa da *ausência de previsão legal*.

O art. 18, § 2º, da Lei de Benefícios, deve ser interpretado no sentido de que obsta a percepção de dupla aposentadoria; não poderia vedar a atualização ou recálculo da RMI a partir de novas contribuições previdenciárias vertidas ao INSS após a primeira aposentadoria.

É que, embora apresente essa dicção expressa, inúmeros outros preceitos e princípios jurídicos modificam sua interpretação.

A começar pelo caráter contributivo da Previdência Social, mais acentuado após a promulgação da Emenda Constitucional n. 20/1998. Considerando que os segurados, atualmente, detêm essa qualidade primacialmente a partir do recolhimento de contribuições previdenciárias, tendo ficado para trás o aspecto previdenciário de proteção ao trabalhador, este ponto deve valer também em seu benefício: sendo o regime previdenciário eminentemente contributivo, devem render-lhe frutos, efetivamente, as contribuições posteriores à aposentadoria, com o adequado recálculo de sua RMI.

Nesse sentido, aliás, segue o voto do Exmo. Sr. Min. Luís Roberto Barroso, ao iniciar o julgamento do RE 661.256, onde o STF está apreciando o tema da desaposentação.

Ademais, prevê a legislação inclusive a possibilidade de contagem recíproca para aposentadoria do tempo de contribuição prestado tanto como trabalhador urbano quanto como trabalhador rural, seja na iniciativa privada, seja no serviço público (art. 201, § 9º, da CF) (*OBS.: utilizar esse argumento quando a desaposentação ocorre com alteração de regime, do RGPS para regime próprio ou vice-versa*).

Além disso, a CF garante a liberdade (direito fundamental) ao trabalho, bem como veda, a partir do princípio da moralidade, o enriquecimento ilícito do Estado, que poderia ocorrer no caso em tela, na hipótese de refutada a *desaposentação*.

Neste mesmo rumo, e considerando a natureza tributária das contribuições previdenciárias, pode-se aventar a ocorrência de confisco tributário (vedado constitucionalmente) no caso de a desaposentação ser indeferida, pois ocorreria total desproveito das contribuições previdenciárias posteriores à primeira aposentação.

Sob todos estes últimos pontos de vista, percebe-se que a desaposentação não apresenta *risco ao equilíbrio financeiro e atuarial*, exigido para a sanidade das contas da Previdência Social. E a razão bem simples, conforme exposto há pouco, reside no fato de que as contribuições posteriores à primeva aposentadoria não se encontravam sequer previstas pelo sistema previdenciário.

Outrossim, a vedação à *aparente "renúncia" a direito fundamental*, como se entende sejam as aposentadorias, é argumento que não procede. É que a ideia de que não se pode renunciar a direitos fundamentais não possui a amplitude de que isso possa ocorrer quando há um real benefício ao cidadão, neste caso, o segurado.

São irrenunciáveis os direitos fundamentais (também aqueles previdenciários) quando tornem desamparados ou prejudiquem o cidadão. Havendo melhoria da situação previdenciária do segurado-cidadão, a partir do recálculo de sua RMI, o que consiste no próprio objetivo da Previdência Social, não é viável sustentar tal modalidade de argumento.

Neste sentido, e ponderando-se todos os argumentos de fundo constitucional, verifica-se que é de duvidosa constitucionalidade o art. 181-B do Regulamento da Previdência Social, que declara a irreversibilidade e a irrenunciabilidade de algumas das aposentadorias.

Por derradeiro, cumpre enfrentar o tema do *ato jurídico perfeito*, igualmente apresentado pelo INSS como óbice à *desaposentação*.

A aposentadoria é materializada através de um ato administrativo praticado pelo INSS, denominado *aposentação*, um ato administrativo de tipo *vinculado*, que reconhece a situação jurídica dos segurados, transformando-a numa das diversas modalidades de aposentadoria.

Porém, esse ato administrativo, ainda que pleno e acabado, é imune a alterações que possam prejudicar aqueles nele envolvidos, mas, especialmente é uma garantia do segurado contra a Administração (INSS).

Por derradeiro, cumpre registrar que a jurisprudência vem reconhecendo a possibilidade da desaposentação, destacando-se nesse sentido o recurso especial repetitivo n. 1.334.488/SC, julgado pelo STJ, e mesmo o RE 661.256, no STF, conforme indica o voto do Min. Luís Barroso, Relator, ainda pendente de julgamento. (*OBS.: pode-se optar por acrescentar e transcrever, aqui, outras jurisprudências indicadas no corpo da obra*).

Outrossim, atualmente a desaposentação deve ser considerada também à luz da chamada fórmula 85/95, trazida pela Lei 13.183/15, permitindo o cálculo da nova aposentadoria sem a incidência do fator previdenciário, quando, somados idade e tempo de contribuição, alcançar-se 85 ou 95 pontos (preenchido também o tempo mínimo de contribuição exigido pela legislação: 30 anos de contribuição para a mulher e 35 anos de contribuição no caso do homem).

Nesses termos, verifica-se que a parte autora efetivamente preenche todas as condições para que lhe seja deferida a desaposentação, pois se aposentou regularmente e, após, continuou trabalhando e recolhendo contribuições previdenciárias, as quais possibilitam o recálculo de sua RMI e um benefício previdenciário mais vantajoso.

Diante desses argumentos e fundamentos, espera seja deferida a *desaposentação* (renúncia à primeira aposentadoria, com subsequente e imediata concessão de nova e *mais vantajosa transformação e/ou recálculo da RMI*), independentemente de restituição dos valores percebidos como primeira aposentadoria, dado seu caráter alimentar.

III — DA CONCESSÃO DE TUTELA DE EVIDÊNCIA

De acordo com a Súmula n. 729 do STF, era viável, no regime processual anterior, a possibilidade de concessão de tutela antecipada nas ações previdenciárias:

"A decisão na ADC-4 não se aplica à antecipação de tutela em causa de natureza previdenciária."

Esse entendimento, de acordo com a melhor doutrina, é igualmente viável na vigência do CPC/15, sendo possível, portanto, a concessão de tutelas provisórias, seja de urgência ou de evidência, contra o INSS.

Na hipótese da desaposentação, cabe a *tutela de evidência*, prevista no art. 311, II, do CPC/15, visto que o STJ, no bojo do recurso especial repetitivo 1.334.488/SC, julgou definitivamente pela possibilidade de concessão da desaposentação.

A tutela de evidência, ademais, prescinde da demonstração do perigo de dano ou de risco ao resultado útil do processo.

Entretanto, e apenas argumentando, não se pode ignorar que toda demanda previdenciária apresenta e se distingue das demais ações judiciais pelo seu objeto específico (benefícios previdenciários), cuja natureza é intrinsecamente *alimentar*, sendo dotada de inerente grau de *urgência*.

Não compete arguir, ademais, de necessidade de prestação de caução, pois além de a jurisprudência do STF e da TNU (Súmula 53) já ter decidido que, no caso de eventual cassação posterior da tutela antecipada, os valores recebidos nesse ínterim são irrepetíveis, dada a natureza alimentar dos benefícios previdenciários, o art. 300, § 1º, do CPC/15, consagra a dispensa da prestação de caução no caso da parte hipossuficiente, o que é a regra nas ações previdenciárias.

Assim, preenchidos os requisitos do art. 311, II, do CPC/15, deve ser deferida a tutela de evidência para que o INSS seja de imediato condenado a proceder à desaposentação da parte autora.

IV — DO PREQUESTIONAMENTO

A fim de proporcionar que a presente discussão chegue até as mais elevadas Cortes, no caso de não acolhimento da tese aqui defendida, já se prequestiona os seguintes dispositivos legais: arts. 5º, inciso XXXV (acesso à justiça), 7º (direito fundamental ao trabalho), 37, *caput* (princípio da moralidade administrativa), 84, inciso IV (desvio do poder regulamentar), 150, inciso IV (vedação do confisco tributário), 201, *caput* e § 9º (regime contributivo da Previdência Social e contagem recíproca), todos da CF/1988; arts. 29 e 53 da LEI DE BENEFÍCIOS (cálculo do valor do benefício) e 181-B do Decreto n. 3.048/1999 (inconstitucionalidade e ilegalidade).

V — DO DESCABIMENTO DA IMPROCEDÊNCIA LIMINAR DO PEDIDO E DA AUDIÊNCIA DE CONCILIAÇÃO

Ressalta-se, preliminarmente, o descabimento do julgamento pela improcedência liminar do pedido, visto que a redação do art. 332, do CPC/15, pois a desaposentação vêm sendo reconhecida pelo STJ, no bojo do recurso especial repetitivo n. 1.334.488/SC.

Outrossim, assinala-se a impossibilidade de realização da audiência de conciliação, nos termos dos arts. 319, VII, c.c. 334, § 4º, I e II, § 5º, do CPC/15, face a postura do INSS, notoriamente contrário à concessão da desaposentação.

VI — DO PEDIDO

Ante o exposto, requer-se de Vossa Excelência:

Inicialmente, seja concedida a assistência judiciária gratuita à parte autora, nos termos do art. 98 e seguintes do CPC/15, pois se encontra sem condições de arcar com as custas do processo sem prejuízo seu e familiar. A despeito de receber aposentadoria, os baixos valores do provento não permitem arcar com os custos deste processo judicial sem prejuízo do amparo familiar.

Ainda liminarmente, seja concedida tutela de evidência, nos moldes do art. 311, II, do CPC/15, sendo condenado o INSS, *initio litis*, a implantar o benefício previdenciário à parte autora em seu novo valor (*desaposentação*).

Ademais, seja ordenada a citação do INSS (Instituto Nacional de Seguridade Social), na pessoa de seu representante legal (Procurador Federal), no endereço declinado no início desta, para responder aos termos da presente ação, juntando todos os documentos que se fizerem necessários, especialmente o processo administrativo pertinente ao benefício usufruído pela parte autora.

Protesta pela produção de todas as provas em direito admitidas, especialmente a prova pericial contábil, para o recálculo da RMI devida ao autor, assim como apresentação e análise do processo administrativo relativo ao benefício em gozo pela autoria (*OBS.: caso se entenda necessária a produção de provas*).

Roga pela juntada dos documentos que seguem em anexo, sendo que o patrono se responsabiliza pela sua autenticidade (*OBS.: sugere-se a juntada de CTPS ou outra prova do(s) contrato(s) de trabalho e respectivas contribuições posteriores à primeira aposentadoria; relatório do CNIS; documentos relativos à primeira aposentação*).

Requer-se, ao final, seja a presente demanda julgada totalmente procedente, a fim de que a sentença determine ao INSS que conceda ao autor a desaposentação, a partir da data do requerimento administrativo ou, em última hipótese, a partir da data de sua citação nestes autos, quando tomará conhecimento da lide e se constituirá em mora.

Requer-se, por fim, seja a autarquia previdenciária condenada ao pagamento das custas e honorários advocatícios, a serem fixados de acordo com o art. 82 e seguintes, do CPC/15.

Roga-se sejam feitas as publicações, exclusivamente, em nome do DR. FULANO, inscrito na OAB sob o *número X*.

Dá-se à causa o valor de.... (*OBS.: o valor da causa deve refletir o benefício econômico buscado e altera diretamente a competência jurisdicional em matéria previdenciária: abaixo ou igual a 60 salários mínimos, a competência é dos JEFs. Acima desse patamar, deve-se procurar a Justiça Federal Comum, com possibilidade de delegação à Justiça Estadual*)

Termos em que,
Pede Deferimento.

LOCAL, DATA
ADVOGADO — OAB N. ....

PETIÇÃO INICIAL	
Requisitos gerais:	arts. 318 a 320 do CPC/15.
Competência:	Juiz Federal (art. 109, inciso I, da CF). Inexistindo Vara Federal no domicílio do segurado, vê-se hipótese de competência delegada à Justiça Estadual — art. 109, § 3º, da CF.
Questão de direito:	embora o INSS não aceite, na esfera administrativa, a *desaposentação*, certo é que a jurisprudência vem admitindo-a, assim como a doutrina, a partir, resumidamente, dos seguintes argumentos: arts. 5º, inciso XXXV (acesso à justiça), 7º (direito fundamental ao trabalho), 37, *caput* (princípio da moralidade administrativa), 84, inciso IV (desvio do poder regulamentar), 150, inciso IV (vedação do confisco tributário), 201, *caput* e § 9º (regime contributivo da Previdência Social e contagem recíproca), todos da CF/1988; arts. 29 e 53 da LEI DE BENEFÍCIOS (cálculo do valor do benefício) e 181-B do Decreto n. 3.048/1999 (inconstitucionalidade e ilegalidade). O STJ reconheceu a desaposentação no REsp repetitivo 1.334.488/SC.
Tutela de evidência:	É cabível, nos termos da Súmula n. 729 do STF, aplicável também no CPC/15; não há necessidade de apresentação de caução, nos termos do art. 300, § 1º, do CPC/15.
Justiça gratuita:	Mesmo sendo a parte autora já aposentada, portanto, recebendo algum valor de benefício previdenciário, pode-se requerer a concessão dos benefícios da justiça gratuita, alegando-se não possuir condições de arcar com o custo econômico do processo sem causar prejuízo ao sustento próprio e familiar, nos termos do art. 98 e seguintes do CPC/15.
Conciliação:	Incabível, nos termos dos art. 319, VII, 334, § 4º, I e II, § 5º, do CPC/15, face a notória postura do INSS contra a desaposentação.
Improcedência liminar do pedido:	Descabimento, nos moldes do art. 332, do CPC/15, que exige que o pedido formulado pelo autor esteja contra a jurisprudência dos Tribunais Superiores. No caso da desaposentação, o STJ já pacificou o entendimento, em recurso especial repetitivo, pelo cabimento da desaposentação.
Documentos:	O art. 320 do CPC/15 exige que a inicial seja instruída com os documentos indispensáveis. Recomenda-se ajuizar a demanda acompanhada de CTPS, Carta de Concessão da primeira aposentadoria; relatório do CNIS e, se houver, outros documentos que provem a relação trabalhista e o recolhimento de contribuições previdenciárias — como *hollerites* ou contracheques. Há aqueles que entendem possível ou até mesmo necessária a prova pericial contábil para cálculo do novo benefício.
Revelia:	A revelia não se aplica nas ações previdenciárias em prejuízo do INSS. Trata-se de autarquia federal, entendendo a maior parte da jurisprudência que é titular de interesses e direitos indisponíveis (art. 345, II, do CPC/15).

II. AGRAVO DE INSTRUMENTO (INDEFERIMENTO DA TUTELA DE EVIDÊNCIA)

EXMO. SR. DES. FEDERAL PRESIDENTE DO EG. TRIBUNAL REGIONAL FEDERAL DA 4ª REGIÃO/RS

Agravo de Instrumento

Proc. Originário: XXX/2010 — 89ª Vara Federal da Secção Judiciária de...

(espaço)

FULANO, (*qualificação, endereço, documentos etc.*), por seus advogados abaixo assinados, com escritório no endereço ...., onde receberão as intimações, vem, respeitosamente, a V. Exa., na forma dos arts. 1.015 e seguintes, do Código de Processo Civil de 2015, interpor **AGRAVO DE INSTRUMENTO, COM PEDIDO DE CONCESSÃO DE EFEITO SUSPENSIVO e/ou CONCESSÃO DA ANTECIPAÇÃO DE TUTELA RECURSAL,** contra decisão de fls. ...., que indeferiu o pedido de *tutela de evidência*, proferida nos autos da ação previdenciária em epígrafe que move em face do **INSS — INSTITUTO NACIONAL DO SEGURO SOCIAL**, autarquia federal representada judicialmente por sua Procuradoria Federal com sede na Capital deste Estado, o que faz com fundamento nas razões seguintes:

I — DOS FATOS

O agravante ajuizou demanda previdenciária contra o agravado no desiderato de obter a chamada *desaposentação*.

Requerida a tutela de evidência, esse pedido restou indeferido pela seguinte decisão interlocutória (*transcrever a decisão agravada ou expor um resumo do seu conteúdo*).

É contra essa decisão que ora se insurge.

II — DO CABIMENTO DO AGRAVO DE INSTRUMENTO

O CPC/15 reduziu o cabimento do recurso de agravo de instrumento na expectativa de conferir celeridade aos julgamentos e efetividade ao sistema processual.

Entretanto, consoante dicção expressa do art. 1.015, I, do CPC/15:

"Art. 1.015. Cabe agravo de instrumento contra as decisões interlocutórias que versem sobre:
I — tutelas provisórias;"

Desse modo, deve ser conhecido e regularmente processado o presente recurso de agravo de instrumento.

Ainda em sede liminar, requer-se a **retratação da decisão agravada**, nos termos do art. 1.018 do CPC/15, para o que serão tempestivamente remetidas para o juízo *a quo* cópias deste recurso.

III — DAS RAZÕES PARA REFORMA DA DECISÃO AGRAVADA

A decisão hostilizada não merece prosperar, pois não se coaduna com as provas constantes dos autos e com a melhor interpretação a ser dada à desaposentação, encontrando-se preenchidos os requisitos autorizadores da concessão da tutela de evidência pretendida.

O autor aposentou-se em 2003, no RGPS, conforme fazem prova os documentos que se encontram em anexo no final desta exordial (*OBS.: sugere-se elencar os documentos que comprovam essa situação, assim como explicitar os períodos contributivos, número do benefício e DIB etc.*).

Após aposentado, e diante dos baixos proventos que lhe assegurou o INSS, retornou ao mercado de trabalho, deixando de gozar plenamente do conforto e sossego que se espera da tão almejada aposentadoria.

Nessa condição, foi obrigado a recolher contribuições previdenciárias, nos termos da legislação.

Havendo feito simulação/projeção no *site* da autarquia previdenciária, com proveito das novas contribuições vertidas aos cofres públicos, as quais lhe proporcionariam melhor aposentadoria, procurou o INSS para obter a chamada "desaposentação", isto é, a alteração de sua primeira aposentadoria, por meio de renúncia, e a concessão subsequente de nova aposentadoria, sendo recalculado seu salário de benefício e RMI com utilização das novas e posteriores contribuições.

Ademais, a parte autor faz jus à chamada fórmula 85/95, trazida pela Lei 13.183/15, vez que, desaposentado, sua nova aposentadoria deve ser calculada sem a incidência do fator previdenciário, dado que somando sua idade e seu tempo de contribuição, possui 85/95 pontos (*OBS: especificar se a parte autora possui 85 ou 95 pontos no caso de ser, respectivamente, mulher ou homem*).

Sublinhe-se que além de possuir os pontos necessários a parte autora também conta com o tempo mínimo de contribuição exigido pela legislação: 30 anos de contribuição para a mulher e 35 anos de contribuição no caso do homem.

Todavia, a autarquia previdenciária se negou a conceder nova aposentadoria ao autor, sob a alegação genérica de ausência de previsão legal e de ofensa ao ato jurídico perfeito.

Diante dessa negativa da autarquia previdenciária, viu-se a necessidade do recurso ao Poder Judiciário, tendo em vista que a parte autora preenche todos os requisitos necessários para a Desaposentação/o recálculo de sua RMI.

A tutela de evidência, entretanto, restou negada. Porém, esta interpretação não merece prevalecer.

Em que pese o entendimento contrário emitido pelo INSS, doutrina e jurisprudência têm admitido a desaposentação (*OBS.: desenvolver o raciocínio, a partir das premissas teóricas desenvolvidas ao longo da obra, adiante expostas, resumidamente*).

Em primeiro lugar, deve ser afastada a premissa da *ausência de previsão legal*.

O art. 18, § 2º, da Lei de Benefícios, deve ser interpretado no sentido de que obsta a percepção de dupla aposentadoria; não poderia vedar a atualização ou recálculo da RMI a partir de novas contribuições previdenciárias vertidas ao INSS após a primeira aposentadoria.

É que, embora apresente essa dicção expressa, inúmeros outros preceitos e princípios jurídicos modificam sua interpretação.

A começar pelo caráter contributivo da Previdência Social, mais acentuado após a promulgação da Emenda Constitucional n. 20/1998. Considerando que os segurados, atualmente, detêm essa qualidade primacialmente a partir do recolhimento de contribuições previdenciárias, tendo ficado para trás o aspecto previdenciário de proteção ao trabalhador, este ponto deve valer também em seu benefício: sendo o regime previdenciário eminentemente contributivo, devem render-lhe frutos, efetivamente, as contribuições posteriores à aposentadoria, com o adequado recálculo de sua RMI.

Nesse sentido, aliás, segue o voto do Exmo. Sr. Min. Luís Roberto Barroso, ao iniciar o julgamento do RE 661.256, no qual o STF está apreciando o tema da desaposentação.

Ademais, prevê a legislação inclusive a possibilidade de contagem recíproca para aposentadoria do tempo de contribuição prestado tanto como trabalhador urbano quanto como trabalhador rural, seja na iniciativa privada, seja no serviço público (art. 201, § 9º, da CF) (*OBS.: utilizar esse argumento quando a desaposentação ocorre com alteração de regime, do RGPS para regime próprio ou vice-versa*).

Além disso, a CF garante a liberdade (direito fundamental) ao trabalho, bem como veda, a partir do princípio da moralidade, o enriquecimento ilícito do Estado, que poderia ocorrer no caso em tela, na hipótese de refutada a *desaposentação*.

Neste mesmo rumo, e considerando a natureza tributária das contribuições previdenciárias, pode-se aventar a ocorrência de confisco tributário (vedado constitucionalmente) no caso de a desaposentação ser indeferida, pois ocorreria total desproveito das contribuições previdenciárias posteriores à primeira aposentação.

Sob todos estes últimos pontos de vista, percebe-se que a desaposentação não apresenta *risco ao equilíbrio financeiro e atuarial*, exigido para a sanidade das contas da Previdência Social. E a razão bem simples, conforme exposto há pouco, reside no fato de que as contribuições posteriores à primeira aposentação não se encontravam sequer previstas pelo sistema previdenciário.

Outrossim, a vedação à *aparente "renúncia" a direito fundamental*, como se entende sejam as aposentadorias, é argumento que não procede. É que a ideia de que não se pode renunciar a direitos fundamentais não possui a amplitude de que isso possa ocorrer quando há um real benefício ao cidadão, neste caso, o segurado.

São irrenunciáveis os direitos fundamentais (também aqueles previdenciários) quando tornem desamparados ou prejudiquem o cidadão. Havendo melhoria da situação previdenciária do segurado-cidadão, a partir do recálculo de sua RMI, o que consiste no próprio objetivo da Previdência Social, não é viável sustentar tal modalidade de argumento.

Neste sentido, e ponderando-se todos os argumentos de fundo constitucional, verifica-se que é de duvidosa constitucionalidade o art. 181-B do Regulamento da Previdência Social, que declara a irreversibilidade e a irrenunciabilidade de algumas das aposentadorias.

Por derradeiro, cumpre enfrentar o tema do *ato jurídico perfeito*, igualmente apresentado pelo INSS como óbice à *desaposentação*.

A aposentadoria é materializada por meio de um ato administrativo praticado pelo INSS, denominado *aposentação*, um ato administrativo de tipo *vinculado*, que reconhece a situação jurídica dos segurados, transformando-a numa das diversas modalidades de aposentadoria.

Porém, esse ato administrativo, ainda que pleno e acabado, é imune a alterações que possam prejudicar aqueles nele envolvidos, mas, especialmente é uma garantia do segurado contra a Administração (INSS).

Por derradeiro, cumpre registrar que a jurisprudência vem reconhecendo a possibilidade da desaposentação, destacando-se nesse sentido o recurso especial repetitivo n. 1.334.488/SC, julgado pelo STJ, e mesmo o RE 661.256, no STF, conforme indica o voto do Min. Luís Barroso, Relator, ainda pendente de julgamento. (*OBS.: pode-se optar por acrescentar e transcrever, aqui, outras jurisprudências indicadas no corpo da obra*).

Outrossim, atualmente a desaposentação deve ser considerada também à luz da chamada fórmula 85/95, trazida pela Lei n. 13.183/15, permitindo o cálculo da nova aposentadoria sem a incidência do fator previdenciário, quando, somados idade e tempo de contribuição, alcançar-se 85 ou 95 pontos (preenchido também o tempo mínimo de contribuição exigido pela legislação: 30 anos de contribuição para a mulher e 35 anos de contribuição no caso do homem).

Nesses termos, verifica-se que a parte autora efetivamente preenche todas as condições para que lhe seja deferida a desaposentação, pois se aposentou regularmente e, após, continuou trabalhando e recolhendo contribuições previdenciárias, as quais possibilitam o recálculo de sua RMI e um benefício previdenciário mais vantajoso.

Diante desses argumentos e fundamentos, espera seja deferida a *desaposentação* (renúncia à primeira aposentadoria, com subsequente e imediata concessão de nova e *mais vantajosa transformação e/ou recálculo da RMI*), independentemente de restituição dos valores percebidos como primeira aposentadoria, dado seu caráter alimentar.

Em relação à documentação acostada aos autos, verifica-se que o agravante apresentou cópias da Carta de Concessão de sua primeira aposentadoria e da CTPS, incluindo registro de seus salários posteriores à aposentadoria; relatório do CNIS e, também, cópias de seus atuais contracheques (*indicar outros eventuais documentos importantes*). Esses documentos são idôneos a demonstrar a situação mais benéfica ao segurado, conforme valor da nova aposentadoria apresentado na exordial, justificando a "renúncia" à primeira aposentação.

Consoante se verifica dos argumentos acima expostos, revela-se incorreta a decisão hostilizada, a despeito dos notáveis conhecimentos jurídicos do nobre magistrado que a prolatou, o qual desta feita não agiu com o costumeiro acerto.

IV — DO EFEITO SUSPENSIVO/ANTECIPAÇÃO DE TUTELA RECURSAL

De acordo com a Súmula n. 729 do STF, era viável, no regime processual anterior, a possibilidade de concessão de tutela antecipada nas ações previdenciárias:

"A decisão na ADC-4 não se aplica à antecipação de tutela em causa de natureza previdenciária."

Esse entendimento, de acordo com a melhor doutrina, é igualmente viável na vigência do CPC/15, sendo possível, portanto, a concessão de tutelas provisórias, seja de urgência ou de evidência, contra o INSS.

Na hipótese da desaposentação, cabe a *tutela de evidência*, prevista no art. 311, II, do CPC/15, visto que o STJ, no bojo do recurso especial repetitivo 1.334.488/SC, julgou definitivamente pela possibilidade de concessão da desaposentação.

A tutela de evidência, ademais, prescinde da demonstração do perigo de dano ou de risco ao resultado útil do processo.

Entretanto, e apenas argumentando, não se pode ignorar que toda demanda previdenciária apresenta e se distingue das demais ações judiciais pelo seu objeto específico (benefícios previdenciários), cuja natureza é intrinsecamente *alimentar*, sendo dotada de inerente grau de *urgência*.

Não compete arguir, ademais, de necessidade de prestação de caução, pois além de a jurisprudência do STF e da TNU (Súmula n. 53) já ter decidido que, no caso de eventual cassação posterior da tutela antecipada, os valores recebidos nesse ínterim são irrepetíveis, dada a natureza alimentar dos benefícios previdenciários, o art. 300, § 1º, do CPC/15, consagra a dispensa da prestação de caução no caso da parte hipossuficiente, o que é a regra nas ações previdenciárias.

Assim, verificam-se preenchidos os requisitos do art. 311, II, do CPC/15.

De sorte que se vislumbra ser o caso de atribuição de efeito suspensivo/antecipação da tutela recursal ao presente agravo de instrumento, nos termos do art. 1.019, I, do CPC/15, por consequência, deferindo-se a *tutela de evidência* buscada no feito principal, para que o INSS proceda à imediata desaposentação da parte autora.

V — DO PREQUESTIONAMENTO

A fim de proporcionar que a presente discussão chegue até as mais elevadas Cortes, no caso de não acolhida a tese da parte autora, desde já se prequestionam os seguintes dispositivos legais: arts. 5º, inciso XXXV (acesso à justiça), 7º (direito fundamental ao trabalho), 37, *caput* (princípio da moralidade administrativa), 84, inciso IV (desvio do poder regulamentar), 150, inciso IV (vedação do confisco tributário), 201, *caput* e § 9º (regime contributivo da Previdência Social e contagem recíproca), todos da CF/1988; arts. 29 e 53 da LEI DE BENEFÍCIOS (cálculo do valor do benefício); arts. 273, 527, III e 558, todos do CPC, e 181-B do Decreto n. 3.048/1999 (inconstitucionalidade e ilegalidade).

VI — DO PEDIDO

Ante todo o exposto, o agravante requer a essa Colenda Turma que se digne, inicialmente, receber este recurso de agravo pela forma de instrumento, nos termos do art. 1.015, I, do CPC/15, e, conforme art. 1.019, I, do mesmo diploma legal, deferir a antecipação de tutela recursal — concessão de efeito suspensivo ao presente recurso —, concedendo a pretendida tutela de evidência para determinar ao INSS que proceda, de imediato, à *desaposentação* da parte agravante; ao final, que seja integralmente provido o recurso, confirmando-se a liminar inicialmente concedida.

Informa-se que desde já será comunicado ao juízo *a quo* da interposição deste recurso de agravo, para que, em querendo, retrate aquele *decisum*, tornando sem objeto o presente recurso, nos termos do art. 1.018, do CPC/15.

Requer a intimação do INSS para apresentar sua resposta, pelo prazo legal, assim como pede a juntada das inclusas cópias autenticadas (*pode-se, consoante jurisprudência, juntar aos autos cópias simples, desde que o advogado declare sua autenticidade*) das peças obrigatórias e facultativas que instruem o presente recurso.

Nestes termos, pede deferimento.

Porto Alegre, **DATA**
ADVOGADO, OAB/RS N..................

PEÇAS OBRIGATÓRIAS:

— despacho agravado;

— certidão de intimação do despacho agravado;

— procuração do agravante;

— procuração do agravado.

PEÇAS FACULTATIVAS: CTPS, relatório do CNIS, holerites ou contracheques da atual relação de trabalho, contratos de trabalho.

AGRAVO DE INSTRUMENTO	
Hipótese:	Interposição do recurso de agravo de instrumento contra decisão interlocutória que indefere tutela de evidência.
Cabimento:	Agravo de instrumento contra decisão interlocutória, nos termos dos arts. 1.015, I, e seguintes, do CPC/15.
Competência:	Tribunal Regional Federal (art. 109, §§ 3º e 4º, da CF, c.c. 1.016, do CPC/15), ainda que a decisão impugnada tenha sido proferida em hipótese de competência delegada à Justiça Estadual.
Prazo de interposição:	15 dias (art. 1.003, § 5º do CPC).
Peças obrigatórias:	cópias da decisão agravada e de sua certidão de intimação, e das procurações dos patronos das partes (art. 1.017, do CPC/15). Declara-se, se for o caso, a inexistência das peças obrigatórias.
Peças facultativas:	todas as que possam importar para o deslinde da causa e a efetiva compreensão da matéria. (art. 1.017, do CPC/15) Ambas as peças (obrigatórias e facultativas) devem ser autenticadas. Todavia, a jurisprudência entende que a declaração de autenticidade, sob pena de responsabilidade, pronunciada pelo patrono da parte agravante supre tal necessidade.
Questão de direito:	Configura-se o cabimento da tutela de evidência (art. 311, II, do CPC/15). Súmula n. 729 do STF: "A decisão na ADC-4 não se aplica à antecipação de tutela em causa de natureza previdenciária." Redigida no CPC/73, entende-se perfeitamente aplicável essa Súmula ao sistema do CPC/15.
Efeito suspensivo ou antecipação da tutela recursal:	A liminar, em sede de agravo de instrumento, corresponde à concessão de efeito suspensivo ou antecipação da tutela recursal (art. 1.019, CPC/15).
Preparo e Justiça gratuita:	O recurso de agravo de instrumento exige preparo (art. 1.017, § 1º, CPC/15). Entretanto, é cabível a concessão dos benefícios da justiça gratuita (art. 98 do CPC/15). Mesmo sendo a parte autora já aposentada, portanto, recebendo algum valor de benefício previdenciário, pode-se requerer a concessão dos benefícios da justiça gratuita, alegando-se não possuir condições de arcar com o custo econômico do processo sem causar prejuízo ao sustento próprio e familiar.
Comunicação ao juízo *a quo*:	Necessidade, a fim de que a decisão agravada possa ser reconsiderada (art. 1.018, do CPC/15)

III. RECURSO DE APELAÇÃO
(SENTENÇA QUE JULGA IMPROCEDENTE O PEDIDO DE DESAPOSENTAÇÃO)

EXMO. SR. DR. JUIZ FEDERAL DA ....ª SEÇÃO JUDICIÁRIA DE... / EXMO. SR. DR. JUIZ DE DIREITO DA __VARA DE... (*na hipótese em que a demanda foi processada pela Justiça Estadual, inexistindo Vara Federal no domicílio do segurado*)

Recurso de Apelação

Proc. Originário: n. ..../2009 — 89ª Vara Federal da Secção Judiciária de...

FULANO, já qualificado nestes autos, por seus advogados abaixo assinados, com escritório no endereço ...., onde receberão as intimações, vem, respeitosamente, a V. Exa., na forma dos arts. 1.009 e seguintes, do Código de Processo Civil de 2015, interpor **RECURSO DE APELAÇÃO** contra sentença proferida nos autos da ação previdenciária em epígrafe que move em face do **INSS — INSTITUTO NACIONAL DO SEGURO SOCIAL**, autarquia federal, representada judicialmente por sua Procuradoria com sede na Capital deste Estado.

Requer seja o presente recebido nos seus efeitos legais e encaminhado ao Tribunal Regional Federal depois de cumpridas as formalidades processuais cabíveis. Aproveita-se para juntar ao final a competente guia de recolhimento das custas de preparo (*OBS.: quando não requerida a concessão de justiça gratuita*).

Termos em que,

Pede deferimento.

Brasília, **DATA**
ADVOGADO — OAB/DF

EXMO. SR. DES. FEDERAL PRESIDENTE DO EG. TRIBUNAL REGIONAL FEDERAL DA 1ª REGIÃO/DF

RAZÕES DE APELAÇÃO

Processo n. XXXX/2009
Apelante: ....
Apelado: INSS — Instituto Nacional do Seguro Social

EGRÉGIO TRIBUNAL
COLENDA TURMA

I — DOS FATOS

O apelante ajuizou demanda previdenciária contra o recorrido no desiderato de obter desaposentação. Porém, o insigne magistrado sentenciante, não agindo com o costumeiro acerto, a despeito de seus inegáveis conhecimentos jurídicos, houve por bem julgar improcedente a demanda, sob o fundamento de que a desaposentação não encontra previsão no ordenamento jurídico brasileiro.

(*OBS.: é relevante expor um resumo do conteúdo da sentença, com seus fundamentos, tais como necessidade de restituição dos valores relativos à primeira aposentadoria, impossibilidade de renúncia à primeira aposentadoria etc.*)

II — DAS RAZÕES PARA REFORMA DA DECISÃO RECORRIDA

A decisão hostilizada, todavia, não merece prosperar.

O autor aposentou-se em 2003, no RGPS, conforme fazem prova os documentos que se encontram em anexo no final desta exordial (*OBS.: sugere-se elencar os documentos que comprovam essa situação, assim como explicitar os períodos contributivos, número do benefício e DIB etc.*).

Após aposentado, e diante dos baixos proventos que lhe assegurou o INSS, retornou ao mercado de trabalho, deixando de gozar plenamente do conforto e sossego que se espera da tão almejada aposentadoria.

Nessa condição, foi obrigado a recolher contribuições previdenciárias, nos termos da legislação.

Havendo feito simulação/projeção no *site* da autarquia previdenciária, com proveito das novas contribuições vertidas aos cofres públicos, as quais lhe proporcionariam melhor aposentadoria, procurou o INSS para obter a chamada "desaposentação", isto é, a alteração de sua primeira aposentadoria, por meio de renúncia, e a concessão subsequente de nova aposentadoria, sendo recalculado seu salário de benefício e RMI com utilização das novas e posteriores contribuições.

Ademais, a parte autor faz jus à chamada fórmula 85/95, trazida pela Lei n. 13.183/15, vez que, desaposentado, sua nova aposentadoria deve ser calculada sem a incidência do fator previdenciário, dado que somando sua idade e seu tempo de contribuição, possui 85/95 pontos (*OBS: especificar se a parte autora possui 85 ou 95 pontos no caso de ser, respectivamente, mulher ou homem*).

Sublinhe-se que além de possuir os pontos necessários a parte autora também conta com o tempo mínimo de contribuição exigido pela legislação: 30 anos de contribuição para a mulher e 35 anos de contribuição no caso do homem.

Todavia, a autarquia previdenciária se negou a conceder nova aposentadoria ao autor, sob a alegação genérica de ausência de previsão legal e de ofensa ao ato jurídico perfeito.

Diante dessa negativa da autarquia previdenciária, viu-se a necessidade do recurso ao Poder Judiciário, tendo em vista que a parte autora preenche todos os requisitos necessários para a Desaposentação/o recálculo de sua RMI.

A tutela de evidência, entretanto, restou negada. Porém, esta interpretação não merece prevalecer.

Em que pese o entendimento contrário emitido pelo INSS, doutrina e jurisprudência têm admitido a desaposentação (*OBS.: desenvolver o raciocínio, a partir das premissas teóricas desenvolvidas ao longo da obra, adiante expostas, resumidamente*).

Em primeiro lugar, deve ser afastada a premissa da *ausência de previsão legal*.

O art. 18, § 2º, da Lei de Benefícios, deve ser interpretado no sentido de que obsta a percepção de dupla aposentadoria; não poderia vedar a atualização ou recálculo da RMI a partir de novas contribuições previdenciárias vertidas ao INSS após a primeira aposentadoria.

É que, embora apresente essa dicção expressa, inúmeros outros preceitos e princípios jurídicos modificam sua interpretação.

A começar pelo caráter contributivo da Previdência Social, mais acentuado após a promulgação da Emenda Constitucional n. 20/1998. Considerando que os segurados, atualmente, detêm essa qualidade primacialmente a partir do recolhimento de contribuições previdenciárias, tendo ficado para trás o aspecto previdenciário de proteção ao trabalhador, este ponto deve valer também em seu benefício: sendo o regime previdenciário eminentemente contributivo, devem render-lhe frutos, efetivamente, as contribuições posteriores à aposentadoria, com o adequado recálculo de sua RMI.

Nesse sentido, aliás, segue o voto do Exmo. Sr. Min. Luís Roberto Barroso, ao iniciar o julgamento do RE 661.256, em que o STF está apreciando o tema da desaposentação.

Ademais, prevê a legislação inclusive a possibilidade de contagem recíproca para aposentadoria do tempo de contribuição prestado tanto como trabalhador urbano quanto como trabalhador rural, seja na iniciativa privada, seja no serviço público (art. 201, § 9º, da CF) (*OBS.: utilizar esse argumento quando a desaposentação ocorre com alteração de regime, do RGPS para regime próprio ou vice-versa*).

Além disso, a CF garante a liberdade (direito fundamental) ao trabalho, bem como veda, a partir do princípio da moralidade, o enriquecimento ilícito do Estado, que poderia ocorrer no caso em tela, na hipótese de refutada a *desaposentação*.

Neste mesmo rumo, e considerando a natureza tributária das contribuições previdenciárias, pode-se aventar a ocorrência de confisco tributário (vedado constitucionalmente) no caso de a desaposentação ser indeferida, pois ocorreria total desproveito das contribuições previdenciárias posteriores à primeira aposentação.

Sob todos estes últimos pontos de vista, percebe-se que a desaposentação não apresenta *risco ao equilíbrio financeiro e atuarial*, exigido para a sanidade das contas da Previdência Social. E a razão bem simples, conforme exposto há pouco, reside no fato de que as contribuições posteriores à primeva aposentadoria não se encontravam sequer previstas pelo sistema previdenciário.

Outrossim, a vedação à *aparente "renúncia" a direito fundamental*, como se entende sejam as aposentadorias, é argumento que não procede. É que a ideia de que não se pode renunciar a direitos fundamentais não possui a amplitude de que isso possa ocorrer quando há um real benefício ao cidadão, neste caso, o segurado.

São irrenunciáveis os direitos fundamentais (também aqueles previdenciários) quando tornem desamparados ou prejudiquem o cidadão. Havendo melhoria da situação previdenciária do segurado-cidadão, a partir do recálculo de sua RMI, o que consiste no próprio objetivo da Previdência Social, não é viável sustentar tal modalidade de argumento.

Neste sentido, e ponderando-se todos os argumentos de fundo constitucional, verifica-se que é de duvidosa constitucionalidade o art. 181-B do Regulamento da Previdência Social, que declara a irreversibilidade e a irrenunciabilidade de algumas das aposentadorias.

Por derradeiro, cumpre enfrentar o tema do *ato jurídico perfeito*, igualmente apresentado pelo INSS como óbice à *desaposentação*.

A aposentadoria é materializada por meio de um ato administrativo praticado pelo INSS, denominado *aposentação*, um ato administrativo de tipo *vinculado*, que reconhece a situação jurídica dos segurados, transformando-a numa das diversas modalidades de aposentadoria.

Porém, esse ato administrativo, ainda que pleno e acabado, é imune a alterações que possam prejudicar aqueles nele envolvidos, mas, especialmente é uma garantia do segurado contra a Administração (INSS).

Por derradeiro, cumpre registrar que a jurisprudência vem reconhecendo a possibilidade da desaposentação, destacando-se nesse sentido o recurso especial repetitivo n. 1.334.488/SC, julgado pelo STJ, e mesmo o RE 661.256, no STF, conforme indica o voto do Min. Luís Barroso, Relator, ainda pendente de julgamento. (*OBS.: pode-se optar por acrescentar e transcrever, aqui, outras jurisprudências indicadas no corpo da obra*).

Outrossim, atualmente a desaposentação deve ser considerada também à luz da chamada fórmula 85/95, trazida pela Lei n. 13.183/15, permitindo o cálculo da nova aposentadoria sem a incidência do fator previdenciário, quando, somados idade e tempo de contribuição, alcançar-se 85 ou 95 pontos (preenchido também o tempo mínimo de contribuição exigido pela legislação: 30 anos de contribuição para a mulher e 35 anos de contribuição no caso do homem).

Nesses termos, verifica-se que a parte autora efetivamente preenche todas as condições para que lhe seja deferida a desaposentação, pois se aposentou regularmente e, após, continuou trabalhando e recolhendo contribuições previdenciárias, as quais possibilitam o recálculo de sua RMI e um benefício previdenciário mais vantajoso.

Diante desses argumentos e fundamentos, espera seja deferida a *desaposentação* (renúncia à primeira aposentadoria, com subsequente e imediata concessão de nova e *mais vantajosa transformação e/ou recálculo da RMI*), independentemente de restituição dos valores percebidos como primeira aposentadoria, dado seu caráter alimentar.

Em relação à documentação acostada aos autos, verifica-se que o agravante apresentou cópias da Carta de Concessão de sua primeira aposentadoria e da CTPS, incluindo registro de seus salários posteriores à aposentadoria; relatório do CNIS e, também, cópias de seus atuais contracheques (*indicar outros eventuais documentos importantes*). Esses documentos são idôneos a demonstrar a situação mais benéfica ao segurado, conforme valor da nova aposentadoria apresentado na exordial, justificando a "renúncia" à primeira aposentação.

Conforme se verifica dos argumentos acima expostos, revela-se incorreta a decisão hostilizada, a despeito dos notáveis conhecimentos jurídicos do nobre magistrado prolator da mesma, o qual dessa feita não agiu com o costumeiro rigor, devendo ser reformada a r. sentença impugnada.

III — DO PREQUESTIONAMENTO

A fim de proporcionar que a presente discussão chegue até as mais elevadas Cortes, no caso de não acolhida a tese da parte autora, desde já se prequestiona os seguintes dispositivos legais: arts. 5º, inciso XXXV (acesso à justiça), 7º (direito fundamental ao trabalho), 37, *caput* (princípio da moralidade administrativa), 84, inciso IV (desvio do poder regulamentar), 150, inciso IV (vedação do confisco tributário), 201, *caput* e § 9º (regime contributivo da Previdência Social e contagem recíproca), todos da CF/1988; arts. 29 e 53 da LEI DE BENEFÍCIOS (cálculo do valor do benefício); arts. 273, 527, III e 558, todos do CPC, e 181-B do Decreto n. 3.048/1999 (inconstitucionalidade e ilegalidade).

IV — DO PEDIDO

Ante todo o exposto, a parte recorrente requer a essa Colenda Turma deste Egrégio Tribunal Regional Federal que se digne conhecer do presente recurso e, ao final, dar-lhe provimento, reformando a sentença monocrática ora combatida.

Nestes termos,
Pede deferimento.

Brasília, DATA
ADVOGADO, OAB/DF N.................

RECURSO DE APELAÇÃO	
Hipótese:	Interposição do recurso de apelação contra sentença que julga improcedente ação visando desaposentação.
Cabimento:	Prolação de sentença — arts. 1.009 e seguintes do CPC/15.
Competência:	**TRIBUNAL REGIONAL FEDERAL (ART. 109, §§ 3º E 4º, DA CF, C.C. 1.010, DO CPC/15), AINDA QUE A SENTENÇA IMPUGNADA TENHA SIDO PROFERIDA EM HIPÓTESE DE COMPETÊNCIA DELEGADA À JUSTIÇA ESTADUAL. A COMPETÊNCIA É DO TRF, MAS, NUM PRIMEIRO MOMENTO, DEVE O RECURSO SER ENCAMINHADO AO JUIZ DA PRIMEIRA INSTÂNCIA, QUE O RECEBE, PROCESSA E POSTERIORMENTE ENCAMINHA OS AUTOS AO TRF.** Com o CPC/15 não há mais juízo de admissibilidade prévio; os autos sobem direto ao TRF (art. 1.010, § 3º).
Prazo de interposição:	15 dias (art. 1.003, § 5º, do CPC/15). É o mesmo (e com o mesmo fundamento legal) o prazo para responder, embora o INSS e a União Federal possuam prazo em dobro (art. 183 do CPC/15).
Questão de direito:	Reforma da sentença que não deferiu a realização da desaposentação, compreendida como viável a partir de vários preceitos e princípios do ordenamento jurídico.
Preparo e Justiça gratuita:	O recurso de apelação exige preparo. Entretanto, é cabível a concessão dos benefícios da justiça gratuita (art. 98 do CPC/15). Mesmo sendo a parte autora já aposentada, portanto, recebendo algum valor de benefício previdenciário, pode-se requerer a concessão dos benefícios da justiça gratuita, alegando-se não possuir condições de arcar com o custo econômico do processo sem causar prejuízo ao sustento próprio e familiar.
Efeitos da apelação:	A apelação será recebida, como de regra, no duplo efeito (suspensivo e devolutivo), salvo nos casos de sentença que confirma ou concede a tutela provisória (art. 1.012, § 1º, V, do CPC/15).
Possibilidade de retratação da sentença:	É admitida a retratação da sentença (arts. 332, § 3º e 485, § 7º, do CPC/15).
Improcedência liminar do pedido:	Descabimento, nos moldes do art. 332, do CPC/15, que exige que o pedido formulado pelo autor esteja contra a jurisprudência dos Tribunais Superiores. No caso da desaposentação, o STJ já pacificou o entendimento, em recurso especial repetitivo, pelo cabimento da desaposentação. Esse tipo de sentença enseja a interposição de recurso de apelação.
Julgamento no TRF:	O recurso de apelação pode ser decidido monocraticamente, por meio de decisão singular proferida apenas pelo Desembargador Federal Relator, nos termos do art. 932, III a V, do CPC/15 (respectivamente hipóteses de inadmissibilidade por questões processuais, negativa de provimento ou provimento conferido). Nessas hipóteses, deve haver interposição de agravo contra a decisão singular, inclusive para fins de futura interposição de recursos extraordinário e especial. Não sendo o caso de decisão singular, o recurso de apelação será processado e julgado pelo Colegiado.

IV. RECURSO ESPECIAL

EXCELENTÍSSIMO SENHOR DESEMBARGADOR FEDERAL VICE-PRESIDENTE DO EGRÉGIO TRIBUNAL REGIONAL FEDERAL DA 3ª REGIÃO — SÃO PAULO.

Apelação Cível n. xxxx/2009

POMPÔNIO ÁTICO, já qualificado nos autos, por seu advogado e bastante procurador que este subscreve, nos autos do processo *supra* que move em face do **INSS — Instituto Nacional do Seguro Social**, não se conformando com o v. acórdão de fls. XXX, proferido pela Yª Turma deste Egrégio Tribunal Regional Federal da 3ª Região, vem respeitosamente à presença de Vossa Excelência, interpor o presente **RECURSO ESPECIAL** e requerer sua remessa, com as inclusas razões, ao Colendo Superior Tribunal de Justiça, para reforma do acórdão recorrido, o que faz com fundamento nas alíneas *a* e *c* do inciso III, do art. 105, da Constituição Federal, na forma do art. 1.029 e seguintes do CPC/15.

Nestes Termos, pede deferimento.

S. Paulo, DATA.

ADVOGADO (OAB N. zzzz)

RAZÕES DO RECURSO ESPECIAL

Egrégio Tribunal,
Colenda Turma,
Eméritos Ministros Julgadores,
Ínclito Ministro Julgador

I — HISTÓRICO DA DEMANDA

O recorrente propôs ação ordinária de "DESAPOSENTAÇÃO C/C NOVA CONCESSÃO DE APOSENTADORIA POR TEMPO DE CONTRIBUIÇÃO" em face do recorrido, uma vez que, após a concessão da aposentadoria proporcional por tempo de contribuição continuou a exercer atividade laboral, possuindo atualmente tempo de contribuição superior a 35 anos, pelo que faz jus à concessão do benefício integral, com recálculo de sua RMI.

O Egrégio TRF da 3ª Região, entretanto, em acórdão proferido por sua Yª Turma, negou provimento ao recurso que a parte havia interposto, indeferindo a pretensão do ora recorrente, por considerar que as aposentadorias são irreversíveis e irrenunciáveis, assim como que a desaposentação carece de fundamento legal expresso, entendendo também pela necessidade de devolução dos valores recebidos a título de primeira aposentadoria.

II — DO CABIMENTO DO RECURSO ESPECIAL

O art. 105 da Constituição Federal, em seu inciso III, alíneas *a* e *c*, dispõe que:

"Art. 105. Compete ao Superior Tribunal de Justiça:
(...)

III — julgar, em recurso especial, as causas decididas, em única ou última instância, pelos Tribunais Regionais Federais ou pelos tribunais dos Estados, do Distrito Federal e Territórios, quando a decisão recorrida:

a) contrariar tratado ou lei federal, ou negar-lhes vigência;

(...)

c) der a lei federal interpretação divergente da que lhe haja atribuído outro tribunal."

Em atendimento ao quanto constitucionalmente exigido, o recurso foi interposto contra acórdão do qual não cabe mais recurso, tendo sido a questão apreciada pela última instância ordinária, a qual se encontra, ademais, devidamente prequestionada, não incidindo, ademais, em reexame de questões fáticas ou matéria probatória.

O v. acórdão recorrido, ao deixar de aplicar o melhor direito, como costumeiramente age aquela Colenda Turma julgadora, incorreu na violação de diversos preceitos da legislação previdenciária, em especial dos arts. 18, § 2º, da Lei de Benefícios, e 181-B do Decreto n. 3.048/1999, que a regulamenta, bem como a eles deu interpretação divergente da que lhe dão os outros Tribunais da Federação.

Portanto, o recurso especial ora interposto é cabível, por força da incidência das alíneas *a* e *c*, ambas do inciso III do art. 105 da Constituição Federal, o que é reiterado pelo fato de o STJ já haver reconhecido a possibilidade da desaposentação, dispensando eventual restituição da primeira aposentadoria, no recurso especial repetitivo 1.334.488/SC, tido por decisão paradigma.

Cumpridos, ademais, os requisitos exigidos no art. 1.029 e seguintes do Código de Processo Civil de 2015, passa o recorrente à exposição dos fatos e do direito aqui versados, bem como à apresentação das razões do seu pedido de reforma da decisão ora recorrida, devendo, destarte, ser admitido, conhecido e, ao fim, provido o presente recurso especial.

III — RAZÕES DE REFORMA

O acórdão recorrido deve ser reformado porque contrariou frontalmente a legislação federal, especialmente os arts. 18, § 2º, da Lei de Benefícios, e 181-B do Decreto n. 3.048/1999, bem como incidiu em divergência jurisprudencial, conforme se passa a expor, sobretudo porque o STJ já reconheceu a possibilidade da desaposentação, dispensando eventual restituição da primeira aposentadoria, no recurso especial repetitivo 1.334.488/SC.

Violação aos arts. 18, § 2º, da Lei de Benefícios, e 181-B do Decreto n. 3.048/1999:

O acórdão recorrido, diante da interpretação que lhes deu, contrariou frontalmente e infringiu a legislação federal, em particular os arts. 18, § 2º, da Lei de Benefícios, e 181-B do Decreto n. 3.048/1999.

É que não se pode admitir seja a desaposentação negada sob o fundamento de ausência de previsão legal expressa, ou pela garantia do ato jurídico perfeito, muito menos pelo fato de que a previsão regulamentar estaria a proibir a renúncia a benefício previdenciário. Por outro lado, também não se pode admitir que a desaposentação seja concedida de modo condicionado à restituição da primeira aposentadoria.

Em primeiro lugar, deve ser afastada a premissa da *ausência de previsão legal*. O art. 18, § 2º, da Lei de Benefícios, deve ser interpretado no sentido de que obsta a percepção de dupla aposentadoria; não poderia vedar a atualização ou recálculo da RMI a partir de novas contribuições previdenciárias vertidas ao INSS após a primeira aposentadoria.

Embora apresente essa dicção expressa, inúmeros outros preceitos e princípios jurídicos modificam sua interpretação. A começar pelo caráter contributivo da Previdência Social, acentuado após a promulgação da Emenda Constitucional n. 20/1998, com reflexos na legislação infraconstitucional.

Considerando que os segurados, atualmente, detêm essa qualidade primacialmente a partir do recolhimento de contribuições previdenciárias, tendo ficado para trás o aspecto previdenciário de proteção ao trabalhador, este ponto deve valer também em seu benefício: sendo o regime previdenciário eminentemente contributivo, devem render-lhe frutos, efetivamente, as contribuições posteriores à aposentadoria, com o adequado recálculo de sua RMI.

Sob todos esses últimos pontos de vista, percebe-se que a desaposentação não apresenta *risco ao equilíbrio financeiro e atuarial*, exigido para a sanidade das contas da Previdência Social. E a razão reside no fato de que as contribuições posteriores à primeira aposentadoria não se encontravam sequer previstas pelo sistema previdenciário.

Outrossim, a vedação à *aparente "renúncia" a direito fundamental*, como se entende sejam as aposentadorias, é argumento que não procede. É que a ideia de que não se pode renunciar a direitos fundamentais não possui a amplitude de que isso possa ocorrer quando há um real benefício ao cidadão, neste caso, o segurado.

São irrenunciáveis os direitos fundamentais (também os direitos previdenciários) quando isso torne completamente desamparado ou prejudique o cidadão. Quando a renúncia traz melhoria da situação previdenciária do segurado-cidadão a partir do recálculo de sua RMI, a exemplo do que ocorre na renúncia de valores para ingresso nos Juizados Especiais Federais, não é viável sustentar tal modalidade de argumento, pois este vem a ser exatamente o próprio objetivo da Previdência Social.

Da mesma forma se deve enfrentar o tema do *ato jurídico perfeito*, igualmente apresentado pelo INSS como óbice à *desaposentação*.

A aposentadoria é materializada mediante um ato administrativo praticado pelo INSS, denominado *aposentação*, um ato administrativo de tipo *vinculado*, que reconhece a situação jurídica dos segurados, transformando-a numa das diversas modalidades de aposentadoria.

Porém, esse ato administrativo, ainda que pleno e acabado, é imune a alterações que possam prejudicar aqueles nele envolvidos, mas, especialmente, é uma garantia do segurado contra a Administração (INSS).

Este é o direcionamento que o Egrégio Superior Tribunal de Justiça vem consagrando, conforme a decisão que merece ser transcrita, em função de acolher, explicitamente, a desaposentação, além de entender não ser devida a devolução das parcelas anteriormente recebidas:

RECURSO ESPECIAL. MATÉRIA REPETITIVA. ART. 543-C DO CPC E RESOLUÇÃO STJ 8/2008. RECURSO REPRESENTATIVO DE CONTROVÉRSIA. DESAPOSENTAÇÃO E REAPOSENTAÇÃO. RENÚNCIA A APOSENTADORIA. CONCESSÃO DE NOVO E POSTERIOR JUBILAMENTO. DEVOLUÇÃO DE VALORES. DESNECESSIDADE. 1. Trata-se de Recursos Especiais com intuito, por parte do INSS, de declarar impossibilidade de renúncia a aposentadoria e, por parte do segurado, de dispensa de devolução de valores recebidos de aposentadoria a que pretende abdicar. 2. A pretensão do segurado consiste em renunciar à aposentadoria concedida para computar período contributivo utilizado, conjuntamente com os salários de contribuição da atividade em que permaneceu trabalhando, para a concessão de posterior e nova aposentação. 3. Os benefícios previdenciários são direitos patrimoniais disponíveis e, portanto, suscetíveis de desistência pelos seus titulares, prescindindo-se da devolução dos valores recebidos da aposentadoria a que o segurado deseja preterir para a concessão de novo e posterior jubilamento. Precedentes do STJ. 4. Ressalva do entendimento pessoal do Relator quanto à necessidade de devolução dos valores para a reaposentação, conforme votos vencidos proferidos no REsp 1.298.391/RS; nos Agravos Regimentais nos REsps 1.321.667/PR, 1.305.351/RS, 1.321.667/PR, 1.323.464/RS, 1.324.193/PR, 1.324.603/RS, 1.325.300/SC, 1.305.738/RS; e no AgRg no AREsp 103.509/PE. 5. No caso concreto, o Tribunal de origem reconheceu o direito à desaposentação, mas condicionou posterior aposentadoria ao ressarcimento dos valores recebidos do benefício anterior, razão por que deve ser afastada a imposição de devolução. 6. Recurso Especial do INSS não provido, e Recurso Especial do segurado provido. Acórdão submetido ao regime do art. 543-C do CPC e da Resolução 8/2008 do STJ.

De sorte que o acórdão do TRF deverá ser reformado por Vossas Excelências, por apego ao Direito e à Justiça, sobretudo porque o STJ já reconheceu a possibilidade da desaposentação, dispensando eventual restituição da primeira aposentadoria, no recurso especial repetitivo 1.334.488/SC.

Violação ao art. 492, parágrafo único, do CPC/15

Outro preceito legal que se encontra violado é o art. 492, parágrafo único, do CPC/15, pois proíbe a decisão judicial condicionada, na esteira do antigo art. 460, do CPC/73. O v. acórdão recorrido condiciona a efetivação da desaposentação à restituição dos valores obtidos a título de primeira aposentadoria.

Além disso, a imposição de restituição da primeira aposentadoria implica numa espécie de *reformatio in pejus*, pois o ora recorrente procurou o Tribunal Regional Federal da 3ª Região a fim de obter a desaposentação, vendo-se condenado, ao final, a devolver tais valores ao INSS.

Da divergência jurisprudencial

Além da violação à legislação federal acima invocada, cumpre ressaltar que o Tribunal *a quo* também incorreu em interpretação do citado dispositivo de maneira diversa da empregada por outros Tribunais da Federação, a começar do próprio STJ, merecendo reforma também por tal fundamento.

A fim de demonstrar o dissídio pretoriano, o recorrente elabora, abaixo, um quadro sinótico que sintetiza a divergência entre o posicionamento do TRF da 3ª Região, ora impugnado, e o dos Tribunais Regionais Federais da 1ª e da 2ª Regiões, inclusive o STJ:

TRF da 3ª Região (acórdão recorrido)	STJ e TRF da 4ª Região
Art. 18, § 2º, da LB; art. 181-B do Decreto n. 3.048/1999	Art. 18, § 2º, da LB; art. 181-B do Decreto n. 3.048/1999
(transcrever trecho do acórdão) O acórdão recorrido interpreta esses preceitos de modo a vedar ou condicionar a desaposentação à restituição da primeira aposentadoria.	*(transcrever trecho de acórdão selecionado, de preferência o recurso especial repetitivo)* O acórdão paradigma interpreta esses preceitos sem condicionar a desaposentação à restituição da primeira aposentadoria.

Em resumo, verifica-se que o TRF da 3ª Região vem dando interpretação aos preceitos contidos nos arts. 181-B do Decreto n. 3.048/1999, e 18, § 2º, da Lei de Benefícios, no sentido de que é incabível a desaposentação, ou cabível somente se condicionada à restituição dos valores da primeira aposentadoria, o que não é admitido no STJ e outros Tribunais Regionais Federais.

De modo que resta claramente caracterizada a divergência pretoriana, viabilizando, no caso, a interposição e o conhecimento do recurso especial, conforme dispõem os arts. 105, inciso III, alínea *c*, e 1.029, § 1º, do CPC/15.

IV — DO PEDIDO

Diante de todo o exposto, requer o recorrente que o presente Recurso Especial seja conhecido, processado e provido, e, consequentemente, reformado o v. acórdão recorrido, para, na conformidade do art. 105, inciso III, alíneas *a* e *c* da Constituição Federal, reconhecer que referida decisão colegiada contrariou a lei federal e lhe negou vigência, configurando também dissídio jurisprudencial, procedendo, assim, à reforma integral do julgado do Tribunal de origem.

Por ser medida da mais pura e cristalina JUSTIÇA!

De SP para Brasília, DATA.
ADVOGADO
OAB/SP N. YYY

RECURSO ESPECIAL	
Hipótese:	Interposição do recurso especial contra acórdão de TRF que nega provimento a recurso de apelação visando à efetivação da desaposentação.
Competência:	A competência para processar e julgar o recurso especial é do STJ, mas, num primeiro momento, deve o recurso ser encaminhado à Vice-Presidência do respectivo TRF, que o recebe, processa e posteriormente encaminha os autos ao STJ (art. 1.030, do CPC/15, com redação dada pela Lei n. 13.256/16).
Prazo de interposição:	15 dias (art. 1.003, § 5º, do CPC/15). É o mesmo (e com o mesmo fundamento legal) o prazo para responder, embora o INSS e a União Federal possuam prazo em dobro (art. 183, do CPC/15).
Preparo e Justiça gratuita:	O recurso especial exige preparo. Entretanto, é cabível a concessão dos benefícios da justiça gratuita (art. 98 do CPC/15). Mesmo sendo a parte autora já aposentada, portanto recebendo algum valor de benefício previdenciário, pode-se requerer a concessão dos benefícios da justiça gratuita, alegando-se não possuir condições de arcar com o custo econômico do processo sem causar prejuízo ao sustento próprio e familiar.
Requisitos de admissibilidade:	Além dos requisitos normais de admissibilidade recursal (interesse em recorrer, legitimidade processual, tempestividade, preparo, forma, inexistência de fato impeditivo do direito de recorrer), os recursos especiais ainda exigem o cumprimento dos requisitos constitucionais de admissibilidade: esgotamento das instâncias ordinárias, matéria exclusivamente de direito, prequestionamento das normas violadas. STJ e STF poderão desconsiderar vícios processuais ou determinar sua correção (art. 1.029, § 3º, do CPC/15).
Recurso de agravo:	No caso de não admissão do recurso especial, cabe recurso de agravo, em petição dirigida ao Presidente ou Vice-Presidente do respectivo TRF (art. 1.042, § 2º, do CPC/15, com redação dada pela Lei n. 13.256/16).
Prequestionamento:	A desaposentação envolve discussão especialmente a respeito dos arts. 18, § 2º, da Lei de Benefícios e 181-B do Decreto Regulamentar, os quais devem ser prequestionados para fins de cabimento de recurso especial. O STJ já admitiu a desaposentação, com dispensa de restituição da primeira aposentadoria, no recurso especial repetitivo 1.334.488/SC. Para os casos em que for buscada a desaposentação pela fórmula 85/95 também esse dispositivo legal deve ser prequestionado.
Dissídio jurisprudencial:	Exige-se a demonstração do dissídio jurisprudencial, no caso do recurso especial, o que se dá pela demonstração de como julga o acórdão recorrido e como interpreta a decisão paradigma (art. 1.029, § 1º, do CPC/15). De outra parte, os Tribunais, na admissibilidade do recurso especial, não poderão genericamente alegar que o dissídio não está configurado (art. 1.029, § 2º, do CPC/15).
Julgamento no STJ:	O recurso especial pode ser decidido monocraticamente, por decisão singular proferida apenas pelo Ministro Relator, nos termos do art. 932, III a V, do CPC/15 (respectivamente hipóteses de inadmissibilidade por questões processuais, negativa de provimento ou provimento conferido). Nessas hipóteses, deve haver interposição de agravo contra a decisão singular. Não sendo o caso de decisão singular, o recurso especial será processado e julgado pelo Colegiado.

V. RECURSO EXTRAORDINÁRIO

EXMO. SR. DESEMBARGADOR FEDERAL VICE-PRESIDENTE DO EGRÉGIO TRIBUNAL REGIONAL FEDERAL DA 3ª REGIÃO — SÃO PAULO.

Apelação Cível n. xxx/2010
Origem: Zª Turma do TRF da Região

SÊNECA, já qualificado nos autos, por seu advogado que esta subscreve, nos autos do processo *supra* que move em face do **INSS — Instituto Nacional do Seguro Social**, não se conformando com o v. acórdão de fls. Y, proferido pela Zª Turma deste Egrégio Tribunal Regional Federal da 3ª Região, vem respeitosamente à presença de Vossa Excelência, interpor o presente **RECURSO EXTRAORDINÁRIO** e requerer sua remessa, com as inclusas razões, ao Egrégio Superior Tribunal de Justiça, para reforma do acórdão recorrido, o que faz com fundamento no art. 102, inciso III, letra *a*, da Constituição Federal, art. 1.029, do CPC/15, e demais dispositivos processuais inerentes.

Nestes Termos, pede deferimento.
SP, DATA.

ADVOGADO
OAB/SP N. XXX

EXCELENTÍSSIMO SENHOR MINISTRO PRESIDENTE DO COLENDO SUPREMO TRIBUNAL FEDERAL

RAZÕES DE RECURSO EXTRAORDINÁRIO

I — PRELIMINAR — DA REPERCUSSÃO GERAL

O recurso extraordinário somente será admitido se a questão constitucional tiver relevo, sob o ponto de vista econômico, político, social ou jurídico, e ultrapassar os interesses das partes no processo, de modo a repercutir sobre o interesse ou direito de outrem.

Assim, o presente recurso extremo, assim como a matéria aqui versada são dotados de repercussão geral, apresentando condições de admissibilidade e conhecimento pelo Excelso Pretório.

É que a desaposentação insere-se no quadro do sistema previdenciário brasileiro, consistindo em direito fundamental social, nos termos dos arts. 6º e 7º da Constituição Federal. Ademais, é decorrência da continuidade da atividade laboral, e o direito ao trabalho também é direito fundamental.

Outrossim, o instituto da desaposentação é técnica que permite o aproveitamento das contribuições previdenciárias posteriores à aposentadoria, com sensível melhoria no valor dos benefícios previdenciários.

Nestes termos, a discussão aqui travada se reveste dos requisitos legais para admissibilidade, pois apresenta discussão de profundo impacto econômico e social, que ultrapassa o interesse das partes aqui em conflito, atingindo um considerável universo de aposentados e pensionistas no País.

Tais argumentos restaram acatados nos Recursos Extraordinários ns. 381.367 e 661.256, em que foi reconhecida a repercussão geral do tema em espécie, com julgamentos ainda inconclusos no Plenário do Pretório Excelso.

O conhecimento do presente recurso, portanto, reforça a característica extraordinária dessa Corte, na medida em que preserva sua elevada função de estabelecer decisões paradigmáticas sobre a interpretação e o alcance da Constituição Federal.

Do cabimento do Recurso Extraordinário

O art. 102 da Constituição Federal, em seu inciso III, alíneas *a* e *c*, dispõe que:

"Art. 102. Compete ao Supremo Tribunal Federal:
(...)
III — julgar, mediante recurso extraordinário, as causas decididas em única ou última instância, quando a decisão recorrida:
a) contrariar dispositivo desta Constituição."

Em atendimento ao quanto constitucionalmente exigido, o recurso foi interposto contra acórdão do qual não cabe mais recurso, tendo sido a questão apreciada pela última instância ordinária, a qual se encontra, devidamente prequestionada, não incidindo, ademais, em reexame de questões fáticas ou de prova. Outrossim, e conforme acima consignado, o tema apresenta repercussão geral.

O v. acórdão recorrido, ao deixar de aplicar o melhor direito, como costumeiramente age aquela Colenda Turma julgadora, incorreu na violação de diversos preceitos constitucionais, mas especialmente dos arts. 6º, 7º, 84, inciso IV, e 201, *caput* e § 9º.

Portanto, o recurso extraordinário ora interposto é cabível, por força da incidência da alínea *a* do inciso III do art. 102 da Constituição Federal.

Cumpridos, ademais, os requisitos exigidos no art. 1.029 e seguintes, do Código de Processo Civil de 2015, passa o recorrente à exposição dos fatos e do direito aqui versados, bem como à apresentação das razões do seu pedido de reforma da decisão ora recorrida, devendo, destarte, ser admitido, conhecido e, ao fim, provido o presente recurso especial.

II — RAZÕES DE REFORMA

Da inconsticionalidade do art. 181-B do Decreto n. 3.048/1999

Considerando que na Carta Magna não há qualquer vedação à desaposentação, tampouco na legislação específica da Previdência Social, verifica-se que existe apenas o art. 181- B do Decreto n. 3.048/1999, a fazê-lo, de modo claramente inconstitucional, limitando direitos fundamentais quando sequer a lei teria esse alcance.

O art. 18, § 2º, da Lei de Benefícios, deve ser interpretado no sentido de que obsta a percepção de dupla aposentadoria; não poderia vedar a atualização ou o recálculo da RMI a partir de novas contribuições previdenciárias vertidas ao INSS após a primeira aposentadoria.

Embora apresente essa dicção expressa, inúmeros outros preceitos e princípios jurídicos modificam sua interpretação.

Em primeiro lugar porque a CF garante a liberdade (direito fundamental) ao trabalho, bem como veda, a partir do princípio da moralidade, o enriquecimento ilícito do Estado, que poderia ocorrer no caso em tela, na hipótese de refutada a *desaposentação*.

Outrossim, a vedação à *aparente "renúncia" a direito fundamental*, como se entende sejam as aposentadorias, é argumento que não procede. São irrenunciáveis os direitos fundamentais (também os direitos fundamentais previdenciários) quando tornem desamparado ou prejudiquem o cidadão. Havendo melhoria da situação previdenciária do segurado-cidadão a partir do recálculo de sua RMI com as novas contribuições recolhidas, não é viável sustentar tal modalidade de argumento, pois este é justamente o próprio objetivo constitucional da Previdência Social.

Também cumpre enfrentar o tema do *ato jurídico perfeito*, igualmente apresentado pelo INSS como óbice à *desaposentação*.

A aposentadoria é materializada por meio de um ato administrativo praticado pelo INSS, denominado *aposentação*, um ato administrativo de tipo *vinculado*, que reconhece a situação jurídica dos segurados, transformando-a numa das diversas modalidades de aposentadoria.

Porém, esse ato administrativo, ainda que pleno e acabado, é imune a alterações que possam prejudicar aqueles nele envolvidos, mas, especialmente, é uma garantia do segurado contra a Administração (INSS).

De sorte que, em virtude de todos os argumentos apresentados, avulta a inconstitucionalidade do art. 181-B do Decreto n. 3.048/1999, conforme a interpretação que lhe foi atribuída no aresto impugnado.

Da ofensa ao art. 84, inciso IV, da Constituição Federal

Pelas mesmas razões acima aduzidas, verifica-se que o art. 84, inciso IV, da CF, encontra-se violado pela presença do art. 181-B do Decreto n. 3.048/1999, no ordenamento jurídico brasileiro.

Com efeito, a simples vigência do referido art. 181-B do Regulamento da Previdência Social extrapola o poder regulamentar que o referido preceito constitucional confere ao Presidente da República, pois a própria Lei de Benefícios assim não dispôs a respeito da renúncia e alteração de aposentadorias.

Da ofensa ao art. 201, *caput*, da Constituição Federal

Igualmente o art. 201, *caput*, da Constituição Federal, que estabelece o regime contributivo para a Previdência Social brasileira encontra-se violado.

O caráter contributivo da Previdência Social ficou mais acentuado após a promulgação da Emenda Constitucional n. 20/1998, que depois produziu reflexos na legislação previdenciária infraconstitucional.

Considerando, portanto, que atualmente os segurados detêm essa qualidade primacialmente a partir do recolhimento de contribuições previdenciárias, tendo ficado para trás o aspecto previdenciário de proteção ao trabalhador, este ponto deve valer também em seu benefício: sendo o regime previdenciário eminentemente contributivo, devem render-lhe frutos, efetivamente, as contribuições posteriores à aposentadoria, com o adequado recálculo de sua RMI.

Neste mesmo rumo, e considerando a natureza tributária das contribuições previdenciárias, pode-se aventar a ocorrência de confisco tributário (vedado constitucionalmente) no caso de a desaposentação ser indeferida, pois ocorreria total desproveito das contribuições previdenciárias posteriores à primeira aposentação.

Ademais, prevê a legislação, inclusive, a possibilidade de contagem recíproca para aposentadoria do tempo de contribuição prestado tanto como trabalhador urbano quanto como trabalhador rural, seja na iniciativa privada, seja no serviço público (art. 201, § 9º, da CF).

Sob todos esses pontos de vista, percebe-se que a desaposentação não apresenta *risco ao equilíbrio financeiro e atuarial*, exigido para a sanidade das contas da Previdência Social. E a razão bem simples, conforme exposto há pouco, reside no fato de que as contribuições posteriores à primeira aposentação não se encontravam sequer previstas pelo sistema previdenciário.

Vale sublinhar que é justamente nesse sentido que segue o voto do Exmo. Sr. Ministro Relator, Luís Roberto Barroso, no RE 661.256, acatando a tese favorável à desaposentação.

Violação do art. 1º, inciso III, da CF (irrepetibilidade das verbas alimentares)

A natureza alimentar das verbas recebidas a título de primeira aposentadoria impede sejam devolvidas, tal como objeto do v. acórdão recorrido.

Em sendo decidido em sentido contrário, estar-se-ia violando o princípio da dignidade da pessoa humana, que o Estado brasileiro comprometeu-se a respeito, conforme fica consignado no art. 1º, inciso III, da Constituição Federal, igualmente violado pela decisão que se busca impugnar.

III — DO PEDIDO

Ante o exposto, é a presente para respeitosamente requerer pela admissão do presente Recurso Extraordinário nos termos do art. 1.029, do Código de Processo Civil de 2015, posto que houve julgamento afrontoso e contrário à Constituição Federal, para, no mérito, requerer pelo seu provimento, promovendo a reforma total do Acórdão ora guerreado de lavra do Egrégio Tribunal Regional Federal 3ª Região, deferindo a desaposentação requerida, por ser medida de inteira **Justiça**.

Termos em que pede e espera deferimento.

De LOCAL para Brasília, DATA.

ADVOGADO

(OAB//N.)

RECURSO EXTRAORDINÁRIO	
Hipótese:	Interposição do recurso extraordinário contra acórdão de TRF que nega a efetivação da desaposentação.
Competência:	A competência para processar e julgar o recurso extraordinário é do STF, mas, num primeiro momento, deve o recurso ser encaminhado à Vice-Presidência do respectivo TRF, que o recebe, processa e posteriormente encaminha os autos ao STJ (art. 1.030, do CPC/15, com redação dada pela Lei n. 13.256/16).
Prazo de interposição:	15 dias (art. 1.003, § 5º, do CPC/15). É o mesmo (e com o mesmo fundamento legal) o prazo para responder, embora o INSS e a União Federal possuam prazo em dobro (art. 183, do CPC/15).
Preparo e Justiça gratuita:	O recurso extraordinário exige preparo. Entretanto, é cabível a concessão dos benefícios da justiça gratuita (art. 98 do CPC/15). Mesmo sendo a parte autora já aposentada, portanto recebendo algum valor de benefício previdenciário, pode-se requerer a concessão dos benefícios da justiça gratuita, alegando-se não possuir condições de arcar com o custo econômico do processo sem causar prejuízo ao sustento próprio e familiar.
Requisitos de admissibilidade:	Além dos requisitos normais de admissibilidade recursal (interesse em recorrer, legitimidade processual, tempestividade, preparo, forma, inexistência de fato impeditivo do direito de recorrer), os recursos especiais ainda exigem o cumprimento dos requisitos constitucionais de admissibilidade: esgotamento das instâncias ordinárias, matéria exclusivamente de direito, prequestionamento das normas violadas. STJ e STF poderão desconsiderar vícios processuais ou determinar sua correção (art. 1.029, § 3º, do CPC/15).
Recurso de agravo	No caso de não admissao do recurso extraordinário, cabe recurso de agravo, em petição dirigida ao Presidente ou Vice-Presidente do respectivo TRF (art. 1.042, § 2º, do CPC/15, com redação dada pela Lei n. 13.256/16).
Prequestionamento:	A desaposentação envolve discussão a respeito de diversos dispositivos constitucionais, especialmente arts. 5º, XXXV, 6º, 7º, e 201, os quais devem ser prequestionados para fins de cabimento de recurso extraordinário.
Repercussão geral:	O recurso extraordinário exige também a demonstração da repercussão geral do caso, nos termos do art. 1.035 e seguintes, do CPC/15. A desaposentação já teve sua repercussão geral admitida, no RE 661.256/SC, devendo ser indicado esse precedente no recurso a ser elaborado.
Julgamento no STF:	O recurso extraordinário pode ser decidido monocraticamente, por decisão singular proferida apenas pelo Ministro Relator, nos termos do art. 932, III a V, do CPC/15 (respectivamente hipóteses de inadmissibilidade por questões processuais, negativa de provimento ou provimento conferido). Nessas hipóteses, deve haver interposição de agravo contra a decisão singular. Não sendo o caso de decisão singular, o recurso especial será processado e julgado pelo Colegiado.

ANEXO

Íntegra do voto do Relator, Ministro Luís Barroso, no RE 661.256
(que trata da desaposentação)

RE N. 661.256 — DESAPOSENTAÇÃO

VOTO

O SENHOR MINISTRO LUÍS ROBERTO BARROSO (RELATOR):

Ementa: PREVIDÊNCIA SOCIAL. REGIME GERAL. POSSIBILIDADE DE DESAPOSENTAÇÃO. NORMAS APLICÁVEIS.

1. O Regime Geral da Previdência Social — RGPS, aplicável a todos os trabalhadores da iniciativa privada, é informado por mandamentos constitucionais que incluem o equilíbrio financeiro e atuarial, a isonomia entre os segurados e a justiça intergeracional. O sistema é estruturado em torno de dois vetores: a) o caráter contributivo e (b) o princípio da solidariedade.

2. A solidariedade decorre, entre outros fatores, do modelo de financiamento, que abrange não apenas as contribuições dos empregados, mas também dos empregadores, além de recursos orçamentários e outras fontes de custeio. O caráter contributivo resulta do pagamento de contribuições pelos empregados, em troca de coberturas a serem fornecidas pelo sistema, que incluem a percepção de proventos com base no tempo e no valor das contribuições.

3. Em razão do princípio da solidariedade, não se exige uma correspondência estrita entre contribuição e benefício, até porque o sistema ampara pessoas que nunca contribuíram ou contribuíram de maneira muito limitada. Por outro lado, tendo em vista o caráter contributivo do modelo, exige-se algum grau de comutatividade entre o que se recolhe e o que se recebe. Como consequência, não é legítima a cobrança feita ao segurado sem qualquer contraprestação efetiva ou potencial.

4. A figura da *desaposentação* consiste na renúncia a uma primeira aposentadoria para obtenção de uma nova, em melhores condições, com utilização de contribuições posteriores, pagas em razão da volta à atividade. A Lei nº 8.213/91 — e seu art. 18, § 2º —, não cuida da desaposentação, por ter sido editada ao tempo em que as contribuições posteriores à aposentadoria eram restituídas ao segurado sob a forma de pecúlio.

5. Não sendo vedada pela legislação, a desaposentação é possível. No entanto, à falta de legislação específica — e até que ela sobrevenha —, a matéria sujeita-se à incidência direta dos princípios e regras constitucionais que cuidam do sistema previdenciário. Disso resulta que os proventos recebidos na vigência do vínculo anterior precisam ser levados em conta no cálculo dos proventos no novo vínculo, sob pena de violação do princípio da isonomia e do equilíbrio financeiro e atuarial do sistema.

6. Até que seja editada lei que trate da matéria, será adotado o seguinte critério: no cálculo dos novos proventos, os fatores *idade* e *expectativa* de vida devem ser aferidos com referência ao momento de aquisição da primeira aposentadoria. Tal interpretação se impõe em razão da finalidade de tais fatores à luz do sistema constitucional: graduar o valor dos benefícios

em função do tempo estimado de permanência do segurado no sistema. Do contrário, o servidor *desaposentado* receberia benefícios por prazo muito maior do que os outros segurados com a mesma idade e o mesmo tempo de contribuição.

7. Tal solução destina-se a colmatar uma lacuna existente no sistema jurídico em relação à desaposentação. Por essa razão, somente será aplicada 180 (cento e oitenta) dias após a publicação do presente acórdão. Nesse intervalo, se os Poderes Legislativo e Executivo entenderem que devem prover diferentemente acerca da matéria, observadas as diretrizes constitucionais aqui traçadas, o ato normativo que venham a editar deverá prevalecer.

8. Recursos extraordinários aos quais se dá provimento parcial, assentando-se a validade da desaposentação, observada a condição enunciada no item anterior.

I. A HIPÓTESE

1. Os presentes recursos extraordinários discutem a existência ou não do direito à chamada *desaposentação*, consistente na renúncia a uma aposentadoria concedida no Regime Geral da Previdência Social (RGPS) para fins de aquisição de um novo vínculo, em condições mais favoráveis, no mesmo sistema. De forma específica, a melhoria seria decorrente do fato de o segurado haver continuado em atividade laboral ou a ela haver retornado após a concessão do primeiro benefício, tendo efetuado novas contribuições previdenciárias obrigatórias, as quais pretende ver consideradas no cálculo do novo benefício.

2. O caso concreto subjacente envolve segurado ao qual foi concedida aposentadoria especial em 08.10.1992. Após o deferimento do benefício, o autor permaneceu em atividade remunerada e alega ter completado 35 (trinta e cinco) anos de contribuição. Com base nisso, pleiteou a cessação da aposentadoria especial e, ato contínuo, a concessão do benefício de aposentadoria por tempo de contribuição, com data de início (DIB) em 21.09.2006, valendo-se das contribuições posteriores ao primeiro vínculo previdenciário.

3. O primeiro acórdão recorrido, proveniente do Tribunal Regional Federal da 4ª Região, reconheceu o direito à desaposentação, condicionada à devolução integral dos proventos já recebidos pelo segurado com base na aposentadoria original. Veja-se a ementa do provimento judicial impugnado:

"EMENTA: PREVIDENCIÁRIO. DESAPOSENTAÇÃO PARA RECEBIMENTO DE NOVA APOSENTADORIA. POSSIBILIDADE. AUSÊNCIA DE NORMA IMPEDITIVA. NECESSIDADE DE DEVOLUÇÃO DO MONTANTE RECEBIDO NA VIGÊNCIA DO BENEFÍCIO ANTERIOR.

1. Tratando-se a aposentadoria de um direito patrimonial, de caráter disponível, é passível de renúncia. 2. Pretendendo o segurado renunciar à aposentadoria por tempo de serviço para postular novo jubilamento, com a contagem do tempo de serviço em que esteve exercendo atividade vinculada ao RGPS e concomitantemente à percepção dos proventos de aposentadoria, os valores recebidos da autarquia previdenciária a título de amparo deverão ser integralmente restituídos. Precedente da terceira Seção desta Corte. 3. O art. 181-B do Dec. nº 3.048/99, acrescentado pelo Decreto nº 3.265/99, que previu a irrenunciabilidade e a irreversibilidade das aposentadorias por idade, tempo de contribuição/serviço e especial, como norma regulamentadora que é, acabou por extrapolar os limites a que está sujeita, porquanto somente a lei pode criar, modificar ou restringir direitos (inciso II do art. 5º da CRFB)."

4. Esse acórdão foi objeto de recursos especial e extraordinário, interpostos tanto pelo particular quanto pelo INSS — Instituto Nacional da Seguridade Social. O Superior Tribunal de Justiça negou provimento ao recurso da autarquia e deu provimento parcial ao recurso do segurado, afastando o dever de restituir os proventos percebidos em razão da primeira aposentadoria. Esse segundo acórdão, objeto de um segundo recurso extraordinário manejado pelo INSS, tem a seguinte ementa:

"PROCESSUAL CIVIL E PREVIDENCIÁRIO. AGRAVO REGIMENTAL NO RECURSO ESPECIAL. PEDIDO DE SOBRESTAMENTO. AUSÊNCIA DE AMPARO LEGAL. VIOLAÇÃO À CLÁUSULA DE RESERVA DE PLENÁRIO. INEXISTÊNCIA. APRECIAÇÃO DE DISPOSITIVOS CONSTITUCIONAIS EM SEDE DE RECURSO ESPECIAL. INADMISSIBILIDADE. RENÚNCIA A BENEFÍCIO DE APOSENTADORIA. POSSIBILIDADE. DIREITO PATRIMONIAL DISPONÍVEL. DEVOLUÇÃO DOS VALORES RECEBIDOS. NÃO OBRIGATORIEDADE. AGRAVO DESPROVIDO.

1. Não subsiste o pleito de se determinar o sobrestamento do julgamento do presente recurso, sob a alegação de que o Supremo Tribunal Federal está apreciando a constitucionalidade do art. 18, § 2º, da Lei nº 8.213/91, tanto por se tratar de pedido desprovido de amparo legal, quanto pelo fato de que a Suprema Corte não está decidindo a questão em tela em sede de controle abstrato de constitucionalidade.

2. Também não prevalece a alegação de ofensa à cláusula de reserva de plenário, uma vez que a decisão hostilizada, sequer implicitamente, declarou a inconstitucionalidade de lei ou ato normativo.

3. A via especial, destinada à uniformização da interpretação do direito federal infraconstitucional, não se presta à análise de dispositivos da Constituição da República, ainda que para fins de prequestionamento, com o intuito de interposição de recurso extraordinário.

4. Permanece incólume o entendimento firmado no decisório agravado, no sentido de que, por se tratar de direito patrimonial disponível, o segurado pode renunciar à sua aposentadoria com o propósito de obter benefício mais vantajoso, no regime geral de previdência social ou em regime próprio de previdência, mediante a utilização de seu tempo de contribuição, sendo certo, ainda, que, tal renúncia não implica em devolução dos valores percebidos.

5. Agravo regimental desprovido."

5. Em ambas as impugnações, o INSS alega três violações à Constituição: (i) garantia do ato jurídico perfeito (CF/88, art. 5º, XXXVI); (ii) violação ao princípio da solidariedade (CF/88, arts. 40, 194 e 195); e (iii) violação ao princípio da isonomia, aplicável entre os segurados (CF/88, art. 5º, *caput* e 201, § 1º). De forma mais específica, o INSS sustenta que a legislação em vigor, informada pelos elementos constitucionais acima referidos, conteria vedação expressa à desaposentação, a qual teria sido desconsiderada pelo acórdão recorrido. O dispositivo em questão é o art. 18, § 2º, da Lei nº 8.213/91, cuja dicção é a seguinte:

"§ 2º O aposentado pelo Regime Geral de Previdência Social — RGPS que permanecer em atividade sujeita a este Regime, ou a ele retornar, não fará jus a prestação alguma da Previdência Social em decorrência do exercício dessa atividade, exceto ao salário-família e à reabilitação profissional, quando empregado. (Redação dada pela Lei nº 9.528, de 1997)."

6. Como se extrai da leitura, o artigo estabelece que o aposentado que passar a exercer atividade sujeita ao RGPS após a aposentadoria não fará jus a prestação alguma em decorrência disso, com exceção do salário-família e da reabilitação profissional, quando empregado. Sem prejuízo disso, a mesma Lei nº 8.213/91 prevê, em seu art. 11, § 3º, a cobrança da contribuição social incidente sobre os rendimentos do trabalho posterior à aposentadoria, nos mesmos termos aplicáveis para os trabalhadores em geral. Veja-se o dispositivo: "§ 3º O aposentado pelo Regime Geral de Previdência Social — RGPS que estiver exercendo ou que voltar a exercer atividade abrangida por este Regime é segurado obrigatório em relação a essa atividade, ficando sujeito às contribuições de que trata a Lei nº 8.212, de 24 de julho de 1991, para fins de custeio da Seguridade Social."

7. Existem, portanto, dois pontos a serem enfrentados: (i) a existência do direito à nova aposentadoria no RGPS, considerando as contribuições efetuadas antes e depois da cessação de aposentadoria anterior, bem como a alteração da idade; e (ii) caso se conclua pela existência de tal direito, saber se há necessidade de devolução dos valores recebidos com base no primeiro vínculo previdenciário, objeto de renúncia.

8. Antes de concluir a apresentação da matéria em exame, cumpre registrar que tramita na Corte o RE 381.367, atualmente sob a relatoria do Ministro Marco Aurélio, no qual se discute a mesma questão de fundo. Esse recurso foi distribuído ao Ministro Maurício Corrêa em 15.04.2003, muito antes de ser introduzida a sistemática da repercussão geral. O julgamento de mérito foi iniciado em 16.09.2010, tendo sido interrompido, por pedido de vista, após o voto do Ministro relator, que reconhecia o direito à desaposentação. Na ocasião, S. Exa. não se pronunciou quanto à necessidade ou não de restituição dos proventos já recebidos. Vale transcrever passagem conclusiva do voto proferido pelo Ministro Marco Aurélio:

"Em síntese, ao trabalhador que, aposentado, retorna à atividade cabe o ônus alusivo à contribuição, devendo-se a ele a contra-partida, os benefícios próprios, mais precisamente a consideração das novas contribuições para, voltando ao ócio com dignidade, calcular-se, ante o retorno e as novas contribuições e presentes os requisitos legais, o valor a que tem jus sob o ângulo da aposentadoria. Essa conclusão não resulta na necessidade de declarar-se inconstitucional o § 2º do artigo 18 da Lei nº 8.213/91, mas em emprestar-lhe alcance consentâneo com a Carta Federal, ou seja, no sentido de afastar a duplicidade de benefício mas não o novo cálculo de parcela previdenciária que deva ser satisfeita. É como voto na espécie."

9. Identificado o objeto da controvérsia, passo ao exame do mérito.

II. PRELIMINARMENTE: INEXISTÊNCIA DE OFENSA AO ART. 97 DA CONSTITUIÇÃO

10. Em sua manifestação, o Ministério Público Federal sustenta que os acórdãos recorridos seriam nulos por violação ao art. 97 da Constituição, que condiciona a declaração da inconstitucionalidade de lei ou ato normativo à decisão da maioria absoluta dos membros de tribunal ou do seu órgão especial. Segundo o *Parquet*, as Cortes de origem teriam negado aplicação ao art. 18, § 2º, da Lei nº 8.213/91, cuja textualidade seria incompatível com qualquer leitura que autorize a desaposentação. A hipótese atrairia, assim, a aplicação da Súmula Vinculante nº 10, com a qual se pretende evitar a prática de negar vigência a determinado dispositivo legal sem a declaração explícita da sua invalidade.

11. Embora o argumento seja plausível, penso que não deve acolhido. O Superior Tribunal de Justiça, encarregado de uniformizar a interpretação da legislação federal, analisou a Lei nº 8.213/91 e entendeu que a figura da desaposentação não foi objeto de disciplina específica, sendo possível à luz dos fundamentos em que se apoia o sistema previdenciário. De forma específica, considerou que o art. 18, § 2º, trata das relações previdenciárias em curso, e não cuidando da possibilidade ou não de renúncia e requerimento de novo vínculo. Não considero essa leitura artificial, sobretudo pela inexistência de dispositivo legal que impeça a abdicação da aposentadoria e/ou que associe a esse ato à consequência de impedir que as contribuições vertidas ao sistema tornem-se imprestáveis para aquisição de um novo benefício.

12. Em rigor, na linha do raciocínio que será desenvolvido ao longo do voto, entendo que a controvérsia se origina de uma deficiência na legislação que rege a matéria, que deixa de equacionar — de forma compatível com a ordem constitucional — a situação dos aposentados que retornam ao mercado de trabalho e efetuam novas contribuições obrigatórias para o RGPS. Essa insuficiência da Lei nº 8.213/91 não decorre de uma suposta invalidade do art. 18, § 2º, mas da falta de dispositivos específicos sobre o tema. Diante disso, os tribunais de origem extraíram a solução que entenderam correta do sistema em vigor, inclusive das diretrizes constitucionais pertinentes. Essa operação, como se sabe, independe da chamada *reserva de plenário*.

13. De toda forma, a fim de evitar que esse Supremo Tribunal Federal deixe de poder apreciar a matéria de fundo por dúvidas de ordem formal, requisitei a subida de outro recurso extraordinário que versa sobre a mesma questão, com a ressalva de que o órgão *a quo* considerou necessário pronunciar a inconstitucionalidade do art. 18, § 2º, da Lei nº 8.213/91, na linha do que alega o Ministério Público. E o fez observando a reserva de plenário. A controvérsia acerca da possibilidade de desaposentação tem suscitado profunda dúvida na sociedade, com milhares de processos parados à espera de uma resposta definitiva por parte do STF. Retardar o exame da matéria apenas aumentaria a insegurança jurídica e a compreensível ansiedade dos potenciais afetados.

III. OS FUNDAMENTOS CONSTITUCIONAIS DO REGIME GERAL DE PREVIDÊNCIA SOCIAL: CARÁTER CONTRIBUTIVO E SOLIDÁRIO DO SISTEMA

14. O direito à previdência social tem sede na Constituição de 1988, que institui os parâmetros básicos para o financiamento do sistema previdenciário e o dimensionamento dos benefícios. Para o presente caso, interessa analisar o Regime Geral de Previdência Social (RGPS), de filiação obrigatória para os trabalhadores da iniciativa privada. Embora não entre em pormenores, a Constituição institui um sistema baseado em duplo fundamento: contributivo e solidário.

15. A dimensão contributiva encontra-se prevista, de forma expressa, no art. 195, II, que determina a cobrança de contribuições previdenciárias dos trabalhadores e demais segurados do sistema[1]. Como se sabe, o art. 195, I, prevê a cobrança também sobre os empregadores[2], o que não deixa de ser uma forma de captação de recursos a partir do mercado de trabalho. A menção ao aspecto contributivo é reiterada no art. 201, que enuncia as coberturas mínimas do sistema e algumas normas básicas quanto ao seu financiamento, dentre as quais se destacam as seguintes:

(i) a diretriz geral é a busca por equilíbrio atuarial, de modo a que a previdência seja sustentável[3];

(ii) em harmonia com essa premissa, a aposentadoria voluntária é condicionada a requisitos de idade e tempo de contribuição[4], do que decorre tanto uma exigência de aportes mínimos quanto uma limitação do período provável de fruição dos benefícios;

(iii) os ganhos habituais do empregado devem ser computados para fins de cálculo das contribuições e dos benefícios[5], o que revela a correspondência entre esses elementos e os rendimentos do segurado em atividade. Reforçando essa correlação, a EC nº 20/98 revogou a previsão de que seriam considerados apenas os últimos trinta e seis salários de contribuição, passando a levar em conta o histórico completo de cada segurado;

---

(1) CF/88, art. 195: "A seguridade social será financiada por toda a sociedade, de forma direta e indireta, nos termos da lei, mediante recursos provenientes dos orçamentos da União, dos Estados, do Distrito Federal e dos Municípios, e das seguintes contribuições sociais: (...) II — do trabalhador e dos demais segurados da previdência social, não incidindo contribuição sobre aposentadoria e pensão concedidas pelo regime geral de previdência social de que trata o art. 201 (...). (Redação dada pela Emenda Constitucional nº 20, de 1998)."

(2) CF/88, art. 195, I: "do empregador, da empresa e da entidade a ela equiparada na forma da lei, incidentes sobre: a) a folha de salários e demais rendimentos do trabalho pagos ou creditados, a qualquer título, à pessoa física que lhe preste serviço, mesmo sem vínculo empregatício; b) a receita ou o faturamento; c) o lucro (...). (Incluído pela Emenda Constitucional nº 20, de 1998)."

(3) CF/88, art. 201: "A previdência social será organizada sob a forma de regime geral, de caráter contributivo e de filiação obrigatória, observados critérios que preservem o equilíbrio financeiro e atuarial, e atenderá, nos termos da lei, a: (...) (Redação dada pela Emenda Constitucional nº 20, de 1998)."

(4) CF/88, art. 201, § 7º: "É assegurada aposentadoria no regime geral de previdência social, nos termos da lei, obedecidas as seguintes condições: I — trinta e cinco anos de contribuição, se homem, e trinta anos de contribuição, se mulher; II — sessenta e cinco anos de idade, se homem, e sessenta anos de idade, se mulher, reduzido em cinco anos o limite para os trabalhadores rurais de ambos os sexos e para os que exerçam suas atividades em regime de economia familiar, nestes incluídos o produtor rural, o garimpeiro e o pescador artesanal. (Redação dada pela Emenda Constitucional nº 20, de 1998)."

(5) CF/88, art. 201, § 11: "Os ganhos habituais do empregado, a qualquer título, serão incorporados ao salário para efeito de contribuição previdenciária e consequente repercussão em benefícios, nos casos e na forma da lei. (Redação dada pela Emenda Constitucional nº 20, de 1998)."

(iv) todos os salários de contribuição considerados para o cálculo do benefício devem ser atualizados[6], confirmando que o montante das contribuições é um dos fatores determinantes para a definição das prestações a que o segurado fará jus; seguindo a mesma lógica, os próprios benefícios devem ser atualizados com o objetivo de que se preserve o seu valor real[7].

16. A segunda dimensão da seguridade em geral, e do sistema previdenciário em particular, é marcada pelo princípio da solidariedade. Em termos abrangentes, essa dimensão pode ser reconduzida ao próprio dever estatal de proteger a dignidade humana, no que se inclui a criação de uma rede social mínima que impeça as pessoas de caírem em situações de indignidade. De forma mais específica, esse aspecto pode ser extraído da previsão de que a seguridade deve ser custeada por toda a sociedade, e não apenas pelos seus beneficiários imediatos. Isso ganha conteúdo concreto com a já mencionada possibilidade de emprego de recursos dos orçamentos públicos e, sobretudo, pela autorização constitucional para a criação de outras fontes de custeio, em paralelo com as contribuições sociais[8]. Como se sabe, a solidariedade foi um dos fundamentos utilizados pelo Supremo Tribunal Federal para assentar a validade da cobrança de contribuições previdenciárias dos servidores inativos[9].

17. O sistema normativo descrito até aqui permite constatar que a Constituição não teve a pretensão de impor uma fórmula rígida para o cálculo das contribuições e dos benefícios, deixando uma ampla margem de conformação ao legislador ordinário. De forma particular, não se extrai da ordem constitucional a exigência de que haja correlação estrita entre os aportes dos segurados e as prestações que receberão futuramente. De modo compatível com esse cenário normativo, a legislação brasileira consagra, historicamente, a opção por um modelo de repartição simples, em que todas as contribuições atuais formam um fundo geral para o custeio das prestações devidas no presente. Inexistem, assim, contas individuais vinculadas a cada segurado.

18. Reforçando ainda mais essa perspectiva, as regras do sistema podem dar origem a situações de aparente *injustiça comutativa*, nas duas direções. Com efeito, é possível que segurados contribuam durante toda a vida sem que isso reverta em benefício algum — e. g., nos casos de falecimento antes da aposentadoria, quando não haja pensionistas —, mas também é possível que os beneficiários recebam prestações, relevantes ou mesmo permanentes, a despeito de haverem contribuído de forma incipiente — e. g., em casos de aposentadorias precoces por invalidez. A ideia geral, portanto, é a de um *seguro social*, que fornece coberturas para situações adversas a partir de uma determinada fórmula de equilíbrio atuarial, que inclui algumas variáveis aleatórias.

19. Isso não significa, contudo, que o legislador disponha de liberdade absoluta para formatar o sistema segundo quaisquer critérios de conveniência. Em vez disso, há pelo menos dois limites principais à sua atuação. Em primeiro lugar, a falta de uma comutatividade absoluta ou rígida entre contribuições e benefícios não significa que a correspondência possa ser inteiramente desprezada. Ao contrário, a Constituição deixa claro que os salários de contribuição compõem a base de cálculo para a definição das prestações previdenciárias e que estes, assim como os próprios benefícios resultantes, devem ser atualizados a fim de que preservem a sua expressão econômica. Essas circunstâncias têm levado este Supremo Tribunal Federal a destacar a existência de uma relação necessária entre os aportes dos segurados e as prestações estatais[10].

20. Em segundo lugar, e com maior relevância, o modelo concebido pelo legislador precisa ser compatível com o princípio da isonomia, repartindo de forma equitativa os ônus e bônus do sistema previdenciário. Essa é uma exigência expressa do art. 201, § 1º, da Constituição, que impõe a adoção de critérios uniformes para a concessão de aposentadorias[11]. Daí a necessidade de que a legislação institua uma fórmula estável de correspondência entre contribuições e benefícios, aplicável a todos os segurados. Essa fórmula conterá, inevitavelmente, algumas variáveis indeterminadas *a priori*, desde a maior ou menor extensão do período de fruição dos benefícios até a existência ou não de pensionistas. É de se notar, porém, que essas incógnitas aplicam-se ao conjunto de segurados de forma impessoal, e não seletivamente.

21. Feitas essas observações teóricas, já é possível analisar o tema específico da desaposentação.

---

(6) CF/88, art. 201, § 3º: "Todos os salários de contribuição considerados para o cálculo de benefício serão devidamente atualizados, na forma da lei. (Redação dada pela Emenda Constitucional nº 20, de 1998)."

(7) CF/88, art. 201, § 4º: "É assegurado o reajustamento dos benefícios para preservar-lhes, em caráter permanente, o valor real, conforme critérios definidos em lei. (Redação dada pela Emenda Constitucional nº 20, de 1998)."

(8) CF/88, art. 195, § 4º: "A lei poderá instituir outras fontes destinadas a garantir a manutenção ou expansão da seguridade social, obedecido o disposto no art. 154, I."

(9) STF, ADI 3.105, DJ 18.02.2005, Rel. originária Min. Ellen Gracie, Rel. p/ o acórdão Min. Cezar Peluso.

(10) A título de exemplo, v. STF, MC na ADI 2.010, DJ 12.04.2009, Rel. Min. Celso de Mello: "(...) O REGIME CONTRIBUTIVO É, POR ESSÊNCIA, UM REGIME DE CARÁTER EMINENTEMENTE RETRIBUTIVO. A QUESTÃO DO EQUILÍBRIO ATUARIAL (CF, ART. 195, § 5º). CONTRIBUIÇÃO DE SEGURIDADE SOCIAL SOBRE PENSÕES E PROVENTOS: AUSÊNCIA DE CAUSA SUFICIENTE. — Sem causa suficiente, não se justifica a instituição (ou a majoração) da contribuição de seguridade social, pois, no regime de previdência de caráter contributivo, deve haver, necessariamente, correlação entre custo e benefício. A existência de estrita vinculação causal entre contribuição e benefício põe em evidência a correção da fórmula segundo a qual não pode haver contribuição sem benefício, nem benefício sem contribuição. Doutrina. Precedente do STF. (...)."

(11) CF/88, art. 201, § 1º: "É vedada a adoção de requisitos e critérios diferenciados para a concessão de aposentadoria aos beneficiários do regime geral de previdência social, ressalvados os casos de atividades exercidas sob condições especiais que prejudiquem a saúde ou a integridade física e quando se tratar de segurados portadores de deficiência, nos termos definidos em lei complementar. (Redação dada pela Emenda Constitucional nº 47, de 2005)."

IV. A DESAPOSENTAÇÃO À LUZ DO SISTEMA CONSTITUCIONAL

22. Como referido inicialmente, a chamada *desaposentação* consiste na renúncia à aposentadoria vigente, seguida da aquisição de novo vínculo em condições mais vantajosas. Na prática, a melhoria poderia decorrer de duas circunstâncias: (i) o envelhecimento do segurado desde a concessão do primeiro benefício, sendo essa uma das variáveis positivas no cálculo do fator previdenciário[12]; ou (ii) a realização de novas contribuições após a primeira aposentadoria, as quais o segurado pretende ver computadas para a obtenção de proventos em valor superior ao que vinha percebendo. A primeira hipótese não constitui objeto dos recursos extraordinários ora em exame e, de toda forma, parece envolver clara burla às regras da previdência. A análise ficará concentrada na segunda situação, na qual o segurado permaneceu em atividade laboral, efetuou novas contribuições e pretende vê-las consideradas. O ponto de partida há de ser a identificação dos dispositivos constitucionais e legais pertinentes à matéria.

IV.1. O sistema normativo em vigor

23. Nos termos do art. 195, II, da Constituição, os aposentados pelo Regime Geral de Previdência Social são imunes à cobrança da contribuição social incidente sobre os rendimentos do trabalho[13]. Isso faz com que o pagamento desses benefícios guarde relação apenas com o conjunto de contribuições vertidas durante a atividade. Nessa situação, o eventual dever de continuar a contribuir com o financiamento do sistema, fundado na solidariedade, estará sujeito às mesmas condições aplicáveis às pessoas que não sejam filiadas ao RGPS — isto é, a sociedade em geral. O cenário é diverso, portanto, daquele atualmente verificado em relação aos regimes de previdência dos servidores públicos, que podem ser obrigados a pagar contribuições previdenciárias sobre os seus proventos, na linha da autorização introduzida pela Emenda Constitucional nº 41/2003.

24. Nada impede, contudo, que o aposentado pelo regime geral permaneça em atividade — inclusive sob o mesmo vínculo empregatício existente ao tempo da aposentadoria —, ou então que a ela retorne. Nesses casos, a legislação vigente contém dispositivo claro quanto ao dever de recolher a contribuição social sobre os rendimentos do trabalho ativo — o já transcrito art. 11, § 3º, da Lei nº 8.213/91 —, tendo a sua validade sido assentada por este Tribunal[14]. Ou seja, a lei segrega a relação jurídica anterior, que deu origem à aposentadoria, do novo período laboral, que dará respaldo à cobrança regular da contribuição social. Assim, no que concerne aos deveres, há igualdade entre as situações dos trabalhadores em geral e a dos aposentados que continuem a trabalhar.

25. Tal simetria não se reproduz, todavia, no que concerne aos direitos. Nos termos do art. 18, § 2º, da Lei nº 8.213/91, o aposentado que permaneça trabalhando e contribuindo *"não fará jus a prestação alguma da Previdência Social em decorrência do exercício dessa atividade, exceto ao salário-família e à reabilitação profissional, quando empregado"*. Ficam excluídas, portanto, as prestações mais típicas e relevantes, que consistem na aposentadoria e na pensão. Ademais, na linha do que observou o denso parecer da Procuradoria-Geral da República, os dois benefícios concedidos são de fruição pouco provável por parte do universo de segurados em questão: o salário-família pressupõe que o segurado tenha dependentes menores de idade, o que não constitui situação corriqueira para indivíduos que já se aposentaram e retornaram à atividade laboral; tampouco parece provável o uso efetivo da reabilitação profissional, igualmente por razões etárias.

26. Em suma, é fato inequívoco que os aposentados em atividade contribuem em igualdade de condições e têm acesso a benefícios inexistentes ou extremamente limitados. E aqui é interessante observar que nem sempre foi assim. Em versões anteriores, a legislação previa, para esses segurados, o benefício adicional do *pecúlio*, que consistia justamente na devolução das contribuições efetuadas após a aposentadoria, corrigidas pelo índice da poupança. Esse pagamento era feito no momento em que o segurado se afastasse da atividade laboral, ingressando em definitivo na inatividade[15]. Isso praticamente anulava os efeitos financeiros das contribuições posteriores, restabelecendo a isonomia entre essas pessoas e os demais trabalhadores vinculados ao

---

(12) Lei nº 8.213/91, art. 29, § 7º: "O fator previdenciário será calculado considerando-se a idade, a expectativa de sobrevida e o tempo de contribuição do segurado ao se aposentar, segundo a fórmula constante do Anexo desta Lei. (Incluído pela Lei nº 9.876, de 26.11.99).

(13) Embora o dispositivo já tenha sido transcrito, repete-se por facilidade, com destaque no trecho relevante: CF/88, art. 195: "A seguridade social será financiada por toda a sociedade, de forma direta e indireta, nos termos da lei, mediante recursos provenientes dos orçamentos da União, dos Estados, do Distrito Federal e dos Municípios, e das seguintes contribuições sociais: (...) II — do trabalhador e dos demais segurados da previdência social, não incidindo contribuição sobre aposentadoria e pensão concedidas pelo regime geral de previdência social de que trata o art. 201 (...). (Redação dada pela Emenda Constitucional nº 20, de 1998)."

(14) STF, RE 437.640, DJ 02.03.2007, Rel. Min. Sepúlveda Pertence: "Contribuição previdenciária: aposentado que retorna à atividade: CF, art. 201, § 4º; L. 8.212/91, art. 12: aplicação à espécie, mutatis mutandis, da decisão plenária da ADIn 3.105, red. p/ acórdão Peluso, DJ 18.2.05. A contribuição previdenciária do aposentado que retorna à atividade está amparada no princípio da universalidade do custeio da Previdência Social (CF, art. 195); o art. 201, § 4º, da Constituição Federal 'remete à lei os casos em que a contribuição repercute nos benefícios'."

(15) 15 Lei nº 8.213/91, art. 81: "Serão devidos pecúlios: (...) II — ao segurado aposentado por idade ou por tempo de serviço pelo Regime Geral de Previdência Social que voltar a exercer atividade abrangida pelo mesmo, quando dela se afastar. (...)"; "Art. 82: No caso dos incisos I e II, o pecúlio consistirá no pagamento único de valor correspondente à soma das importâncias relativas às contribuições do segurado, remuneradas de acordo com o índice de remuneração básica dos depósitos de poupança com data de aniversário no dia primeiro. (Dispositivos revogados pela Lei nº 9.032, de 1995)."

RGPS. Esse benefício foi extinto pela Lei nº 9.032/95, que deu nova redação ao já referido art. 18, § 2º, da Lei nº 8.213/91. Como se sabe, tal medida se insere, junto a outras, no esforço de reduzir o déficit específico da previdência.

27. Vale o registro, aliás, de que o referido déficit foi o fundamento central para o arquivamento do Projeto de Lei nº 2.687/2007, de autoria do Deputado Federal Cléber Verde, que se destinava a reconhecer o direito à desaposentação, dispensando expressamente a necessidade de restituição dos proventos já recebidos. A proposta foi arquivada na Câmara dos Deputados, por decisão da Comissão de Finanças e Tributação, com base no voto do relator então designado, Deputado Zeca Dirceu[16]. Em sua manifestação, S. Exa. destacou uma estimativa, elaborada pelo Ministério da Previdência Social, segundo a qual a admissibilidade de desaposentações tenderia a produzir, no longo prazo, um impacto de 69 bilhões de reais.

28. Como referido, essa projeção leva em conta um cenário em que os valores já recebidos seriam conservados pelos segurados. Mesmo que essa variável fosse alterada, é evidente que admitir a desaposentação impactaria o financiamento do RGPS. Embora esse fator deva ser seriamente analisado, os direitos que efetivamente decorram do sistema não podem ser simplesmente postos de lado a partir do cálculo utilitário de que novos encargos devem ser evitados a qualquer custo, ainda que disso resulte prejuízo inconstitucional para um conjunto de beneficiários. O sistema previdenciário tem um de seus pilares na ideia de solidariedade, permitindo que a sociedade seja chamada a contribuir para o custeio de uma rede social, em bases gerais e equitativas. Disso não se extrai uma carta branca para legitimar o esvaziamento seletivo de direitos, imputando ônus excessivos ou desproporcionais a determinados segmentos. É à luz dessas considerações que se passa a analisar a figura da desaposentação.

IV.2. O equilíbrio entre as dimensões contributiva e solidária

29. Como se procurou demonstrar, a Constituição estabelece as diretrizes essenciais do Regime Geral de Previdência Social, fundado no caráter contributivo e no princípio da solidariedade. A partir dessas balizas, o Congresso Nacional dispõe de ampla liberdade de conformação para estruturar o regime de financiamento e as prestações estatais, tendo em vista a necessidade de promover o equilíbrio atuarial do sistema e garantir a sua integridade para as gerações atuais e futuras. Nessa linha, o legislador instituiu o chamado fator previdenciário — que desestimula aposentadorias precoces[17] — e criou limites para a revisão de benefícios, incluindo um prazo decadencial de dez anos, considerado válido em julgado recente, do qual fui relator[18].

30. No caso em exame, a despeito da falta de uma vedação legal explícita[19], o INSS sustenta que o art. 18, § 2º, da Lei nº 8.213/91, tornaria ilícita a renúncia à aposentadoria para fins de obtenção de novo vínculo, mais vantajoso, que leve em conta contribuições posteriores à concessão do benefício original. Já a cobrança de tais contribuições seria válida, justificando-se pelo componente de solidariedade inerente ao sistema. Com a devida vênia, essa construção radical não parece compatível com as normas constitucionais que tratam do tema.

31. Isso porque é a própria Constituição que estabelece uma relação direta entre a cobrança da contribuição prevista no art. 195, II, incidente sobre os rendimentos do trabalho, e o direito ao conjunto de prestações da Previdência Social — começando pela mais importante, que é o direito à aposentadoria. Nessas condições, não é razoável que o Poder Público pretenda fazer incidir plenamente a primeira parte do sistema — impondo aos aposentados que continuem a trabalhar o dever de recolher a contribuição social, em paridade com os demais trabalhadores —, mas paralise a segunda parte, esvaziando a consequência jurídica favorável associada a essa forma de tributação vinculada. A invocação genérica da ideia de solidariedade não é suficiente para autorizar esse tipo de recorte ou aplicação seletiva das normas constitucionais.

32. De forma sintomática, aliás, esse Supremo Tribunal Federal entendeu que a incidência da contribuição previdenciária sobre os proventos dos servidores inativos dependia de expressa previsão constitucional. Também aqui, a ideia de solidariedade não foi suficiente para se admitir que a legislação ordinária excepcionasse a simetria então existente entre contribuições e prestações[20]. O caso em tela envolve um tipo de exceção ainda mais sensível. No caso dos servidores, o que se admitiu foi a

---

(16) A tramitação legislativa registra, porém, a existência de recurso para suscitar a apreciação da matéria no Plenário da Câmara dos Deputados, pendente de apreciação pela Mesa Diretora. Para acesso ao andamento da proposta, ao texto do projeto e ao parecer apresentado na Comissão de Tributação e Finanças, bem como nas demais Comissões que analisaram o tema, v. <http://www.camara.gov.br/proposicoesWeb/fichadetramitacao?idProposicao=381947>.

(17) Lei nº 8.213/91, art. 29, § 7º: "O fator previdenciário será calculado considerando-se a idade, a expectativa de sobrevida e o tempo de contribuição do segurado ao se aposentar, segundo a fórmula constante do Anexo desta Lei. (Incluído pela Lei nº 9.876, de 26.11.99)"

(18) STF, RE 626.489, julgado em 16.10.2013, Rel. Min. Luís Roberto Barroso.

(19) Embora o ponto não seja enfatizado nem mesmo pelo INSS, cabe registrar que o Decreto nº 3.048/99 (Regulamento do RGPS), em seu art. 181-B, estabelece que a aposentadoria seria "irreversível e irrenunciável". Na linha do que sustentou a Procuradoria-Geral da República, é fora de dúvida a impropriedade de que se pretenda proibir a renúncia a um direito individual por ato infralegal, ainda mais quando se trate, como no caso, de projeções patrimoniais disponíveis. Apenas para facilitar a compreensão, veja-se o teor do dispositivo regulamentar: "Art. 181-B. As aposentadorias por idade, tempo de contribuição e especial concedidas pela previdência social, na forma deste Regulamento, são irreversíveis e irrenunciáveis. (...) (Incluído pelo Decreto nº 3.265, de 1999)."

(20) Sobre a sequência normativa determinada pela edição de emendas, v. STF, AgRg no RE 424.055, DJ 05.05.2006, Rel. Min. Joaquim Barbosa: "(...) É inconstitucional a cobrança, após o advento da EC 20/1998, de contribuição previdenciária sobre os proventos de inativos e pensionistas, conforme jurisprudência firmada neste Supremo Tribunal Federal. Essa orientação aplica-se até o advento da Emenda Constitucional 41/2003, cujo art. 4º foi declarado constitucional por esta Corte, no julgamento das ADIs 3.105 e 3.128. (...)"

possibilidade de que os inativos sejam chamados a ajudar no financiamento do caixa geral que suporta os seus benefícios e o sistema como um todo. No presente caso, o que a Administração pretende é tratar o trabalho após a aposentadoria exatamente da mesma forma que a atividade anterior, mas apenas em relação aos ônus.

33. Vale dizer: a Constituição criou uma tributação sobre os rendimentos do trabalho e um conjunto de direitos daí decorrentes. O fato de a correlação entre esses vetores não se materializar em uma equação comutativa estrita não significa que o legislador infraconstitucional esteja autorizado a afastar a correspondência mínima. É isso o que ocorre quando se cria uma classe de pessoas que apenas contribuem, em igualdade de condições, com os demais trabalhadores, mas não têm acesso a prestações minimamente semelhantes. Além de não estar prevista nas normas constitucionais que tratam especificamente do tema, esse tipo de disparidade seria de difícil compatibilização com a diretriz de valorização da função social do trabalho, prevista como um dos fundamentos da República e como princípio fundamental da ordem econômica.

34. Em suma: a possibilidade de renúncia a uma aposentadoria anterior para requerimento de uma nova é uma decorrência do sistema normativo em vigor, notadamente da combinação entre: (i) a imunidade dos proventos do RGPS em relação à contribuição social incidente sobre os rendimentos do trabalho; (ii) a cobrança da contribuição dos aposentados que retornam ao mercado de trabalho, sob o mesmo regime dos demais trabalhadores; e (iii) a inexistência de benefícios previdenciários específicos que justifiquem a incidência dessa tributação vinculada. Por tudo isso, se a legislação ordinária vedasse a desaposentação de forma expressa, a sua compatibilidade com o atual texto constitucional seria no mínimo duvidosa.

35. Como visto, contudo, o Superior Tribunal de Justiça interpretou o art. 18, § 2º, da Lei nº 8.213/91, como uma vedação à concessão de benefícios adicionais no âmbito da relação previdenciária existente, sem que disso se extraia um obstáculo à renúncia do vínculo original, seguida da celebração de um novo. Ainda que não seja evidente, essa é uma leitura possível do dispositivo em tela, sendo a única que o torna compatível com a Constituição. Foi essa, igualmente, a linha adotada pelo Ministro Marco Aurélio no RE 381.367, já mencionado. Para completar o raciocínio, é necessário tecer algumas considerações quanto aos proventos recebidos na constância da primeira aposentadoria. Esse é o objeto do próximo tópico.

IV.3. A necessidade de que sejam levados em conta os proventos já recebidos

36. Uma vez assentado que o sistema constitucional brasileiro atual não é compatível com uma vedação absoluta à desaposentação, resta analisar a necessidade de restituição dos valores já recebidos a título de proventos, com base no vínculo anterior. Quanto a esse tema, o Superior Tribunal de Justiça consolidou o entendimento de que a devolução seria indevida, uma vez que os valores foram percebidos de forma lícita na vigência de uma relação válida[21]. O relator na ocasião, Ministro Herman Benjamin, ressalvou seu entendimento pessoal no sentido de ser necessária a restituição a fim de que ambas as partes sejam recolocadas no *status quo ante*[22]. Com alguns temperamentos de que tratarei mais à frente, considero ser essa a posição correta. E isso pelos mesmos fundamentos teóricos que me levam a admitir a desaposentação.

37. Com efeito, a questão que se coloca não tem a ver com a validade ou invalidade dos proventos já recebidos — cuja percepção era inequivocamente lícita segundo o vínculo então existente —, e sim com a necessidade de universalização da fórmula atuarial básica oferecida a todos os segurados. Assim, da mesma forma que o Poder Público não pode, aplicando a Constituição pela metade, criar uma categoria de contribuintes destituídos dos direitos a todos reconhecidos, também não pode outorgar um regime mais vantajoso àqueles que, por circunstâncias diversas, venham a optar pela desaposentação. É isso o que ocorreria caso

---

(21) STJ, REsp 1.334.488, DJe 14.05.2013, Rel. Min. Herman Benjamin: "RECURSO ESPECIAL. MATÉRIA REPETITIVA. ART. 543-C DO CPC E RESOLUÇÃO STJ 8/2008. RECURSO REPRESENTATIVO DE CONTROVÉRSIA. DESAPOSENTA-ÇÃO E REAPOSENTAÇÃO. RENÚNCIA A APOSENTADORIA. CONCESSÃO DE NOVO E POSTERIOR JUBILAMENTO. DEVOLUÇÃO DE VALORES. DESNECESSIDADE. 1. Trata-se de Recursos Especiais com intuito, por parte do INSS, de declarar impossibilidade de renúncia a aposentadoria e, por parte do segurado, de dispensa de devolução de valores recebidos de aposentadoria a que pretende abdicar. 2. A pretensão do segurado consiste em renunciar à aposentadoria concedida para computar período contributivo utilizado, conjuntamente com os salários de contribuição da atividade em que permaneceu trabalhando, para a concessão de posterior e nova aposentação. 3. Os benefícios previdenciários são direitos patrimoniais disponíveis e, portanto, suscetíveis de desistência pelos seus titulares, prescindindo-se da devolução dos valores recebidos da aposentadoria a que o segurado deseja preterir para a concessão de novo e posterior jubilamento. Precedentes do STJ. 4. Ressalva do entendimento pessoal do Relator quanto à necessidade de devolução dos valores para a reaposentação, conforme votos vencidos proferidos no REsp 1.298.391/RS; nos Agravos Regimentais nos REsps 1.321.667/PR, 1.305.351/RS, 1.321.667/PR, 1.323.464/RS, 1.324.193/PR, 1.324.603/RS, 1.325.300/SC, 1.305.738/RS; e no AgRg no AREsp 103.509/PE. 5. No caso concreto, o Tribunal de origem reconheceu o direito à desaposentação, mas condicionou posterior aposentadoria ao ressarcimento dos valores recebidos do benefício anterior, razão por que deve ser afastada a imposição de devolução. 6. Recurso Especial do INSS não provido, e Recurso Especial do segurado provido. Acórdão submetido ao regime do art. 543-C do CPC e da Resolução 8/2008 do STJ."

(22) Veja-se a seguinte passagem do voto proferido pelo Ministro Herman Benjamin, que ilustra a compreensão de S. Exa.: "Enfim, um período determinado de contribuições do segurado representa parte do custeio de uma aposentadoria a contar do momento de sua concessão. Se este mesmo benefício é desconstituído para conceder um novo, obviamente mais vantajoso, o período contributivo deste último (em parte anterior e em parte posterior à aposentadoria renunciada) serve para custear o valor maior a partir da nova data de concessão. Pois bem, se na mesma situação acima o segurado for desobrigado de devolver os valores recebidos do benefício renunciado, ocorrerá nítido desequilíbrio atuarial, pois o seu 'fundo de contribuições' acaba sendo usado para custear duas aposentadorias distintas. Essa construção baseada no equilíbrio atuarial decorre de interpretação sistemática do regime previdenciário, notadamente quando é disciplinada a utilização de tempo de contribuição entre regimes distintos."

o segundo vínculo pudesse ser estabelecido com desprezo aos valores já recebidos do sistema previdenciário. A demonstração do ponto não é banal, mas pode ser feita tanto conceitualmente quanto por meio de uma comparação objetiva entre situações.

38. No plano conceitual, é sabido que o cálculo do benefício previdenciário é feito a partir de algumas variáveis, a saber (i) o tempo de contribuição; (ii) a média aritmética do valor das contribuições; (iii) a idade do segurado; e (iv) a expectativa de sobrevida. Esses elementos são inseridos em uma equação atuarial, cujo resultado dimensiona o montante das prestações devidas pelo Poder Público. Colocando a questão nesses termos, parece evidente que, no caso da pretensão dos postulantes a um novo vínculo, não se pode desprezar os valores que eles já tenham recebido do sistema previdenciário. Essa é uma quinta variável central, presente apenas nesses casos, e que precisa ser considerada para que todos os segurados recebam tratamento semelhante. Ainda mais quando se tem em conta que o administrado não pretende o reconhecimento de um novo vínculo em paralelo com o primeiro, apenas com base em suas novas contribuições, e sim de um vínculo substitutivo, calculado também com base nas contribuições passadas. É necessário computar, portanto, o proveito econômico que elas já haviam gerado para o particular.

39. Para confirmar o acerto da lógica empregada e facilitar a compreensão por parte dos destinatários da decisão, é possível aplicar esse raciocínio em um comparativo hipotético simples. Imagine-se um segurado que se aposenta por tempo de contribuição aos 50 anos e, com base nisso, faz jus a proventos mensais no valor de R$ 2.000,00 (dois mil reais). Esse indivíduo permanece no mercado de trabalho e, admitindo-se a desaposentação, obtém uma nova aposentadoria aos 65 anos, agora no valor de R$ 3.000,00 (três mil reais). Como é natural, o cálculo desse segundo valor é resultante das variáveis gerais acima indicadas, aplicáveis a todas as pessoas. Por isso mesmo, o valor dos proventos seria idêntico para uma segunda pessoa que haja se aposentado originalmente no mesmo momento e com os mesmos indicadores (idade, tempo total de contribuição, valor das contribuições etc.) — com a diferença de que esta última não terá recebido quaisquer proventos nos quinze anos anteriores.

40. Essa é uma diferença de tratamento quantificável, que se soma a uma outra, imaterial: o trabalhador que recebia uma aposentadoria proporcional durante todo esse período — e a ela somava a remuneração percebida pela volta à atividade — tinha uma situação financeira mais favorável do que aquele outro que somou todo o tempo de contribuição antes de requerer um vínculo definitivo. De certa forma, o primeiro terá utilizado a Previdência como uma fonte de renda complementar, lançando-se às incertezas do mercado de trabalho com uma vantagem inexistente para os demais. E aqui não se trata de condenar essa postura ou supor que ela deva ser *sancionada* com a obrigação de restituir valores. Cuida-se apenas de não criar uma equação atuarial favorecida para alguns em detrimento de outros, seja em um sentido ou no outro.

41. Antes de avançar, cabe fazer uma observação relevante quanto aos limites do que se pode decidir em sede jurisdicional. Ao ser chamado a avaliar a constitucionalidade da desaposentação, entendo que o STF não pode deixar de reconhecer a invalidade da interpretação radical pretendida pelo INSS, que aplica a Constituição para justificar a tributação dos aposentados que voltam a trabalhar, mas invoca uma lei ordinária e uma noção vaga de solidariedade para sustentar que ficariam paralisadas as consequências constitucionais daquela espécie de tributação. Isso é tão arbitrário quanto imaginar que o legislador infraconstitucional possa utilizar um critério censitário para excluir determinados contribuintes da perspectiva de receber proventos, criando uma seletividade não contemplada pela Constituição.

42. Por outro lado, o Tribunal não pode caminhar para o outro extremo, afirmando que a falta de uma disciplina legislativa específica e adequada para a desaposentação deve resultar em tratamento privilegiado para as pessoas que, por circunstâncias variadas, chegaram à condição de potenciais postulantes dessa medida atípica. Inclusive pela consideração de que interpretar o sistema dessa forma seria uma deturpação da lógica ordinária da previdência, criando-se um estímulo a que os trabalhadores ativos requeiram suas aposentadorias na primeira chance possível e façam trocas posteriores, convertendo o que deveria ser uma rede de segurança em mecanismo de complementação da renda individual, subsidiado pela coletividade.

43. O que se impõe, portanto, é que haja alguma forma de computar os valores já recebidos do sistema. O próximo tópico destina-se a analisar os mecanismos já suscitados e uma fórmula alternativa que se entende mais compatível com a Constituição.

V. A SOLUÇÃO DO PROBLEMA: CONSIDERAÇÃO ADEQUADA (I) ÀS CONTRIBUIÇÕES PAGAS APÓS A APOSENTADORIA E (II) AOS PROVENTOS JÁ RECEBIDOS

44. Entre os dois extremos de negar a desaposentação ou permitir que seja feita de forma ilimitada, a solução de que se tem cogitado é condicionar o reconhecimento do novo vínculo previdenciário à restituição dos valores já recebidos, devidamente atualizados. Essa é uma forma objetiva de restabelecer o *status quo ante*, evitando enriquecimento indevido para ambas as partes. É preciso reconhecer, contudo, que essa é uma providência de difícil realização prática para a maioria dos contribuintes, sobretudo para os que tenham permanecido por um período adicional mais longo no mercado de trabalho — ou seja, justamente aqueles que seriam mais prejudicados pela impossibilidade de computar as contribuições posteriores.

45. Talvez se pudesse atenuar essa barreira com a possibilidade de restituição parcelada, *e.g.*, pelo número de meses correspondentes à expectativa de vida do segurado, aferida segundo a tabela oficial utilizada para o cálculo do benefício. Mesmo

com esse temperamento, cálculos simples apontam que a fórmula seria inviável para a imensa maioria dos potenciais afetados[23]. Essa não é, portanto, uma solução afinada com a Constituição: em alguns casos, reconhecer um direito *ainda inviável* — porque dependente de atuação do legislador — até pode se justificar como uma afirmação de princípio. Isso é muito pouco, contudo, quando o direito em questão consista na contrapartida de uma tributação vinculada, imposta em correlação direta com o acesso a determinadas prestações individuais.

46. Tais dificuldades não devem ter o efeito lúgubre de fazer com que a declaração de invalidade da prática atual seja inócua. Constatada a inconstitucionalidade de o Estado continuar a exigir as contribuições vinculadas com exclusão das contrapartidas associadas, é necessário buscar uma solução que permita o retorno à normalidade constitucional. Caso não houvesse nenhuma alternativa extraível do sistema normativo vigente, seria o caso de exortar o legislador a conceber uma equação atuarial específica para essas situações, de modo a que tanto os proventos já recebidos quanto as contribuições posteriores pudessem ser computadas.

47. Sem prejuízo de que o Congresso Nacional possa efetivamente introduzir uma inovação normativa nessa linha, ponderando razoavelmente os diferentes interesses em jogo, é perfeitamente possível identificar uma solução satisfatória a partir da interpretação dos dispositivos constitucionais e legais já vigentes. A despeito da complexidade de toda a matéria de fundo, o ponto é relativamente simples.

48. Como visto, o que se convencionou chamar de desaposentação consiste na renúncia a uma aposentadoria em vigor para o fim de se obter uma nova, calculada a partir dos elementos verificados no momento presente. Nos termos do art. 29, I, da Lei nº 8.213/91, o cálculo do novo benefício será feito a partir da multiplicação da média aritmética de contribuições elegíveis pelo fator previdenciário aplicável ao requerente[24]. Na linha dos argumentos desenvolvidos no voto, é legítimo e necessário que as novas contribuições, somadas às anteriores, sejam efetivamente levadas em conta, aplicando-se ao postulante a regra atuarial válida para todos os segurados. Vale dizer: assim como todos os demais aposentados, o indivíduo em questão terá o seu benefício calculado a partir de todo o seu histórico contributivo.

49. Resta analisar, portanto, a forma de incidência do fator previdenciário à hipótese, cuja fórmula inclui as seguintes variáveis adicionais:

(i) tempo de contribuição; (ii) alíquota de contribuição; (iii) idade; e

(iv) expectativa de vida[25]. Dentre esses fatores, é igualmente legítimo e necessário que o tempo de contribuição corresponda ao período total, ou seja: a fase anterior ao primeiro vínculo e a fase posterior, que se pretende acrescer. A lógica aqui, uma vez mais, é assegurar a essas pessoas a mesma equação atuarial de todos os demais segurados, cujos proventos são calculados com base na integralidade do tempo em que contribuíram para o sistema.

50. É certo que o cômputo de novas contribuições e do tempo adicional tende a produzir um aumento no valor da aposentadoria devida ao segurado, mas apenas na exata medida em que ele efetivamente contribuiu. Essa é a regra geral do sistema, sendo ilegítimo que o INSS pretenda se eximir de atribuir efeito a esses dados da realidade. A partir daqui, porém, é indispensável que a determinação do fator previdenciário aplicável leve em conta a situação atípica dos candidatos à desaposentação.

51. De forma específica, é necessário identificar, à luz do sistema constitucional da previdência, qual o papel desempenhado pelos fatores *idade* e *expectativa de vida,* intimamente relacionados entre si. A resposta é intuitiva: tais elementos destinam-se a graduar o valor dos benefícios em função do tempo estimado de fruição por parte dos destinatários. Na comparação entre segurados equiparados no tempo e no valor médio das contribuições, a idade inferior de um deles — do que decorre sua maior expectativa de vida — fará com que os proventos resultantes sejam menores. Em outras palavras, o que esses dois indicadores pretendem captar é *o tempo em que o segurado figurará como beneficiário do RGPS,* onerando o fundo de recursos disponíveis para o pagamento das prestações suportadas pelo sistema.

52. Pois bem. Nos casos ordinários, em que o segurado requer a concessão da primeira e única aposentadoria, a idade e a expectativa de vida a serem consideradas são, por motivos óbvios, as do momento do pedido. O cálculo que se faz é inteiramente linear: assumindo que aquela pessoa passará, naquele momento, a figurar como recebedora das prestações estatais, o valor devido

---

(23) A título de exemplo, um segurado que haja recebido benefício de R$ 1.500,00 (mil e quinhentos reais), por um período de cinco anos, teria a devolver o valor histórico de R$ 97.500,00 (noventa e sete mil e quinhentos reais). Assumindo que se projete a devolução em vinte anos, e novamente sem computar os acréscimos de atualização, o desconto mensal teria de ser efetuado no valor de R$ 406,00 (quatrocentos e seis reais), equivalente a mais de 25% do benefício original. Em valores atualizados e em cenários menos favoráveis ao segurado, o encargo seria ainda maior. Na prática, a imensa maioria dos segurados teria de efetuar descontos superiores ou muito próximos ao potencial proveito decorrente da desaposentação, por toda ou quase toda a vida.

(24) Lei nº 8.213/91, art. 29: "O salário-de-benefício consiste: I — para os benefícios de que tratam as alíneas b e c do inciso I do art. 18, na média aritmética simples dos maiores salários-de-contribuição correspondentes a oitenta por cento de todo o período contributivo, multiplicada pelo fator previdenciário (...). (Incluído pela Lei nº 9.876, de 26.11.99)" As alíneas b e c, referidas no dispositivo, referem-se precisamente às hipóteses de aposentadoria por idade e por tempo de contribuição, relevantes para fins de desaposentação.

(25) Com efeito, o fator previdenciário foi introduzido pela Lei nº 9.876/99, sendo calculado com base nas seguintes variáveis: (i) expectativa de sobrevida no momento da aposentadoria; (ii) tempo de contribuição até o momento da aposentadoria; (iii) idade no momento da aposentadoria; e (iv) alíquota de contribuição.

será influenciado pelo tempo provável de permanência no sistema a partir dali. A situação é diversa, porém, no caso dos requerentes de uma segunda aposentadoria. A menos que essas pessoas estejam dispostas a devolver o que já receberam e restabelecer o *status quo ante*, seria ilegítimo ignorar a verdadeira data em que elas se tornaram beneficiárias do sistema. Foi a partir desse marco que elas passaram a produzir um custo para o sistema. Essa é, portanto, a grandeza que o RGPS precisa medir para a definição do benefício devido.

53. À luz dessas considerações, a conclusão objetiva é a seguinte: no cálculo da nova aposentadoria, a idade e a expectativa de vida a serem consideradas são aquelas referentes ao momento em que o primeiro vínculo foi estabelecido. Foi a partir dali, afinal, que o sistema contributivo-solidário passou a custear prestações para o indivíduo. Desconsiderar esse fato — permitindo a desaposentação incondicionada — seria injusto para com os aposentados que não se enquadram nessa situação peculiar. Na prática, pessoas com o mesmo tempo de contribuição, em valores também iguais, receberiam prestações acumuladas substancialmente desiguais, instituindo um privilégio atuarial injustificável.

54. A aplicação da fórmula ora descrita, ao revés, faz com que o segundo benefício, resultante da desaposentação, seja intermediário em relação às duas situações extremas. Tal conclusão decorre da aplicação matemática da solução proposta, tendo em vista a fórmula do fator previdenciário. Como é natural, o resultado dependerá das variáveis de cada caso concreto (idade na primeira aposentadoria, tempo de contribuição, valor médio dos salários de contribuição). Ainda assim, assumindo que a média dos salários de contribuição tenha se mantido constante, é possível estabelecer um termo de comparação nítido entre a desaposentação sem condicionantes e o modelo aqui cogitado:

Variável	Aposentadoria original em 2006	desaposentação em 2014, incondicionada	desaposentação em 2014, no modelo proposto
idade	53	61	53
tempo de contribuição	35	43	43
expectativa de sobrevida	26	20,9	26
Fator previdenciário	0,684	1,112	0,853
variação no valor do benefício		+ 62,57	+ 24,7

55. Ou seja, assumindo que o valor das contribuições tenha permanecido pelo menos similar, o aumento no tempo de contribuição fará com que a segunda aposentadoria seja mais elevada do que a primeira auferida pelo mesmo segurado. Será inferior, contudo, àquela que seria percebida por outro indivíduo que, com a mesma base contributiva, obtenha um primeiro e definitivo vínculo. A razão da diferença é objetiva: um deles vem recebendo valores há determinado número de anos, ao passo que o outro passará agora à condição de beneficiário. Não há razão constitucionalmente válida para equiparar essas duas situações, o que seria tão anti-isonômico quanto admitir que a cobrança das novas contribuições possa se dar sem qualquer contrapartida efetiva.

56. Veja-se que não há, aqui, nenhuma dose de inovação normativa, mas tão somente a interpretação do regime vigente à luz dos seus fundamentos constitucionais. O que se fez foi isolar o sentido dos fatores *idade* e *expectativa de vida*, tal como já constam da legislação, tendo em vista a função que desempenham na graduação dos benefícios, sob a lógica de um sistema contributivo-solidário. Esse é um componente absolutamente básico em qualquer sistema previdenciário.

57. Nos regimes baseados na mera capitalização dos recolhimentos individuais, o que se tem é uma conta atuarial estrita: o segurado recebe o produto do valor aportado. No sistema público brasileiro, a questão torna-se ainda mais premente em razão do forte componente de solidariedade a ele inerente. Nesse cenário, garantir a uniformidade da fórmula atuarial deixa de ser apenas uma consideração pragmática e passa a ser, também, uma questão de isonomia e justiça distributiva — entre os atuais cidadãos e, de forma mais abrangente, entre a geração presente e as futuras.

58. Com efeito, os aportes individuais respondem, na maioria dos casos, apenas por uma fração do valor acumulado dos benefícios projetados no tempo. O restante é custeado por outras fontes, com destaque, na quadra atual, para as contribuições cobradas dos empregadores com base na solidariedade. Caso essas fontes diretas de financiamento tornem-se insuficientes, o desequilíbrio do sistema teria de ser compensado por recursos dos orçamentos públicos, estendendo e agravando o impacto financeiro suportado por toda a sociedade. Longe de constituir especulação *ad terrorem*, a situação dos países mais desenvolvidos revela um quadro grave de deterioração da base de custeio da Previdência Social, o que tem exigido medidas severas de realinhamento dos respectivos sistemas.

59. Na Alemanha, a título de exemplo, o Tribunal Constitucional acaba de confirmar a validade de mudanças legislativas que tiveram, na prática, o efeito de condicionar o reajuste dos benefícios à evolução da pirâmide etária e à conjuntura econômica. A partir de projeções atuariais até o ano de 2030, o legislador entendeu necessário intervir no presente a fim de evitar que as próximas gerações recebessem um sistema inviável ou excessivamente gravoso. Ao referendar essa avaliação legislativa, a Corte destacou que a lógica do regime, tal como acontece no Brasil, é simultaneamente contributiva e solidária. Disso decorre a exigência de que os ônus e bônus da tributação vinculada sejam repartidos de forma equânime entre o conjunto de beneficiários, atuais e futuros[26].

60. Assim, preservar a probidade atuarial da previdência não tem nada a ver com o antigo e superado discurso das *razões de Estado*. O equilíbrio da fórmula atuarial é pressuposto para que o conjunto de segurados seja contemplados com a mesma resposta estatal básica. Dentro desse marco principiológico, o legislador dispõe de considerável margem decisória para equilibrar contributividade e solidariedade. Nessa linha, a lei pode, *e.g.*, elevar ou reduzir a alíquota das contribuições impostas a empregados e empregadores. Esticando um pouco mais a corda, seria possível cogitar da instituição de alíquotas progressivas para ambos os conjuntos de destinatários, estratificando faixas de riqueza. Ainda no campo da discricionariedade política, o legislador pode destinar à Previdência uma maior ou menor quantidade de recursos obtidos pela tributação em geral — idealmente captados, de toda a sociedade, com observância das exigências de justiça fiscal.

61. O que o legislador não pode fazer — porque não é compatível com a Constituição — é agravar a tributação vinculada sobre um conjunto heterogêneo de pessoas, sem quaisquer contraprestações efetivas. Afinal, o universo de candidatos à desaposentação cobre uma ampla gama de situações — desde o trabalhador rural que se aposentou cedo porque começou a trabalhar na infância até o empregado urbano de maior especialização e rendimentos mais elevados, passando por incontáveis matizes intermediários. O princípio da solidariedade não é uma mera expressão retórica, apta a autorizar que todo esse contingente de pessoas seja obrigado a contribuir, em paridade de condições com os empregados ativos, sem as contrapartidas associadas a essa tributação específica.

62. Tais contrapartidas — que decorrem, como visto, do caráter contributivo do sistema — devem estar presentes mesmo em cenários nos quais não seja admitida a desaposentação. Nessa linha, caso prevaleça a compreensão de que o art. 18, § 2º, da Lei nº 8.213/91 veda a renúncia a uma aposentadoria para obtenção de uma nova, impõe-se a sua interpretação conforme a Constituição. Surge, aqui, uma outra alternativa para lidar com o tema, com a feição de uma sentença aditiva que importaria na criação de uma norma nova. Trata-se de fórmula simples, que consistiria na devolução, pelo INSS, do percentual de 50% (cinquenta por cento) das contribuições pagas. Os 50% não devolvidos decorreriam do caráter solidário do sistema. Tal fórmula, que tem menos impacto fiscal, aproxima-se do modelo de pecúlio que vigia anteriormente. Idealmente, porém, esta deveria ser uma escolha do legislador, e não uma imposição judicial.

63. Antes de concluir esse tópico, é preciso deixar consignado que não se está afirmando a impossibilidade de que o legislador conceba outras fórmulas alternativas para o cômputo dos proventos já recebidos, pela qual as dimensões contributiva e solidária sejam equacionadas de outra forma igualmente razoável. Tampouco se supõe que as interpretações ora propostas sejam capazes de resolver os graves problemas — presentes e em estado latente — do Regime Geral de Previdência Social no Brasil. O que se está fazendo é interpretar o sistema atual da melhor forma possível à luz da Constituição. Mudanças mais abrangentes somente podem ser introduzidas pelo legislador, a começar por um debate sincero e republicano acerca da necessidade da instituição de uma idade mínima para a concessão de aposentadorias pelo RGPS, na linha do que se verifica na quase generalidade dos países[27]. Ou, como se tem alvitrado, a fórmula socialmente mais justa de se somar o tempo de contribuição com a idade (95 para homens; 85 para mulheres). É a falta dessa regulação que gera distorções graves e cria a necessidade de figuras anômalas como a desaposentação.

64. Por isso mesmo, é adequado que a solução ora apresentada comece a produzir efeitos somente a partir de 180 (cento e oitenta) dias após a sua publicação. O diferimento dos efeitos da interpretação aqui adotada justifica-se por duplo fundamento. O primeiro é o de permitir que o INSS e a própria União se organizem para atender a demanda dos potenciais beneficiários, tanto sob o ponto de vista operacional quanto de custeio. O segundo, e mais relevante, é o de prestigiar — na maior medida legítima — a liberdade de conformação do legislador, que poderá instituir regime alternativo que atenda às diretrizes constitucionais aqui delineadas. Na falta de ação legislativa ou até que ela sobrevenha, a decisão a ser tomada pelo STF deve garantir que o direito dos segurados seja observado. Evita-se, assim, que a falta de decisão política ou de consenso quanto a modelos alternativos resulte na perpetuação de uma situação injusta e incompatível com a Constituição.

---

(26) BVerfG, 1 BvR 79/09, decisão de 03.06.2014. Vejam-se os seguintes trechos da decisão, em tradução livre, feita pelo assessor Eduardo Mendonça: "No teste de violação ao direito de propriedade por parte de regulações legislativas relacionadas ao valor das prestações previdenciárias, o Tribunal Constitucional reconheceu que o legislador deve conservar flexibilidade suficiente para assegurar o sistema previdenciário e, sobretudo, o seu financiamento. Assim, a garantia da propriedade não enrijece o sistema a ponto de torná-lo imutável e incapaz de se adaptar a circunstâncias alteradas. Sem prejuízo disso, medidas legislativas destinadas a preservar a funcionalidade e a performance da previdência devem ser proporcionais e justificadas por um interesse público relevante. (...) Em particular, a introdução de uma contribuição para as aposentadorias e do fator de sustentabilidade na fórmula de atualização do valor atual dos benefícios pode ser incluída nas medidas pelas quais o legislador, com observância do princípio da justiça intergeracional, buscou assegurar a estabilização de longo prazo das finanças do sistema previdenciário. Ao fazer isso, ele considerou a proteção da justiça intergeracional como uma questão existencial para a previdência legal, uma vez que, em razão do sistema de financiamento contínuo, jovens e velhos, contribuintes e beneficiários estão ligados por um contrato entre gerações."

(27) O debate atual em boa parte dos países europeus gira em torno de propostas de elevação da idade mínima já fixada. Na Alemanha, *e.g.*, a idade mínima é de 63 anos para os trabalhadores que hajam completado o tempo exigido de contribuição. Caso não o tenham feito, a exigência passa a ser de 67 anos.

VI. EXAME ESPECÍFICO DOS FUNDAMENTOS DO RECURSO EXTRAORDINÁRIO

65. Embora os itens anteriores já tenham desenvolvido o que considero ser a solução constitucionalmente adequada para a questão jurídica a que se reconheceu repercussão geral, é importante analisar os fundamentos específicos do recurso extraordinário, com os quais o INSS pretende demonstrar a invalidade da desaposentação. São eles: (i) violação ao ato jurídico perfeito (CF/88, art. 5º, XXXVI); (ii) violação ao princípio da solidariedade, que seria o suporte da alegada vedação legal extraída do art. 18, § 2º, da Lei nº 8.213/91; e (iii) violação ao princípio da isonomia, com tratamento injustificadamente favorável ao recorrente e aos segurados em situação similar. Passa-se ao exame objetivo de cada uma dessas alegações.

VI.1. Violação ao ato jurídico perfeito

66. O primeiro argumento desenvolvido pelo INSS é o de que a possibilidade de desaposentação produziria ofensa à garantia constitucional do ato jurídico perfeito (art. 5º, XXXVI). O recorrente parte da premissa de que o requerimento e a concessão da primeira aposentadoria teriam aperfeiçoado uma relação jurídica, de modo que os sujeitos envolvidos não poderiam *"simplesmente exigir a sua alteração, principalmente quando a opção feita for onerosa para uma das partes (no caso, para o INSS)"* (fls. 162). O parecer do Ministério Público Federal afasta a alegação por considerar que os direitos fundamentais não protegem o Poder Público, e sim os particulares contra investidas estatais ilegítimas.

67. Em linha de princípio, estou de acordo com a tese de que o Poder Público não pode invocar direitos fundamentais para se eximir de cumprir as determinações por ele mesmo instituídas ou de reconhecer as consequências jurídicas indissociáveis de seus próprios atos, inclusive por conta da vedação do *venire contra factum proprium*. No entanto, ainda que seja impróprio estender automaticamente todos os direitos fundamentais ao Estado, seria excessivo afirmar que a Administração estaria, *e.g.*, impedida de argumentar com a lógica de preservação da segurança jurídica ou de postular a observância do devido processo legal em demandas judiciais de que seja parte. No caso da garantia do ato jurídico perfeito, é perfeitamente legítimo que a Administração utilize o conceito para exigir, *e.g.*, que um concessionário de serviço público cumpra os deveres constantes do contrato, bem como para justificar a eventual imposição de sanções pelo descumprimento.

68. No caso de que se trata, não é necessário aprofundar a instigante discussão sobre os limites e condições para a invocação de direitos fundamentais por parte do Poder Público — como direitos subjetivos ou, ainda, como materialização objetiva dos valores mais importantes da ordem jurídica. Basta constatar a impropriedade técnica de se cogitar da incidência, à hipótese, da garantia constitucional do ato jurídico perfeito. E isso por pelo menos dois fundamentos.

69. Em primeiro lugar, a relação previdenciária é de natureza estatutária, de modo que seria necessário relativizar a própria ideia de que eventuais mudanças seriam vedadas *a priori*. É certo que o aperfeiçoamento das condições previstas em lei pode dar origem a direitos adquiridos, mas isso não se confunde com a suposta imutabilidade do regime jurídico aplicável. Não fosse assim, aliás, teria sido impossível instituir a cobrança de contribuição previdenciária sobre os proventos recebidos pelos servidores inativos. De toda forma, ainda que a aposentadoria possa ser conceituada como ato jurídico perfeito, disso não se extrai automaticamente a impossibilidade de extinção de um primeiro vínculo e posterior criação de um segundo.

70. Em segundo lugar, tratando especificamente da situação em exame, o conteúdo que se pretenda atribuir ao ato de aposentadoria não pode ser incompatível com as exigências constitucionais. Como demonstrado, a legislação busca fundamento no art. 195, II, da Constituição, para instituir a cobrança de contribuições sociais sobre os aposentados que retornam ou permanecem no mercado de trabalho. No entanto, inexiste dispositivo constitucional que autorize o esvaziamento das consequências jurídicas favoráveis decorrentes dessa cobrança. Essa opção legislativa — assumindo-se que tenha sido efetivamente realizada — seria inconstitucional e, portanto, insuscetível de gerar atos juridicamente perfeitos.

71. De certa forma, a linha argumentativa do recorrente acaba por revelar o vício material da tese por ele sustentada. No fundo, o que se pede é que os rendimentos do trabalho possam ser tributados com base na Constituição, ao mesmo tempo em que os deveres estatais constitucionalmente atrelados a essa cobrança seriam paralisados por lei ordinária. Seria esse o peculiar *ato jurídico perfeito* a ser protegido por este Supremo Tribunal Federal.

VI.2. Violação ao princípio da solidariedade

72. O recorrente sustenta que a assimetria entre os deveres e benefícios dos segurados, verificada na hipótese, seria uma opção legislativa legítima, justificada pelo princípio da solidariedade. Em suporte a essa tese, invoca o precedente firmado na ADI 3.105, na qual o STF assentou a validade da cobrança de contribuição previdenciária sobre os proventos dos servidores públicos inativos. Menciona, ainda, que este Tribunal já reconheceu a validade da cobrança de novas contribuições sobre os aposentados do RGPS que retornam à atividade produtiva, o que seria uma espécie de chancela à sistemática atual. Com a devida vênia, entendo que os argumentos não procedem.

73. Na linha do que já se demonstrou, a Constituição serve de fundamento específico tanto para a incidência da contribuição social referente ao RGPS (art. 195, inciso II), quanto para os benefícios previdenciários devidos aos segurados, incluindo a contagem do tempo de contribuição para fins de concessão de aposentadoria e cálculo dos respectivos proventos (art. 201). Há, portanto, uma dimensão comutativa de base constitucional, ainda que mitigada ou mitigável por fatores diversos, incluindo

o princípio da solidariedade. Isso não significa, naturalmente, que o legislador disponha de liberdade absoluta para distribuir encargos e vantagens.

74. No que toca especificamente ao tema em exame, a Constituição não fornece qualquer fundamento normativo que confira respaldo à pretensão de fazer incidir a tributação específica sem que se reconheça o direito às prestações substanciais correspondentes. A invocação genérica do princípio da solidariedade não é suficiente para justificar esse *recorte* legislativo no sistema constitucional que trata da matéria. Por isso mesmo, os precedentes citados pelo recorrente não têm o alcance por ele pretendido.

75. Em primeiro lugar, não há qualquer controvérsia quanto ao fato de o STF haver reconhecido a validade da cobrança das contribuições sobre os aposentados que retornam à atividade laboral, na linha do que determina o art. 195, II, da Constituição. Em rigor, se a Constituição determinou que os rendimentos do trabalho devem ser tributados por essa via, essa incidência é apenas natural. Daí não se pode extrair qualquer conclusão acerca da possibilidade ou não de renúncia à aposentadoria anterior para constituição de uma nova, matéria que não foi objeto de exame nos julgados mencionados.

76. Em segundo lugar, com maior pertinência para a questão em estudo, tampouco é possível equiparar a presente situação ao reconhecimento da validade da cobrança de contribuições sobre os proventos dos inativos. De forma reveladora, aliás, essa possibilidade foi introduzida por emenda constitucional, após este Supremo Tribunal Federal haver rechaçado inovação semelhante instituída por lei ordinária. Essa orientação da Corte já seria um forte indício de que a legislação infraconstitucional encontra limites na sua pretensão de temperar a dimensão contributiva da relação previdenciária a partir de considerações fundadas na ideia de solidariedade. Há mais, porém.

77. Para além dessa questão formal de hierarquia das espécies normativas, há diferenças materiais relevantes entre as duas situações. O fundamento central para se declarar a validade da EC 41/2003 foi a constatação de que os servidores inativos, assim como as pessoas em geral, não tinham direito adquirido a não sofrerem a incidência de uma nova forma de tributação. O princípio da solidariedade, nesse contexto, constituiu um relevante argumento de reforço para se entender pela validade da imposição desse ônus aos aposentados pelos regimes próprios mantidos pelos entes federativos[28]. Como se sabe, a medida guardava relação com o déficit vivenciado por esses sistemas, agravado pelas suas peculiaridades e pelos períodos em que o caráter contributivo inexistiu ou operou de forma atenuada.

78. As circunstâncias do Regime Geral de Previdência Social são outras, inclusive pelo fato de sempre haver se pautado pela lógica contributiva e, por conseguinte, sempre haver ostentado um aspecto parcialmente comutativo. Em relação a esse regime, a Constituição continua a manter a separação rígida entre a fase de recolhimento das contribuições — que se dá durante o trabalho ativo — e a fase de gozo dos benefícios, que são imunizados quanto à cobrança de novas contribuições. A eventual modificação desse quadro, com a extensão do dever de contribuir aos inativos, dependeria, inequivocamente, de emenda constitucional.

79. O que está em discussão nos presentes recursos é uma questão diversa, referente à validade de fazer incidir a contribuição já prevista no art. 195, II — incidente não sobre proventos, mas sobre os rendimentos do trabalho — sem que se atribua ao trabalhador o conjunto de vantagens tipicamente associado a essa forma de tributação vinculada. Em última análise, portanto, o que se pretende é instituir uma desequiparação seletiva entre o trabalho realizado antes e depois da aposentadoria. A referência ao princípio da solidariedade é muito vaga para justificar a imposição de tal ônus adicional a essas pessoas apenas pelo fato de haverem retornado ou permanecido em atividade laboral. Com base no referido princípio, a Constituição admite a criação de fontes adicionais para o custeio da previdência, que podem recair sobre a sociedade em geral — incluindo, portanto, os segurados do RGPS. Coisa diversa é exigir a contribuição específica sem as contrapartidas pertinentes.

VI.3. Violação ao princípio da isonomia

80. Por fim, o recorrente alega que a figura da desaposentação produziria ofensa à isonomia entre os segurados, em violação ao art. 5º, *caput*, e ao art. 201, § 1º, que veda especificamente a adoção de critérios diferenciados para a concessão de aposentadorias no RGPS, ressalvados os casos de trabalho desenvolvido em condições especiais. Sem surpresa, o INSS concentra seus argumentos

---

(28) STF, ADI 3.105, DJ 18.02.2005, Rel. originária Min. Ellen Gracie, Rel. p/ o acórdão Min. Cezar Peluso: "(...) No ordenamento jurídico vigente, não há norma, expressa nem sistemática, que atribua à condição jurídico-subjetiva da aposentadoria de servidor público o efeito de lhe gerar direito subjetivo como poder de subtrair ad aeternum a percepção dos respectivos proventos e pensões à incidência de lei tributária que, anterior ou ulterior, os submeta à incidência de contribuição previdencial. Noutras palavras, não há, em nosso ordenamento, nenhuma norma jurídica válida que, como efeito específico do fato jurídico da aposentadoria, lhe imunize os proventos e as pensões, de modo absoluto, à tributação de ordem constitucional, qualquer que seja a modalidade do tributo eleito, donde não haver, a respeito, direito adquirido com o aposentamento. 2. Inconstitucionalidade. Ação direta. Seguridade social. Servidor público. Vencimentos. Proventos de aposentadoria e pensões. Sujeição à incidência de contribuição previdenciária, por força de Emenda Constitucional. Ofensa a outros direitos e garantias individuais. Não ocorrência. Contribuição social. Exigência patrimonial de natureza tributária. Inexistência de norma de imunidade tributária absoluta. Regra não retroativa. Instrumento de atuação do Estado na área da previdência social. Obediência aos princípios da solidariedade e do equilíbrio financeiro e atuarial, bem como aos objetivos constitucionais de universalidade, equidade na forma de participação no custeio e diversidade da base de financiamento. Ação julgada improcedente em relação ao art. 4º, *caput*, da EC nº 41/2003. Votos vencidos. Aplicação dos arts. 149, *caput*, 150, I e III, 194, 195, *caput*, II e § 6º, e 201, *caput*, da CF. Não é inconstitucional o art. 4º, *caput*, da Emenda Constitucional nº 41, de 19 de dezembro de 2003, que instituiu contribuição previdenciária sobre os proventos de aposentadoria e as pensões dos servidores públicos da União, dos Estados, do Distrito Federal e dos Municípios, incluídas suas autarquias e fundações. (...)"

na disparidade que seria gerada pela desaposentação desacompanhada do dever de restituir os proventos já recebidos, o que colocaria esses segurados em posição privilegiada em relação aos demais. Essa linha argumentativa vai ao encontro do raciocínio desenvolvido na parte inicial do voto, no sentido de não ser possível conceder um novo benefício previdenciário sem levar em consideração as prestações estatais já efetuadas em favor dos beneficiários.

81. Assim, de forma indireta, a argumentação do recorrente parece confirmar o entendimento, adotado no presente voto, de que a desaposentação deve ser possível desde que tal variável seja devidamente sopesada. Com efeito, vedar taxativamente a criação do novo vínculo equivale a chancelar a quebra da isonomia exigida pelo art. 201, § 1º. Ao fim e ao cabo, o que se teria são segurados que trabalharam pelo mesmo número de anos e contribuíram de forma semelhante para o financiamento do sistema de interesse comum a toda a sociedade, mas que ainda assim fariam jus a benefícios substancialmente mais reduzidos.

82. É certo que essas pessoas fizeram a opção de firmar um primeiro vínculo previdenciário e, dessa forma, começarem a receber proventos mais cedo, em valor reduzido e por um período de tempo provavelmente mais longo. Nada impede que optem por permanecer nessa situação, mantendo o benefício de aposentadoria no patamar original e conservando os valores que já receberam. No entanto, uma vez que a legislação impõe a cobrança de novas contribuições obrigatórias — tendo por base de cálculo os novos rendimentos do segurado —, afigura-se ilegítimo que o Poder Público se oponha de forma absoluta à obtenção de um novo vínculo mais vantajoso, apto a refletir a eventual evolução financeira obtida pelo segurado ao longo da vida, considerada para o cálculo da tributação vinculada.

83. Inexistem elementos constitucionais que confiram suporte a esse tipo de postura do Poder Público, que não deve ser autorizado a, de forma consciente e deliberada, oferecer uma equação atuarial menos vantajosa a determinados segurados. O que se extrai do mandamento da solidariedade é o dever de distribuir os ônus do sistema de forma equitativa entre os segurados, com a ajuda da sociedade em geral — e não uma autorização genérica para que o Estado faça uma alocação seletiva de encargos mais pesados sobre determinado grupo de beneficiários. Solidariedade não é oportunismo e, muito menos, uma carta branca para qualquer medida que o legislador introduza com o objetivo de reduzir o déficit específico da Previdência.

VII. CONCLUSÃO

84. O presente voto, que se fez inevitavelmente longo, procurou lidar com um conjunto de valores e mandamentos constitucionais, bem como com variáveis atuariais, de modo a produzir uma solução de equilíbrio entre os direitos dos segurados e os interesses fiscais legítimos. Foram considerados e sopesados os conceitos de justiça comutativa e justiça distributiva, de equilíbrio financeiro e atuarial, assim como de justiça intergeracional. Quanto a esta última, é bem de ver que cada novo benefício criado hoje será suportado pela próxima geração, que não deve ter o seu futuro e sua seguridade inviabilizados. Por fim, a decisão aqui lançada, sem abdicar do papel próprio dos tribunais, que é a tutela de direitos, fez questão de abrir um diálogo institucional e respeitar a separação de Poderes. A solução aqui alvitrada decorre da interpretação sistemática e teleológica da Constituição e da legislação, mas é certamente inovadora, na medida em que supre uma lacuna referente ao tratamento jurídico da desaposentação. Nessa linha, fixou-se um prazo de 180 (cento e oitenta) dias para o início de sua aplicação, facultando-se ao Legislativo e ao Executivo prover acerca da matéria, sanando a lacuna de maneira diversa, se assim entenderem.

85. As premissas extraídas do sistema constitucional e legal, que serviram de fio condutor à conclusão a seguir enunciada objetivamente, foram as seguintes:

a) o Regime Geral da Previdência Social constitui um sistema baseado em duplo fundamento: contributivo e solidário;

b) inexiste comutatividade estrita entre contribuição e benefício, em razão do caráter solidário do sistema. De outra parte, não é legítima a cobrança de contribuição sem oferta de qualquer benefício real, em razão do caráter contributivo do sistema;

c) compromete o equilíbrio financeiro e atuarial do sistema o incentivo a aposentadorias precoces. Sobretudo, viola o princípio da isonomia que aqueles que tenham passado à inatividade precocemente desfrutem de situação mais favorável do que aqueles que permaneceram mais tempo em atividade, sem se beneficiarem do sistema previdenciário;

d) o art. 18, § 2º, da Lei nº 8.213/91 não contempla a situação de alguém que tenha se aposentado e, havendo voltado à atividade, deseje renunciar à primeira aposentadoria para obter uma nova. Vale dizer: existe uma lacuna na legislação;

e) a lacuna é explicável porque, anteriormente, até o advento da Lei nº 9.032/95, vigorava um sistema de pecúlio — com a devolução das contribuições efetuadas após a aposentadoria no momento em que o segurado passasse, em definitivo, à inatividade. Diante disso, a questão da desaposentação não se colocava.

86. Por todo o exposto, dou provimento parcial aos recursos interpostos para assentar o direito à desaposentação — isto é, à renúncia à aposentadoria anterior e aquisição de uma nova —, observados os critérios aqui estabelecidos. Como consequência, a tese a ser firmada, com os efeitos inerentes ao instituto da repercussão geral, é a seguinte: inexistem fundamentos legais válidos que impeçam a renúncia a uma aposentadoria concedida pelo RGPS para o fim de requerer um novo benefício, mais vantajoso,

tendo em conta contribuições obrigatórias efetuadas em razão de atividade laboral realizada após o primeiro vínculo. A fim de preservar a uniformidade atuarial, relacionada à isonomia e à justiça entre gerações, essa possibilidade é condicionada à exigência de que sejam levados em conta os proventos já recebidos por parte do interessado. A despeito da falta de disciplina legal específica sobre o tema, é possível interpretar o sistema constitucional e legal vigente, para assentar a seguinte orientação geral: no cálculo dos novos proventos, os fatores *idade* e *expectativa de vida* devem ser aferidos com referência ao momento de aquisição da primeira aposentadoria. Com isso se impede que tais fatores tenham deturpada a sua finalidade de graduar os benefícios segundo o tempo estimado de sua fruição por parte do segurado.

87. Tal orientação passará a ser aplicada 180 (cento e oitenta) dias após a publicação do presente acórdão, caso os Poderes Legislativo e Executivo não optem por instituir disciplina diversa, compatível com as premissas da presente decisão, mediante ato normativo primário próprio.

88. É como voto.

Referências Bibliográficas

ALEXY, Robert. *Teoría de los derechos fundamentales*. 2. ed., trad. y estudio introductorio de Carlos Bernal Pulido. Madrid: Centro de Estudios Políticos y Constitucionales, 2007.

BERNARDO, Leandro Ferreira; e FRACALOSSI, William. *Direito previdenciário na visão dos tribunais — doutrina e jurisprudência*. São Paulo: Método, 2010.

CAETANO, Marcelo. *Princípios fundamentais do direito administrativo*. Rio de Janeiro: Forense, 1977.

COSTA, José Ricardo Caetano. *Previdência — os direitos sociais previdenciários no cenário neoliberal*. Curitiba: Juruá, 2010.

_____. *Manual de prática previdenciária*. Caxias do Sul: Plenum, 2011.

CASTRO, Carlos Alberto Pereira de; e LAZZARI, João Batista. *Manual de direito previdenciário*. 12. ed. São Paulo: Conceito, 2010.

_____. *Manual de direito previdenciário*. 16. ed., rev., atual. e ampl. Rio de Janeiro: Forense, 2014.

CORREIA, Marcus Orione Gonçalves. "Despensão. Mais que um neologismo, uma realidade". *Revista de Previdência Social* n. 347, ano XXXIII. São Paulo: LTr, outubro de 2009.

_____; e CORREIA, Érica Paula Barcha. *Curso de direito da seguridade social*. 5. ed. São Paulo: Saraiva, 2010.

DÍEZ-PICAZO, Luis Maria. *Sistema de derechos fundamentales*. 2. ed. Madrid: Civitas, 2005.

DROMI, Roberto. *Nuevo estado, nuevo derecho*. Buenos Aires: Ediciones Ciudad Argentina, 1994.

FUX, Luiz. *O novo processo civil brasileiro — Direito em expectativa (reflexões acerca do projeto do novo Código de Processo Civil)*. Rio de Janeiro: Forense, 2011.

GNATA, Noa Piatã Bassfeld. *A solidariedade social previdenciária nos 25 anos da Constituição de 1988*. SERAU JR., Marco Aurélio; VICENTE, Theodoro Agostinho (coord.). *A Seguridade Social nos 25 anos da Constituição Federal*. São Paulo: LTr, 2014.

GORDILLO, Agustín. *La administración paralela*. Madrid: Civitas, 1982.

IBRAHIM, Fábio Zambitte. *Desaposentação. O caminho para uma melhor aposentadoria*. 4. ed., rev. e atual. Rio de Janeiro: Impetus, 2010.

_____. *Desaposentação — novos dilemas*. FOLMANN, Melissa; e FERRARO, Suzani Andrade (coords.). *Previdência — entre o Direito Social e a repercussão econômica no século XXI*. Curitiba: Juruá, 2009.

KRAVCHYCHYN, Jefferson Luis; KRAVCHYCHYN, Gisele Lemos; CASTRO, Carlos Alberto Pereira de; e LAZZARI, João Batista. *Prática processual previdenciária — administrativa e judicial*. São Paulo: Conceito, 2010.

LADENTHIM, Adriane Bramante de Castro. "Desaposentação — aspectos jurídicos, econômicos e sociais". *In:* STRAPAZZON, Carlos Luiz; FOLMANN, Melissa; e DI BENEDETTO, Roberto (orgs.). *Previdência Social — aspectos controversos*. Curitiba: Juruá, 2009.

LEAL, Victor Nunes. *Coronelismo, enxada e voto*. 5. ed. São Paulo: Alfa-Ômega, 1986.

LEITE, Celso Barroso; e VELLOSO, Luiz Assumpção Paranhos. *Comentários à Constituição Federal — artigos 193 a 204, 239, 240, 245 e arts. 53 a 59 ADCT*. Rio de Janeiro: Edições Trabalhistas, 1989.

MARTINEZ, Wladimir Novaes. *Desaposentação*. 3. ed. São Paulo: LTr, 2010.

_____. "Reforma da Previdência Social". *Revista de Direito Social* n. 42, ano X. São Paulo: Síntese, abril/junho de 2011.

MATTOS, Mauro Roberto Gomes de. *Lei n. 8.112/1990 — interpretada e comentada. Regime jurídico único do servidor público federal*. 5. ed., rev. e atual. Rio de Janeiro: Impetus, 2010.

MAUÉS, Antonio Moreira. "15 anos em busca da Constituição". *In:* MAUÉS, Antonio G. Moreira; SCAFF, Fernando Facury; e BRITO FILHO, José Cláudio Monteiro de. *Direitos fundamentais & relações sociais no mundo contemporâneo*. Curitiba: Juruá, 2005.

MAXIMILIANO, Carlos. *Hermenêutica e aplicação do direito*. 9. ed. Rio de Janeiro: Forense, 1979.

MELLO, Celso Antônio Bandeira de. *Curso de direito administrativo*. 19. ed., rev. e atual. São Paulo: Malheiros, 2005.

MELLO, Oswaldo Aranha Bandeira de. *Princípios gerais do direito administrativo*. Rio de Janeiro: Malheiros, 1969. vol. I.

MIRANDA, Jorge. *Manual de direito constitucional*. 3. ed., rev. e atual. Coimbra: Coimbra Editora, 2000. Tomo IV: Direitos Fundamentais.

NASCIMENTO, Sérgio. *Interpretação do direito previdenciário*. São Paulo: Quartier Latin, 2007.

NERY JR., Nelson. *Princípios do processo civil na Constituição Federal*. 6. ed. rev., ampl. e atual. São Paulo: RT, 2000.

NEVES, Daniel Amorim Assumpção. *Manual de direito processual civil*, 8. ed., revista com base no novo CPC. São Paulo: Juspodivm, 2016.

PETIAN, Angélica. *Regime jurídico dos processos administrativos ampliativos e restritivos de direito*. São Paulo: Malheiros, 2011.

QUEIROZ, Cristina. *O princípio da não reversibilidade dos direitos fundamentais sociais: princípios dogmáticos e prática jurisprudencial*. Coimbra: Coimbra Editora, 2006.

ROCHA, Daniel Machado da; BALTAZAR JR., José Paulo. *Comentários à Lei de Benefícios da Previdência Social*. 10. ed. rev. e atual. Porto Alegre: Livraria do Advogado, 2011.

SÁ, Fernando Martinic. "Aspectos da desaposentação no Direito Previdenciário brasileiro". *In:* STRAPAZZON, Carlos Luiz; FOLMANN, Melissa; e DI BENEDETTO, Roberto (orgs.). *Previdência Social — aspectos controversos*. Curitiba: Juruá: 2009.

SANTOS, Moacyr Amaral. *Primeiras linhas de direito processual civil*. 18. ed. São Paulo: Saraiva, 1995. vol. 1.

SAVARIS, José Antonio. *Direito processual previdenciário*. Curitiba: Juruá, 2008.

_____. *Direito processual previdenciário*, 6. ed., rev., atual. e ampl., Curitiba: Alteridade, 2016.

SERAU JR., Marco Aurélio. *Curso de processo judicial previdenciário*. 3. ed., rev. e atual., São Paulo: Método, 2010.

_____. *Resolução do conflito previdenciário e direitos fundamentais*. S. Paulo: LTr, 2015.

_____. *Seguridade Social como direito fundamental material*. 2. ed. rev. e ampl. Curitiba: Juruá, 2011.

_____. *Economia e Seguridade Social. Análise econômica do direito: Seguridade Social*. Curitiba: Juruá, 2010.

_____. "Efeitos do julgamento do recurso especial repetitivo 1.334.488/SC (Desaposentação)". *Revista Brasileira de Direito Previdenciário* n. 14, ano 3. Porto Alegre: Magister, abril/maio de 2013.

_____; e REIS, Silas Mendes dos. *Recursos especiais repetitivos no STJ*. São Paulo: Método, 2009.

_____. *Manual dos recursos extraordinário e especial*. Rio de Janeiro: Forense, 2012.

_____ e DONOSO, Denis. *Improcedência liminar do pedido no âmbito dos Juizados Especiais. In:* REDONDO, Bruno Garcia; SANTOS, Welder Queiroz dos; SILVA, Augusto Vinícius Fonseca e; VALLADARES, Leandro Carlos Pereira (coord.). *Juizados Especiais*. São Paulo: Juspodivm, 2015.

SOUZA, Fábio. "A antecipação de tutela no processo previdenciário". *In:* TAVARES, Marcelo Leonardo (coord.). *Direito processual previdenciário — temas atuais*. Rio de Janeiro: Impetus, 2009.

SOUZA, Gelson Amaro de; e SANTOS, Bruna Izídio de Castro. "Do direito à desaposentação no ordenamento jurídico brasileiro". *Revista de Direito Social* n. 42, ano X. São Paulo: Síntese, abril/junho de 2011.

SUNSTEIN, Cass R. *A cosa servono le Costituzioni. Dissenso politico e democrazia deliberativa*. Trad. Valeria Ottonelli. Bologna: Mulino, 2009.